"Da IA emocional ao metaverso, as tecnologias digitais estão avançando rapidamente. Daugherty e Wilson oferecem um modelo interessante para que os líderes criem valor de negócio ao mesmo tempo em que desenvolvem uma sociedade mais confiável, sustentável e centrada no ser humano. Uma leitura obrigatória!"

— **ERIK BRYNJOLFSSON**, professor e diretor do Digital Economy Lab, Universidade Stanford; autor de *A Segunda Era das Máquinas*

"Em *Radicalmente Humana*, Paul Daugherty e James Wilson ilustram primorosamente como a IA e outras tecnologias transformarão nosso futuro. Utilizando como base suas extensas pesquisas e experiências com clientes, o livro levanta um argumento poderoso sobre por que uma abordagem humana e humanitária permitirá que líderes empresariais causem disrupção na concorrência e abram caminho rumo a um futuro que funcione para todos."

— **R. "RAY" WANG**, analista, diretor, fundador e CEO da Constellation Research; autor de *Everybody Wants to Rule the World* e *Disrupting Digital Business*

"*Radicalmente Humana* oferece às empresas e aos líderes uma perspectiva surpreendentemente nova sobre como a faceta cada vez mais humana da tecnologia avançada está transformando a inovação. Paul Daugherty e James Wilson apresentam um guia claro que permite aos líderes criarem seu futuro de forma que maximize o talento e o potencial humano."

— **ARIANNA HUFFINGTON**, fundadora e CEO da Thrive Global

"*Radicalmente Humana* defende uma ideia de negócios original e provocativa para uma tecnologia centrada no ser humano. As empresas que aproveitarem a IA e outras tecnologias avançadas ao mesmo tempo em que mantiverem a confiança e o talento à frente se tornarão as maiores histórias de sucesso deste século. A pesquisa de Daugherty e Wilson revela insights valiosos, exemplos brilhantes do mundo real e uma nova estrutura para transformar o futuro."

— **AMY WEBB**, fundadora e CEO da Future Today Institute; membro destacado do Atlantic Council

"Daugherty e Wilson realizam o trabalho muito importante de condensar o complexo cenário empresarial atual, que muda rapidamente. Seu livro anterior avaliou o surgimento da inteligência artificial, e agora os autores consideram até onde a tecnologia chegou em termos de transformar as definições tradicionais da invenção e da inovação."

— **PETER CHEN**, cofundador e CEO da Covariant

"Em *Radicalmente Humana*, Paul Daugherty e James Wilson oferecem uma perspectiva revigorante sobre o próximo estágio do desenvolvimento de nossa tecnologia, colocando o ser humano no centro de um futuro mais sustentável — futuro esse que caberá a nós decidirmos."

— **JEAN-PASCAL TRICOIRE**, presidente e CEO da Schneider Electric

"*Radicalmente Humana* coloca de cabeça para baixo muitas das premissas sobre a inteligência artificial e as tecnologias emergentes. Daugherty e Wilson trazem um argumento forte em prol de uma nova abordagem centrada no ser humano para a liderança tecnológica e disponibilizam um guia a um futuro melhor para todos."

— **DR. KAI-FU LEE**, presidente e CEO da Sinovation Ventures; autor de *AI 2041* e *AI Superpowers*

RADICALMENTE HUMANA

RADICALMENTE HUMANA

Como a nova tecnologia transforma as empresas e molda nosso futuro

PAUL R. DAUGHERTY

Group Chief Executive para Accenture Technology e CTO da Accenture

H. JAMES WILSON

Líder de Tecnologia da Informação e Pesquisa de Negócios da Accenture

ALTA BOOKS
GRUPO EDITORIAL
Rio de Janeiro, 2024

Radicalmente Humana

ISBN: 978-85-5081-792-7

Alta Books é uma Editora do Grupo Editorial Alta Books.

Translated from original Radically Human. Copyright © 2022 by Harvard Business Review Press. ISBN 978-1-64782-108-1. This translation is published and sold by Paul Daugherty and James Wilson, the owners of all rights to publish and sell the same. PORTUGUESE language edition published by Starlin Alta Editora e Consultoria Eireli, Copyright © 2024 by STARLIN ALTA EDITORA E CONSULTORIA LTDA.

Impresso no Brasil — 1ª Edição, 2024 — Edição revisada conforme o Acordo Ortográfico da Língua Portuguesa de 2009.

Dados Internacionais de Catalogação na Publicação (CIP)
(Câmara Brasileira do Livro, SP, Brasil)

Daugherty, Paul R.
Radicalmente humana : como a nova tecnologia transforma as empresas e molda nosso futuro / Paul R. Daugherty. -- 1. ed. -- Rio de Janeiro : Alta Books, 2024.

ISBN 978-85-508-1792-7

1. Administração 2. Finanças 3. Gestão de negócios 4. Inovações tecnológicas I. Título.

24-195343 CDD-658.5

Índices para catálogo sistemático:

1. Tecnologia : Administração de empresas 658.5

Eliane de Freitas Leite - Bibliotecária - CRB 8/8415

Grupo Editorial Alta Books

Produção Editorial: Grupo Editorial Alta Books
Diretor Editorial: Anderson Vieira
Editor da Obra: José Ruggeri
Vendas Governamentais: Cristiane Mutüs
Gerência Comercial: Claudio Lima
Gerência Marketing: Andréa Guatiello

Produtor Editorial: Thiê Alves
Tradução: Alberto Streicher
Copidesque: Carolina Palha
Revisão: Alessandro Thomé; Fernanda Lutfi
Diagramação: Rita Motta
Revisão Técnica: Accenture

ALTA BOOKS
GRUPO EDITORIAL

Rua Viúva Cláudio, 291 — Bairro Industrial do Jacaré
CEP: 20.970-031 — Rio de Janeiro (RJ)
Tels.: (21) 3278-8069 / 3278-8419
www.altabooks.com.br — altabooks@altabooks.com.br
Ouvidoria: ouvidoria@altabooks.com.br

Editora
afiliada à:
ASSOCIADO

A ciência e a tecnologia se multiplicam ao nosso redor. Cada vez mais, elas ditam as linguagens com as quais falamos e pensamos. Ou usamos tais linguagens, ou permaneceremos mudos.

— J. G. Ballard

SUMÁRIO

PARTE DOIS

COMPETINDO NO FUTURO RADICALMENTE HUMANO

INTRODUÇÃO

A Tecnologia Torna-se Radicalmente Humana

Quando começamos a escrever este livro, não havia pandemia global. Não havia uma disrupção de praticamente todos os aspectos da vida e do comércio. Tampouco havia a busca desesperada por uma vacina. E certamente não havia expectativas de que uma vacina, indo contra todas as chances e experiências prévias, seria desenvolvida em uma questão de meses.

Em nosso livro anterior, *Humano + Máquina: Reinventando o Trabalho na Era da IA*, detalhamos como as principais empresas estão usando a inteligência artificial (IA) para aumentar as capacidades humanas, e não para substituí-las. Aqui, nossa intenção era estender essa ideia com algumas tendências que estavam começando a aparecer — e que, como a colaboração humano-máquina, derrubam premissas antiquíssimas sobre a IA e a inovação.

Então, o vírus interveio.

A busca exitosa por vacinas validou muito do que estávamos vendo. Bem como o trabalho de pesquisadores pioneiros e empresas grandes e pequenas de todos os setores, à medida que as organizações de todos os tipos viram-se tentando comprimir em um ou dois anos o que teriam sido transformações tecnológicas de dez anos. Em vez de uma disrupção temporária a ser superada antes do retorno ao normal, a pandemia acelerou a todos nós — cada empresa e indivíduo — rumo a um futuro que outrora aparecia apenas como um pálido vislumbre no longínquo horizonte, um futuro além do que imaginamos em *Humano + Máquina*.

A Grande Aceleração

Dois estudos contam a história. Antes da pandemia, realizamos um dos maiores estudos de sistemas empresariais e adoção tecnológica. Abranger altos executivos de mais de 8.300 empresas espalhadas em 20 setores em 22 países — metade em tecnologia de informação (TI), e metade não — incluiu dados de suas estratégias de sistemas de TI, o uso que fazem de 28 tecnologias, suas abordagens ao talento e à cultura e indicadores específicos de desempenho entre 2015 e 2023 (esperado).[1] Durante a pandemia, realizamos um segundo estudo tratando da mesma gama de questões e abrangendo 4 mil empresas, 22 setores em 20 países, e, novamente, altos executivos, metade em TI, e metade não.[2]

Dizer que a pandemia acelerou o ritmo da adoção tecnológica é eufemismo. Comparado com logo antes da pandemia, o ritmo aumentou em 70%. A adoção inicial de tecnologias digitais, nuvem, IA e relacionadas teve uma média de 63%. Dito de outro modo, para qualquer tecnologia que uma empresa não tivesse adotado antes da covid, havia 63% de chances de que a adotaria durante a pandemia. E, em geral, foi o que fizeram às pressas. Como nos relatou o diretor digital de uma grande manufatureira de alimentos na Europa: "As mudanças de TI que planejávamos realizar entre 12 e 18 meses ocorreram em uma questão de dias."

Contudo, a maioria das empresas usava tais tecnologias como uma tábua de salvação, e não como mecanismos de inovação. Antes da pandemia, as companhias com desempenho retardatário e medíocre já estavam ficando para trás a uma taxa alarmante: pré-covid, as dez principais líderes em adoção tecnológica e inovadora aumentaram as receitas duas vezes mais do que as retardatárias — as 25% inferiores. Por quê? As retardatárias adotam tecnologias de forma não sistêmica, as isolam em silos desconectados e não conseguem aproveitar seu potencial de inovação. Em contraste, as líderes adotam uma vasta gama de tecnologias de informação de vanguarda e as entrelaçam em "sistemas vivos" que apagam as fronteiras, permitem uma adaptabilidade ágil e criam uma integração impecável entre humanos e máquinas.

Quando a covid forçou as empresas a acelerar, o espaço entre as líderes e as retardatárias se ampliou. As líderes investiram nessas tecnologias digitais a taxas históricas para responderem aos novos desafios operacionais e às demandas dos clientes, que mudavam rapidamente. Elas escalaram seus investimentos em tecnologias fundamentais como nuvem e IA. Isso as ajudou não apenas a absorver rapidamente os impactos, mas também a refocar o crescimento. Elas não apenas sobreviveram; elas prosperaram — e se distanciaram das retardatárias em uma taxa ainda mais espantosa. Em 2019, nossa pesquisa diacrônica sobre as estratégias tecnológicas empresariais e seus impactos no desempenho demonstrou que as líderes tecnológicas estavam fazendo suas receitas crescerem duas vezes mais rápido do que as retardatárias tecnológicas. Em nosso segundo estudo, as empresas nos 10% do topo voaram ainda mais longe, fazendo as receitas crescerem *cinco vezes* mais rápido que as das retardatárias. Agora, após a pandemia, as retardatárias viram-se ficando ainda mais para trás — perigosamente —, apesar de terem abraçado as novas tecnologias.

Conclusão: todas as empresas agora são de tecnologia. Ao mesmo tempo, uma abordagem radicalmente humana à inovação tecnológica, em geral diametralmente oposta às abordagens existentes, irrompeu — e trouxe as empresas a um novo momento da verdade.

A Inovação Perde Sua Inocência

Os avanços que examinamos aqui chegaram em uma época de crescente pessimismo quanto ao caminho tecnológico que vínhamos trilhando na última década. Os anos 2010 trouxeram consigo o irrompimento sem precedentes da inovação causada pela tecnologia. A IA prometeu carros autônomos, cirurgias impecáveis, grandes avanços na produtividade e muito mais. O uso hábil das redes sociais ajudou a eleger o primeiro presidente negro dos EUA. Casas, prédios, redes elétricas e até cidades se tornaram "inteligentes" e estavam ficando ainda mais. Oportunidades para a disrupção pareciam ilimitadas — cada empresa novata aspirava ser a nova Uber ou o novo Airbnb de seu setor.

Porém, com o passar da década, a inovação perdeu sua inocência. Veículos autônomos às vezes se tornaram fatais. Um gigantesco estudo federal de sistemas de reconhecimento facial amplamente usados por autoridades policiais descobriu que asiáticos e afro-americanos tinham cem vezes mais chances de serem confundidos com criminosos do que homens brancos. Atores malignos apareceram para sequestrar as redes sociais de modo a influenciar a política norte-americana e subverter a democracia em toda a Europa. A Cambridge Analytica coletou dados pessoais de 87 milhões de pessoas. No fim da década, países e municípios em todo o globo estavam usando avanços no reconhecimento facial e minerando dados para criar sistemas invasivos de vigilância treinados com bilhões de seus cidadãos. Em 2020 e 2021, agências fundamentais em todo o governo dos EUA foram hackeadas. Ataques de ransomware causaram problemas de transporte, criaram falta de gasolina, comprometeram o processamento de carnes e levaram a preocupações sobre falta de alimentos.

Essas foram apenas as histórias que vieram a público. Outros desafios que surgiram da trajetória da inovação ocorreram, em grande parte, longe das vistas. Embora aparentemente muito mais simples do que os eventos que chegam às manchetes, tais desenvolvimentos também foram igualmente consequenciais aos cidadãos, às empresas e às sociedades.

Em muitas empresas e organizações, os algoritmos produziram resultados tendenciosos ou inexplicáveis que afetaram diretamente pessoas que solicitavam empréstimos, procuravam empregos ou confrontavam o sistema de justiça penal. Entre companhias e instituições, a "grande" TI aumentou a lacuna entre as que a tinham e as que não a tinham, à medida que inovações na arquitetura de TI trouxeram um crescimento anual de dez vezes no poder computacional. Isso é um crescimento de mais de 300 mil vezes desde 2012. Contudo, startups, muitas outras empresas e laboratórios acadêmicos não tinham recursos para pagar os custos, que aumentam exponencialmente, a fim de treinar sistemas de IA famintos por dados para captar o potencial desse crescente poder computacional.

Conforme os sistemas pesados e obsoletos de TI lutavam para acompanhar a nova tecnologia, os líderes descobriram que fazer investimentos tecnológicos sábios tornara-se mais difícil do que nunca. "Sim", ouvíamos com frequência os CEOs dizerem no curso de nosso trabalho: "Sabemos que precisamos nos tornar uma empresa digital, mas *qual* tecnologia escolher?"

Chegara o momento certo para uma nova partida. Mas não seria na direção de tecnologias mais imponentes e de um envolvimento humano cada vez menor. Pelo contrário, a trajetória da inovação está tomando um rumo drástico que muda os termos da concorrência e abre caminho rumo a um futuro mais viável.

Radicalmente Humana — A Inovação de Cabeça para Baixo

A maneira como os humanos interagem com tecnologias inteligentes está entrando em um terceiro estágio. No primeiro, a IA foi usada para automatizar tarefas repetitivas. Os humanos eram subservientes às máquinas e, geralmente, substituídos por elas, levando a previsões extremas de um futuro distópico de desemprego para muitos trabalhadores. Felizmente, o segundo estágio desmentiu os pessimistas. Como detalhamos em *Humano + Máquina*, diversas empresas importantes usaram a IA para aumentar as capacidades humanas, e não para as substituir. Essas líderes desafiaram a expectativa convencional de que a tecnologia tornaria as pessoas obsoletas. Elas usaram o poder da colaboração entre humanos e máquinas para transformar processos mecanicistas em atividades altamente adaptativas e centradas no ser humano, transformando suas empresas e seus resultados. Tal estágio colaborativo, igualando as condições entre humanos e máquinas, está agora saindo de cena para dar lugar a um terceiro estágio, no qual os humanos e o humanitário estão em ascendência. Grandes organizações não estão apenas inovando mais que as concorrentes, elas estão dando um passo ainda mais decisivo rumo a uma tecnologia centrada no ser humano — uma mudança radicalmente humana, como entendemos, que está derrubando a própria natureza da inovação como foi praticada na década anterior.

Tal mudança é radical em ambos os sentidos da palavra — *revolucionária* e *radicada*. Revolucionária pois está reescrevendo os termos da concorrência. Radicada pois se engaja com os atributos mais profundos dos humanos — como entendemos, sentimos e pensamos. Tecnologias inteligentes há tempos nos dotaram de habilidades super-humanas, mas agora estão começando a abranger o inerentemente humano. Isso inclui não apenas nossas habilidades, mas nossas falibilidades. Assim como os economistas comportamentais incorporaram a falibilidade humana na outrora "ciência sombria", os inovadores tecnológicos estão considerando os vieses e outros erros humanos que se infiltraram nas gerações anteriores de IA e tecnologias relacionadas.

Essa abordagem radicalmente humana está colocando de cabeça para baixo as premissas sobre os fundamentos da inovação — inteligência, dados, expertise, arquitetura e estratégia. Consideradas como um conjunto que elimina premissas reinantes em **I**nteligência, **D**ados, **E**xpertise, **A**rquitetura e Estratégia [**S**trategy, em inglês] — **IDEAS** [Ideias, em português] —, elas oferecem uma nova estrutura de inovação que empresas grandes e pequenas podem usar para traçar um novo caminho ao futuro, turbinar o crescimento de receitas e se preparar para competir em um mundo em que os humanos — e o humanitário — serão os meios pelos quais as empresas terão sucesso, e a medida pela qual serão julgadas.

- **Inteligência.** Tecnologias baseadas apenas em aprendizado profundo têm pouco senso de causalidade, espaço, tempo e outros conceitos fundamentais aos quais os seres humanos recorrem sem qualquer esforço para se movimentar pelo mundo. Agora inúmeros pesquisadores e empreendimentos pioneiros estão criando aplicações e máquinas cuja habilidade de raciocínio é adaptável e inteligente — mais parecida à maneira como os humanos abordam problemas e tarefas. Por exemplo, uma nova geração de robôs pode se propagar em ambientes do mundo real como armazéns, manipulando itens sem precisar de instruções sobre o que fazer. Ou considere a "IA emocional", que foi criada para auxiliar crianças autistas a entender e a expressar suas emoções. Agora a evolução da IA a está levando para dentro de automóveis como uma tecnologia que pode ser tão eficaz quanto o cinto de segurança para salvar a vida de condutores. Ao aproveitar as características cognitivas mais poderosas dos humanos — percepção e adaptabilidade —, esses desenvolvimentos prometem soluções potencialmente mais inteligentes para desafios comerciais e sociais prementes.

- **Dados.** O apetite voraz por dados do aprendizado profundo e a necessidade de uma infraestrutura gigantesca para seu suporte vêm deixando a IA cada vez mais distante de muitas organizações. No futuro, porém, teremos sistemas top-down que não exigem tantos dados e que são mais rápidos, flexíveis e acessíveis. Empresas como a varejista online Wayfair estão treinando eficazmente a IA em contextos nos quais dados grandes e ruidosos, como um número enorme de produtos, teriam anteriormente se sobreposto ao pequeno subconjunto de dados relevantes. Conforme a IA continua evoluindo, pesquisadores e organizações estão desenvolvendo técnicas que vão do eco de dados [data echoing], em que um sistema os reutiliza, ao aprendizado ativo, em que o sistema indica de qual treinamento os dados precisam, aos dados sintéticos, em que dados utilizáveis são criados onde não existe nenhum. O tamanho, o formato, as fontes e a implementação de dados estão mudando e, no processo, dando às empresas insights ainda mais poderosos e acrescentando agilidade às suas operações.
- **Expertise.** A virada para uma ênfase humana nos sistemas inteligentes está derrubando muitas das premissas sobre o papel das pessoas e suas expertises no ecossistema tecnológico emergente. Essa é uma das viradas humanas mais consequenciais de todas: de máquinas "aprendendo" ao processar pilhas de dados, para pessoas ensinando às máquinas com base na experiência, na percepção e na intuição humanas. Em vez de treinar sistemas com inteligência de máquina bottom-up [de baixo para cima], as

pessoas as estão guiando com conhecimento humano top-down, comunicando inteligência natural ao que era anteriormente artificial. Na Royal Dutch Shell, por exemplo, um engenheiro ou outro especialista interno coloca um ensino de máquina de alto nível no topo de um sistema de perfuração com IA a fim de diminuir drasticamente o tempo necessário para o sistema descobrir como operar quando as condições mudam. A Tesla usa suas centenas de milhares de proprietários de carros para ensinar a seu recurso de autopiloto como os humanos dirigem virtualmente em qualquer situação. A Etsy, um marketplace online para bens vintage e artesanais, desenvolveu um sistema de recomendação de produtos com base em estética, um desafio notoriamente difícil para a IA, ao fazer com que os especialistas da empresa ensinassem ao sistema as noções subjetivas de estilo. Para quase qualquer empresa, o ensino de máquina desencadeia a expertise geralmente inexplorada em toda a organização, permitindo que mais pessoas usem a IA de maneiras novas e sofisticadas.

- **Arquitetura.** Visto que agora todas as empresas são, em efeito, tecnológicas, a arquitetura importa mais do que nunca. O "stack" convencional de TI abarca softwares, hardwares, telecomunicações, instalações e data centers. Mas esse conjunto tecnológico convencional simplesmente não consegue dar conta da computação móvel, das aplicações de IA, da Internet das Coisas (IoT) e dos bilhões de dispositivos do atual mundo hiperdigital. Porém, ele não foi projetado para se adaptar à virada humana de inteligência, dados e expertise que está estabelecendo os novos termos de inovação. No lugar desse conjunto convencional e rígido, empresas inovadoras estão criando "sistemas vivos" — arquiteturas sem fronteiras, adaptáveis e radicalmente humanas — que trazem uma simplicidade elegante à interação entre humanos e máquinas. A Epic Games, criadora da estrutura de software chamada "Unreal Engine", é um ótimo exemplo. Essa arquitetura é rápida e adaptável, permitindo que mais de oito milhões de usuários se engajem simultaneamente em jogos com gráficos intensos, além de coletar um grande e constante fluxo de dados para as análises feitas por IA. Ao fazer uso do poder e da elasticidade da nuvem e combiná-la com IA e computação de ponta, a virada humana na arquitetura iniciou uma nova era de empresas em que a concorrência, não importa o setor, tornou-se uma batalha entre sistemas.

- **Estratégia.** As empresas líderes são pioneiras no uso de uma abordagem fundamentalmente nova à estratégia e, no processo, estão desenvolvendo mecanismos poderosos de criação de valor. Capacitados pelas tecnologias inteligentes, esses modelos de negócio são criados sobre uma integração sem precedentes de estratégia e execução que faz tais empresas avançar quase simultaneamente. Considerando a grande aceleração na transformação digital e a velocidade com que as novas tecnologias inteligentes estão chegando, tais empresas sabem que não podem mais se dar ao luxo de conceber uma estratégia, testar e, então, executar, sequencialmente. Sua nova abordagem é introduzir algumas estratégias inéditas de negócios. Entre elas, três se destacam: Forever Beta, Minimum Viable IDEA (MVI) e Co-lab. As estratégias Forever Beta são vistas em produtos como os da Tesla, digitalmente atualizáveis pela nuvem, permitindo que os clientes vejam o valor e a utilidade de sua compra crescerem com o passar do tempo. As estratégias MVI usam um ou mais elementos da estrutura IDEAS para segmentar precisamente os elos fracos em um setor tradicional, fornecer uma experiência superior do cliente e fazer incursões imediatas no mercado. A Lemonade, uma seguradora online novata, combinou IA de chatbots, aprendizado de máquina, nuvem e uma abordagem que transformou o cliente no elo de um processo singular que procura manter o ser humano sempre informado, de modo a eliminar a desconfiança mútua entre seguradoras e clientes. As estratégias Co-lab produzem resultados superiores nas ciências ou em outros ambientes de conhecimento intensivo por meio de descobertas guiadas pelos humanos e conduzidas pelas máquinas. Em nenhum outro lugar o poder da estrutura IDEAS e da junção de estratégia e execução pode ser visto mais claramente do que no impressionante papel desempenhado pela Moderna e pela Pfizer/BioNtech no desenvolvimento de vacinas para a covid-19 em tempo recorde.

Com a estrutura IDEAS em mãos, executivos técnicos e não técnicos podem entender melhor cada um dos distintos elementos do cenário tecnológico emergente e inovar em todas as áreas da empresa. As possibilidades abrangem tudo que vai da pesquisa, do desenvolvimento e das operações à gestão de talentos e aos modelos de negócio. Os executivos com um conhecimento profundo de tecnologia podem se inspirar a expandir mais as fronteiras de suas disciplinas para captar ainda mais valor a partir da transformação digital usando a estrutura.

O mais importante, tanto para especialistas quanto para não especialistas, é que a estrutura IDEAS fornece um ponto comum de referência para guiar a empresa e as iniciativas tecnológicas — a dimensão radicalmente humana que impulsionará cada vez mais a concorrência.

Quem Vencerá no Novo Mundo de Inovação Radicalmente Humana?

Para avaliar como as empresas estão se saindo nesse novo ambiente emergente, precisamos considerar nossos dois estudos — pré-pandemia e pós-pandemia — sobre os sistemas empresariais e a adoção tecnológica. Como base, usamos também estudos de caso segmentados de empresas líderes, nossa experiência prática com os clientes e as extensas conversas com líderes empresariais e inovadores em todo o mundo que tiveram início em *Humano + Máquina*.

Na Parte Um, "Inovação Transformadora — O Poder da Estrutura IDEAS", exploramos as novas abordagens em relação à inteligência, aos dados, à expertise, à arquitetura e à estratégia que estão redefinindo a inovação. Na Parte Dois, "Competindo pelo Futuro Radicalmente Humano", exploramos como as empresas usarão a estrutura IDEAS para se diferenciarem em quatro dimensões essenciais: talento, confiança, experiências e sustentabilidade.

As quatro áreas delineadas na Parte Dois já eram uma preocupação — grande ou pequena — para muitas empresas desde o início deste século. Agora elas se agigantam mais do que nunca. Os talentos com conhecimento tecnológico estão em falta; a confiança foi trazida à luz dos holofotes pela pandemia; experiências únicas, permitidas pela tecnologia, oferecem possibilidades praticamente infinitas para clientes, funcionários e cidadãos; e a sustentabilidade se torna mais urgente a cada dia.

A diferença agora é o papel descomunal da IA e das tecnologias relacionadas em como as empresas se saem nessas quatro áreas de diferença competitiva. Companhias de todos os tipos — tradicionalmente voltadas à tecnologia ou não — precisarão aceitar os modos como a tecnologia e a inovação radicalmente humanas estão redefinindo tais fontes de diferenciação, mais importantes do que nunca. Talento, confiança, experiências e sustentabilidade serão os principais componentes da proposta de valor, da promessa da marca e do desempenho financeiro de todas as empresas.

Quem sairá na frente? A resposta é mais do que óbvia. O fato de que as empresas líderes em nossa segunda pesquisa estavam fazendo com que suas receitas crescessem cinco vezes mais rápido do que as empresas retardatárias insinua que estamos adentrando uma era de concorrência do tipo o vencedor leva tudo. Porém, nessa segunda pesquisa, conduzida durante a pandemia, descobrimos várias organizações que conseguiram quebrar barreiras prévias de desempenho.

Essas "saltadoras" [*leapfroggers*], representando cerca de 18% de nossa amostra, adotaram tecnologias emergentes e avançadas centradas no ser humano e as escalaram em todo o empreendimento ao mesmo tempo em que promoveram o tipo certo de mudança organizacional necessário para aproveitar esses investimentos. E elas alteraram seus orçamentos para TI de atividades relacionadas às operações para atividades relacionadas à inovação. Entre 2018 e 2020, as leapfroggers cresceram quatro vezes mais do que as retardatárias. Durante a pandemia, sua taxa de crescimento foi ainda mais alta do que a das líderes médias. Ao buscar a *transformação comprimida*, essas empresas de sucesso demonstraram a possibilidade de que até mesmo as organizações menos avançadas tecnologicamente podem dar saltos enormes e lucrativos.

Um Futuro Mais Humano — E Humanitário

O que a tecnologia radicalmente humana pode significar para indivíduos e sociedades? Qual papel as empresas desempenham ao ajudar a sociedade a caminhar rumo a uma prosperidade social mais geral? Como as companhias podem promover ativamente o bem-estar para clientes e comunidades? E como fazer isso tudo ainda visando ao sucesso financeiro?

Assim como moldamos nossas ferramentas, nossas ferramentas nos moldam.[3] Esse adágio oferece um fundamento filosófico excelente para começarmos a pensar nessas questões. Do martelo à roda, à TV e à IA, cada ferramenta desenvolvida nos força a repensar nossos ambientes e a nós mesmos, a reconsiderar quem somos e o que é possível para o futuro, para o bem ou para mal.

Em *Humano + Máquina*, mostramos que as principais empresas não estão colocando os humanos contra as máquinas em uma luta por empregos. Pelo contrário, estão trazendo pessoas e máquinas em relações simbióticas, cada lado forçando o outro a realizar o que nenhum deles conseguiu fazer sozinho. A simbiose entre pessoas e ferramentas é o que sustenta a estrutura IDEAS radicalmente humana e o que lança luz sobre os diferenciais de talento, confiança, experiência e sustentabilidade.

Embora nem todas as soluções sejam tecnológicas, a tecnologia moderna é, sem dúvidas, uma das ferramentas mais potentes e escaláveis para acelerar a mudança positiva em nosso mundo, especialmente quando ela anda de mãos dadas com políticas fortes e proteções saudáveis para a segurança e a dignidade humanas. O fato de a tecnologia atual ter esse tipo de poder ainda é a principal razão para entendermos como melhor moldá-la de modo que ela molde a nós mesmos. Esse sentimento inclui a ação rápida para consertar nossas ferramentas, assim como nossa própria compreensão a respeito delas quando houver falhas, seja por parte delas ou da nossa.

Nas próximas páginas, você lerá as histórias de inovadores, pesquisadores, empresas e organizações que estão colocando novas tecnologias radicalmente humanas para trabalhar com seres humanos e, ao fazê-lo, estão moldando nossas futuras ferramentas, o mundo em que habitamos e a nós mesmos. De certas formas, essas histórias são tão antigas quanto as civilizações, e de outras, são totalmente novas. Todas buscam inspirar trajetos futuros de inovação por meio da mesma e antiga história de "sair-se bem por fazer o bem". O que será necessário para chegarmos lá juntos? Este livro será seu guia.

PARTE UM

INOVAÇÃO TRANSFORMADORA

O Poder da Estrutura IDEAS

1

INTELIGÊNCIA

Mais Humana, Menos Artificial

"As máquinas podem pensar?"

Foi assim que Alan Turing começou seu célebre artigo intitulado "Computing Machinery and Intelligence" [Máquinas Computacionais e Inteligência], publicado em 1950.[1] Desde então, tem havido muito debate sobre o que passou a ser conhecido como o "Teste de Turing" — apresentando a pergunta sobre se um computador pode nos enganar passando-se por um humano. Embora o próprio Turing nunca tenha afirmado que as máquinas pudessem de fato pensar, isso não impediu fantasiosos e observadores casuais de imaginar — geralmente com horror — as máquinas dotadas de consciência humana.

Essa não é nossa realidade.

A virada radicalmente humana na IA que estamos vendo não tem a ver com a recriação da consciência. Ela trata de resolver problemas aproveitando as características cognitivas mais poderosas dos humanos e as suplementando com as habilidades mais potentes dos computadores. Sua promessa não é o domínio exercido pelas máquinas, mas um meio mais abrangente, eficaz, acessível e inovador para solucionar desafios comerciais e profissionais urgentes. Isso já está acontecendo plenamente nas fronteiras mais avançadas da pesquisa e em empreendimentos de todos os tipos, com implicações profundas para todos nós.

Uma Criança os Guiará

Ainda não há nenhuma máquina equipada com IA que possa se igualar à facilidade e à eficiência com que humanos — mesmo os mais jovens — aprendem, compreendem e contextualizam. Deixe cair um objeto acidentalmente, e uma criança de 1 ano que o observa indo buscá-lo o ajudará. Atire-o de propósito, e a criança o ignorará.[2] Em outras palavras, até mesmo as crianças mais jovens entendem que as outras pessoas têm intenções — uma habilidade cognitiva extraordinária que parece estar praticamente embutida no cérebro humano.

Isso não é tudo. Desde muito cedo, as crianças desenvolvem um sentido intuitivo sobre a física: elas começam a esperar que os objetos se movam ao longo de caminhos suaves, permaneçam em existência, caiam quando perdem o suporte e não interfiram quando estão longe. Antes de adquirir o idioma, elas distinguem os agentes animados e os objetos inanimados. Ao aprender a falar, exibem sua habilidade impressionante de generalizar a partir de poucos exemplos, precisando experienciar apenas um ou dois casos de uma nova palavra para entender seu significado.[3] Elas também aprendem a caminhar sozinhas, por meio de tentativa e erro.

Contudo, a IA pode fazer muitas coisas que as pessoas, apesar de serem dotadas de uma inteligência natural, consideram impossíveis ou difíceis de realizar bem: reconhecer padrões em quantidades enormes de dados; derrotar os maiores campeões de xadrez, de Go e de Jeopardy; executar processos complexos de manufatura; auxiliar eficientemente as pessoas que ligam para o centro de atendimento ao cliente; analisar o clima, as condições do solo e as imagens de satélite para ajudar produtores rurais a maximizar seus resultados de colheita; escanear milhões de imagens na internet na luta contra a exploração infantil; detectar fraudes financeiras; prever as preferências do consumidor; personalizar as propagandas; e muito mais. Automatizar tais tarefas está além não apenas das capacidades humanas, mas também da lógica procedural e da programação tradicionais. O mais importante: a IA permitiu que humanos e máquinas se complementem, transformando os processos mecanicistas em atividades altamente adaptativas, orgânicas e centradas nos humanos. E, contrário aos profetas pessimistas da automação, tal colaboração está abrindo uma variedade de trabalhos novos e de alto valor.[4]

Não nos surpreende, portanto, que a adoção da IA esteja acelerando rapidamente em indústrias do mundo todo. De acordo com uma pesquisa de 2019, as empresas planejam dobrar os projetos com IA em 2020 e, até 2022, ter em média 35 projetos de IA ou de aprendizado de máquina em andamento.[5]

O que motiva essa aceleração na adoção? Mais modelos de IA estão sendo produzidos. Os hardwares especializados estão aumentando a capacidade da IA de oferecer resultados mais rápidos com base em conjuntos de dados maiores. Ferramentas simplificadas e menores estão capacitando a IA para trabalhar em praticamente qualquer dispositivo. A nuvem está dando acesso aos recursos de IA a partir de qualquer lugar e a habilidade de fazer escalar [*scale up*] ou desescalar [*scale down*], conforme as necessidades da empresa evoluem. A adoção rápida também está sendo motivada pela necessidade das empresas complexas e dos desafios de lógica computacional de integrar dados a partir de muitas fontes, bem como pelos incentivos competitivos para tornar os dados mais úteis. E, é claro, houve a grande aceleração motivada pela pandemia.

Uma pesquisa recente feita por nossa empresa mostra que mais de 75% das principais empresas têm atualmente iniciativas de aprendizado profundo em andamento.[6] O aprendizado profundo é um subconjunto poderoso de aprendizado de máquina. Ele funciona por meio de redes neurais formadas por unidades simples de processamento, como os neurônios, que realizam coletivamente computações complexas. A IA baseada no aprendizado profundo deve ser treinada de baixo para cima [*bottom-up*] com quantidades massivas de dados e, em geral, ajustada com dados adicionais. Mas tal abordagem sedenta por dados está começando a encontrar alguns desafios significativos — de capacidade, de acessibilidade de preços e de sustentabilidade, como veremos no próximo capítulo.

Enquanto isso, na vanguarda das pesquisas, a natureza da inteligência de máquina está sofrendo uma virada radicalmente humana: tornando-se menos artificial e mais inteligente, menos como os veículos autônomos que precisam ser laboriosamente ensinados sobre tudo e mais como as crianças humanas, que vêm equipadas com uma capacidade incrivelmente eficiente de aprender.

Tais desenvolvimentos deveriam dar muito o que pensar aos líderes seniores ainda incertos sobre como alocar seus gastos com tecnologia nos próximos três a cinco anos. Por outro lado, os desafios do aprendizado profundo são formidáveis e, para muitas organizações, intransponíveis. Outra consideração, ainda, é que o aprendizado profundo forneceu tantos insights e resultados valiosos, que não desaparecerá tão logo. Como atestam os planejamentos das empresas em nossa pesquisa, essas tecnologias não são mais opcionais; são necessárias. Ao mesmo tempo, contudo, a busca por uma IA mais humana, que esteve dormente por décadas, ganhou vida nova, impelida pelos limites que as abordagens atuais à inteligência estão enfrentando.

O Problema com a Inteligência

A *MIT Technology Review* analisou 25 anos de pesquisas sobre IA, abrangendo 6.625 artigos acadêmicos, e concluiu que o aprendizado profundo pode estar chegando ao fim de seu domínio explosivo de uma década.[7] Ele não desaparecerá. Continuará sendo uma ferramenta poderosa para certos problemas minuciosamente definidos. E será um elemento importante em algumas das inúmeras e complicadas técnicas que desequilibrarão a balança da inteligência de máquina em favor da humana, em vez da artificial. Mas a noção de que o aprendizado profundo nos concederá uma aparência de IA, caso tenha tempo e dados suficientes, é improvável.

Muitos Sistemas de IA Não São Tão Inteligentes Assim

Para começar, os sistemas de aprendizado profundo normalmente se confundem de maneiras que não podem ser explicadas. Considere o reconhecimento de imagens pela IA. Foi uma das grandes histórias de sucesso sobre a IA nos anos recentes. Mas desde 2017, houve pouco progresso. A ImageNet, mantida na Universidade Stanford, é uma coleção de código aberto com mais de 14 milhões de imagens rotuladas à mão em mais de 20 mil categorias. Ela foi usada para treinar muitas aplicações familiares de identificação de imagem por IA, como o Bing, da Microsoft. Porém, os pesquisadores coletaram cerca de 7,5 mil fotos do mundo real que confundem os sistemas de visão mais modernos de computador. (Por exemplo, uma foto de um jovem correndo foi absurdamente identificada como um monociclo.) Quando alimentados com essas imagens, os sistemas perdem sua precisão de mais de 95% para 2%.[8] Isso significa que alguns dos sistemas mais poderosos de visão computacional no mundo identificarão corretamente tais imagens em apenas duas de cada cem tentativas. E quando o que está em jogo não é apenas classificar corretamente uma imagem, mas reconhecer genuinamente um objeto, como nos carros autônomos ou nos drones de entregas, as falhas podem ter consequências fatais.

Sistemas Complexos Sofrem com o Problema da "Caixa-preta"

Os sistemas de IA são geralmente usados para ajudar na tomada de decisões altamente consequenciais: quem será aprovado para um empréstimo, quem será contratado, quem ganhará liberdade condicional, quanto tempo de detenção alguém receberá, por que um veículo autônimo fará uma manobra crítica, onde e como as propagandas de uma empresa serão distribuídas nas redes sociais, e muito mais. Porém, vários desses sistemas são obscuros, especialmente os que empregam o aprendizado profundo. É impossível explicar como seus algoritmos, que funcionam com enormes números de parâmetros e muitas camadas intrinsecamente interconectadas de abstração, chegam a conclusões. E tais conclusões podem às vezes ser desastrosas — resultando em discriminação racial nos empréstimos e na justiça criminal, em veículos que batem tragicamente ou em marcas respeitadas cujas propagandas nas redes sociais mostram conteúdos praticamente neonazistas ou teorias da conspiração.

O esforço para tornar a IA "explicável" — resguardado pela Lei Geral de Proteção de Dados — exige que esta pergunta seja feita: explicável a quem? Stakeholders diferentes buscam tipos distintos de explicações. O problema surge mesmo com um risco relativamente simples de um sistema de avaliação de empréstimos.[9] Os desenvolvedores de software e os administradores de sistemas querem uma explicação em termos de parâmetros de arquitetura e de processamento. Um gerente de banco experiente, que toma a decisão final, talvez queira saber como os diversos fatores foram considerados na recomendação do sistema. Um solicitante que teve seu empréstimo negado quer saber precisamente o porquê — *será que foi minha idade, minha raça, onde moro ou um histórico impreciso de crédito?* Um regulador quer a garantia de que o sistema não comprometa a privacidade dos dados, que não viole quaisquer leis contra a discriminação ou que tenha aberturas para a fraude financeira. Um leigo que contempla o problema da caixa-preta provavelmente quer saber por que alguém criaria uma máquina se não pode compreendê-la.

Os Sistemas de Aprendizado Profundo Não Sabem Ler

Podemos compilar todos os livros do mundo em um banco de dados gigantesco e consultável (como o Google Books) e elaborar programas de leitura por máquina que possam extrair todos os tipos de correlações. Porém, nenhuma IA existente consegue ler, nem mesmo com a compreensão rudimentar de uma criancinha. Os pesquisadores Gary Marcus e Ernest Davis fizeram a seguinte e simples pergunta ao programa Talk to Books, do Google: "Onde Harry Potter conhece Hermione Granger?" Nenhuma das vinte respostas que a ferramenta mostrou viera do livro *Harry Potter e a Pedra Filosofal*, e nenhuma falou sobre onde o encontro aconteceu.[10]

Os smartphones podem ser relativamente bons para corrigir erros de escrita ou para prever a próxima palavra em uma frase. Os programas de tradução oferecem soluções aproveitáveis em muitos idiomas. Mas nenhuma dessas aplicações — ou qualquer outra — traz o conhecimento passado, o senso de contexto e as inúmeras premissas sobre a realidade exigidas para ler com uma compreensão genuína.

Eles Não Têm as Estruturas Fundamentais de Conhecimento

Tais estruturas incluem conceitos como espaço, tempo e causalidade que os humanos, como o bebê que vai atrás de um lápis, adquirem sem um esforço aparente.[11] Peguemos a causalidade, por exemplo, um componente essencial de senso comum. Muito do sucesso do aprendizado profundo foi motivado por uma habilidade poderosa de encontrar correlações, como aquelas entre um conjunto de sintomas e uma doença específica. Porém, como todos deveríamos saber até agora, a correlação não é causalidade. Se as máquinas entendessem que uma coisa causa outra, então elas não precisariam ser retreinadas para a tarefa seguinte.[12] Em vez disso, poderiam aplicar o que sabem sobre um domínio em um domínio diferente.

O Futuro da Inteligência Radicalmente Humana

Apesar dos avanços na psicologia cognitiva e na neurociência, realmente não sabemos exatamente como o cérebro humano faz tanta coisa incrível com seus recursos computacionais muito limitados. Porém, em um alto nível, sabemos quais são alguns dos fundamentos básicos da inteligência humana, e há pioneiros começando a criar versões robóticas deles. Os autores de "Building Machines That Learn and Think Like Humans" [Construindo Máquinas que Aprendem e Pensam como Humanos], um artigo influente sobre essa nova direção na inteligência de máquina, dizem o seguinte: "Desde que a inteligência natural permaneça sendo o melhor exemplo de inteligência, acreditamos que o projeto de fazer engenharia reversa com as soluções humanas para abordar problemas computacionais difíceis continuará a informar e a causar o avanço da IA."[13]

A pergunta aos líderes seniores é qual das habilidades cognitivas mais parecidas às dos humanos, detalhadas a seguir, pode ser a mais relevante para captar valor para suas empresas e entregar valor aos seus clientes.

Generalizando em Situações do Mundo Real

Enquanto os argumentos teóricos se intensificam no debate entre aprendizado profundo *versus* alguma versão ideal de inteligência artificial geral como *o* meio de obter uma inteligência mais parecida com a humana, os profissionais da área não perdem tempo esperando. Eles recorrem a todas as disciplinas da IA para abrir novas possibilidades de recursos e desempenho de máquina.

Considere a próxima geração de robôs de logística e armazéns — uma tecnologia que pode causar um impacto enorme nas operações e na lucratividade das empresas de muitos setores. Por exemplo, em centros altamente automatizados de atendimento de pedidos com quilômetros de prateleiras, os robôs fazem muito do trabalho pesado de carregamento e de primeiros passos na separação do produto. Porém, perante centenas de milhares de Unidades de Manutenção em Estoque, ou SKUs, que mudam com frequência, os sistemas de seleção automatizada devem ser programados para selecionar uma categoria específica de itens, ou então devem ser treinados com cada item que podem precisar selecionar. Isso significa que, quando novos itens são acrescentados ao inventário, eles devem ter seus códigos lançados manualmente no sistema, o que é pouquíssimo prático em escala industrial.

É por isso que os humanos são, de muitas formas, superiores à atual geração de robôs selecionadores "burros". Os humanos não precisam ser constantemente retreinados para cada SKU. Eles podem generalizar a partir de sua experiência, diferenciando facilmente um objeto de outro e descobrindo rapidamente a melhor maneira de manusear algo sem o danificar. Mas os centros de processamento de pedidos com objetivo de entrega no mesmo dia ou até na mesma hora sofrem com altas taxas de rotatividade e com os limites de volume e velocidade de trabalho humanamente possíveis.

Na Obeta, uma atacadista alemã de produtos eletrônicos cujo armazém é administrado pela empresa austríaca de logística de armazéns KNAPP AG, uma nova geração de robôs selecionadores mais inteligentes está mudando o cenário. Equipados com uma IA da Covariant, uma startup fundada por pesquisadores de robótica da Universidade da Califórnia, em Berkeley, e do laboratório de pesquisa Open AI, os robôs são ensinados sobre habilidades gerais. Essas incluem percepção 3D, "affordances"* de objetos, planejamento de movimento em tempo real e aprendizado rápido [*few-shot*] (dominar uma tarefa depois de apenas alguns exemplos de treinamento). Tais habilidades gerais lhes permite aprender rapidamente a manipular objetos sem ninguém precisar lhes dizer o que fazer.[14] Seu trabalho é selecionar itens de caixas de armazenamento em atacado e colocá-los em pedidos individuais a serem despachados.

Uma pessoa que visitou a sede da Covariant descreveu a tecnologia em ação: "Observei três robôs diferentes selecionarem habilmente diversos tipos de itens comprados em lojas. Em segundos, o algoritmo analisa suas posições, calcula o ângulo de ataque e a sequência correta de movimentos, e estende o braço para pegá-los com um copo de sucção. Seu movimento é certo e preciso, e a velocidade é alterada dependendo da delicadeza do item."[15]

Os robôs usam um braço industrial disponível no mercado, um pegador por sucção e um sistema de visão. O sistema de visão é acoplado ao pegador pela Covariant Brain, uma plataforma de software device-agnostic.** A ideia é a de que seja uma IA universal para robôs em qualquer ambiente de clientes — uma única rede neural que pode se adaptar a inúmeros ambientes diferentes.

"Nosso sistema faz uma generalização de itens que nunca viu antes. Ele consegue observar uma cena e entender como interagir com itens individuais em uma sacola, incluindo alguns que nunca viu antes — os humanos podem fazer a mesma coisa, e a inteligência generalizada é basicamente isso", explica Pieter Abbeel, um dos fundadores da empresa. "Essa compreensão generalizada do que está em uma cestinha é realmente essencial ao sucesso. É a diferença entre um sistema tradicional, no qual você pode catalogar tudo previamente e tentar reconhecer tudo no catálogo, *versus* armazéns de rápida movimentação em que há muitos SKUs e estão sempre mudando."[16]

---

* Termo cunhado pelo psicólogo James J. Gibson, e ainda sem uma tradução consagrada em português, refere-se ao potencial de um objeto ser usado como foi projetado para ser usado. [N. do T.]

** Que pode funcionar em qualquer lugar, até mesmo em dispositivos que ainda não foram criados. [N. do T.]

Dizer que é um sistema híbrido mal faz jus a todas as técnicas que foram implementadas para dotá-lo com a habilidade de generalizar. A Covariant usa uma vasta gama dessas técnicas, incluindo o aprendizado por imitação e o aprendizado por reforço. Por exemplo, para treinar um robô sobre um novo conjunto de itens, ela coloca novos objetos perante ele e observa se ele consegue se adaptar exitosamente. Quando fracassa, ele pode atualizar sua compreensão sobre o que está vendo e tentar algumas abordagens diferentes. E quando consegue, pode ganhar um sinal de recompensa para reforçar o aprendizado. Quando um conjunto de SKUs é totalmente diferente de outros conjuntos, a Covariant precisa então voltar ao aprendizado supervisionado — coletando e rotulando diversos novos dados de treinamento, como ocorre nos sistemas de aprendizado profundo.

Para ter sucesso em um ambiente comercial, os robôs precisam ter um padrão altíssimo de desempenho. Anteriormente, os robôs selecionadores da KNAPP manuseavam confiavelmente apenas cerca de 15% dos objetos; os robôs equipados pela Covariant agora manuseiam confiavelmente cerca de 95% dos objetos.[17] E são mais rápidos do que os humanos, selecionando cerca de 600 objetos por hora, em comparação aos 450 selecionados por humanos. Ainda assim, ninguém foi demitido da Obeta. Pelo contrário, revela Peter Puchwein, vice-presidente de inovação na KNAPP, o pessoal foi retreinado para entender mais sobre robótica e computadores.[18] Enquanto isso, a Covariant pretende desenvolver seu cérebro para equipar robôs em manufatura, agricultura, hotelaria, cozinhas comerciais e, futuramente, os lares das pessoas.

Sobrevivência do Algoritmo Mais Apto

Para lojas online como a Zappos, resultados irrelevantes de busca são uma dor de cabeça eterna. Visto que as palavras-chave podem ter diversos significados para o mecanismo de busca de um site, obter resultados precisos no enorme inventário pode ser difícil. Clientes potenciais que digitam termos de busca para um estilo específico de calçado, mas que obtêm como resultado outro estilo, acabarão se irritando e indo para a concorrência. Para resolver o problema, a Zappos está colocando os algoritmos uns contra os outros em um *Survivor* digital.

Os denominados algoritmos genéticos são basicamente algoritmos de pesquisa randomizada que imitam a mecânica da seleção natural — um processo que envolve se deparar com resultados úteis e passar à otimização de rotas de entrega, por exemplo, ou à criação de estruturas leves, porém resistentes. Introduzidos em 1960, por John Hooland, um polímata em psicologia, engenharia elétrica e ciência da computação, os algoritmos genéticos se tornaram úteis apenas recentemente devido às suas exigências de poder computacional. A Zappos começou a testar os algoritmos genéticos em 2017. Na época, o site da empresa recebia cerca de um milhão de termos únicos de busca. O mecanismo de busca tinha de relacioná-los com mais de 100 mil itens do catálogo de produtos da companhia.[19] Pegando carona na teoria de Darwin, os algoritmos simulam o processo natural de seleção. O sistema da Zappos, por exemplo, produz algoritmos que descobrem o significado de termos de busca. Um algoritmo pode ver a palavra sapato como um forte indicador para selecionar sapatos sociais. Um algoritmo concorrente presta mais atenção às outras palavras nos termos de busca. Um "teste de relevância", que simula como os usuários se comportam, compensa o algoritmo vencedor ao passar seus traços para a próxima geração de algoritmos. Aquele com o melhor desempenho continua vivendo no site até que seja superado por um "mais apto", melhorando continuamente o desempenho do mecanismo de busca.

Após menos de um ano usando a tecnologia de algoritmos genéticos, a empresa percebeu que os clientes estavam comprando mais rápido, aplicando menos filtros e sem precisar fazer diversas buscas para encontrar o que estavam procurando. E, diz Ameen Kazerouni, cientista-chefe de dados da Zappos: "No fim das contas, não é um custo recorrente — uma vez funcionando, está pronto."[20]

Fazendo Apostas Melhores

Os humanos selecionam probabilidades e agem com base naquela que tem mais chances de dar certo — isso rotineiramente e, em geral, sem esforço —, mesmo tendo relativamente poucas experiências prévias. As máquinas estão sendo agora ensinadas a imitar tal raciocínio por meio da aplicação de processos gaussianos — modelos probabilísticos que podem lidar com a incerteza extensiva, agir com base em poucos dados e aprender com a experiência.

Quase uma década atrás, a Alphabet, empresa controladora do Google, lançou o Projeto Loon, criado para fornecer internet a regiões desatendidas do mundo por meio de um sistema de balões gigantes pairando na estratosfera.[21] Seus sistemas de navegação empregam processos gaussianos para prever aonde os balões precisavam ir, em meio aos ventos estratificados e altamente variáveis. Cada balão então se movia para uma camada de vento que soprava na direção certa, organizando-se com os outros para formar uma grande rede de comunicação. Além de poderem fazer previsões razoavelmente precisas ao analisar dados passados de voos, eles também analisavam os dados durante um voo e ajustavam suas previsões de acordo.

Embora a Alphabet tenha encerrado o experimento no início de 2021, os processos gaussianos prometem muito. A fabricante de carros japonesa Mazda conseguiu melhorar a calibração dos motores usando mil vezes menos dados, em comparação às ferramentas modernas — isso se deu pelo uso do Decision Engine, fabricado pela startup de IA Secondmind e equipado por modelagens probabilísticas baseadas nos processos gaussianos.[22]

Alguns especialistas acreditam que os poderes do small data nos processos gaussianos poderiam acelerar a IA autônoma. "Para criar um agente verdadeiramente autônomo, ele precisa conseguir se adaptar ao seu ambiente muito rapidamente", diz Vishal Chatrath, CEO da Secondmind, startup de IA. "Isso significa conseguir aprender de forma eficiente com relação aos dados."[23]

Os processos gaussianos não exigem quantidades gigantescas de dados para reconhecer padrões; as computações necessárias para inferência e aprendizado são relativamente fáceis, e se algo der errado, sua causa pode ser localizada, diferentemente das caixas-pretas das redes neurais.

Aproximando-se da Causalidade

A IA é boa para identificar correlações e, com base nelas, fazer previsões valiosas. Por exemplo, a GNS Healthcare, empresa de medicina de precisão sediada em Cambridge, Massachusetts, usa algoritmos de causalidade para ajudar algumas das maiores empresas farmacêuticas do mundo a entender não apenas quais pacientes reagem a quais remédios, mas por quê. Usando técnicas bayesianas, sua plataforma de software traduz dados em modelos de causalidade. Tais técnicas identificam quais variáveis em um conjunto de dados parecem ter a maior influência em outras variáveis, com o objetivo de segmentar melhor as pesquisas, desenvolver testes mais incisivos de remédios, acelerar a aprovação regulatória e prever melhor os riscos ao paciente.

Em um estudo, a GNS, com a Alliance for Clinical Trials in Oncology, buscou identificar os preditores clínicos para uma subpopulação de pacientes com câncer colorretal metastático (mCRC).[24] É um dos tipos mais comuns de câncer nos EUA, com uma estimativa de 140 mil novos casos diagnosticados a cada ano. O estudo usou a plataforma de IA de causalidade da empresa para analisar dados clínicos de mais de 2 mil pacientes com mCRC. Os pesquisadores queriam revelar biomarcadores preditivos para a reação de pacientes a diferentes tratamentos com remédios para a doença e preditores de sobrevivência geral entre algumas subpopulações de pacientes.

"Nunca estivemos em uma posição tão boa para descobrir os fatores de causa da doença e a reação do paciente a remédios específicos", revela Colin Hill, presidente, CEO e cofundador da GNS. "Construímos um modelo *in silico* de pacientes com câncer colorretal e conseguimos identificar biomarcadores que nos dizem quais pacientes responderão a qual tratamento, e, mais importante, por quê. É isso que nos levará ao ponto de entregar remédios personalizados e erradicar as doenças."[25]

Encarando o Tempo/Espaço

Cerca de 720 mil horas[26] de vídeos são carregadas ao YouTube por dia, e os vídeos devem ser processados por questões de classificações de propagandas e recomendações. Nos hospitais, terabytes de vídeos sensíveis devem ser usados em dispositivos locais para proteger a privacidade. Em cidades inteligentes, câmeras de circuito fechado geram quantidades enormes de vídeos que às vezes precisam ser analisados rapidamente para evitar o perigo iminente de alguma atividade violenta ou criminosa. Todas essas tarefas demandam uma compreensão precisa e eficiente do que está acontecendo em qualquer um dos vídeos. Mas o reconhecimento de vídeo, diferente do simples reconhecimento de imagens, precisa de modelagem temporal — a habilidade de entender e prever sequências de ações. Como outras aplicações de IA baseadas em aprendizado profundo, as de vídeo normalmente exigem um poder computacional vasto e caro e não estão disponíveis em locais sem a tecnologia e os recursos necessários.

Recentemente, no entanto, pesquisadores do laboratório de IA Watson MIT-IBM desenvolveram uma nova técnica para treinar os sistemas de reconhecimento de vídeos que, ao mesmo tempo, é muito precisa e economiza custos computacionais.[27] Eles conseguiram treinar modelos de reconhecimento de vídeos três vezes mais rápidos do que as técnicas de ponta existentes. Em vez de decompor os vídeos em frames individuais e executar os algoritmos de reconhecimento em cada frame, a técnica extrai esboços de objetos de cada frame e os sobrepõe para ver como os objetos mudam no espaço. A velocidade aumentada poderia ser crucial para a habilidade de veículos autônomos de reconhecer e reagir a informações visuais e para prever o que provavelmente acontecerá a seu redor.

Além disso, o modelo pode ser executado em dispositivos com pouca bateria, como os telefones. Por exemplo, com um pequeno computador e uma câmera funcionando com energia suficiente apenas para acender uma luz de bicicleta, o modelo conseguiu classificar rapidamente os gestos manuais.[28] Essa técnica poderia ajudar a reduzir o custo computacional de reconhecimento de vídeo e diminuir suas pegadas de carbono. Considerando sua eficiência de hardware, ele poderia também ajudar a colocar dispositivos compactos de diagnóstico nas mãos de médicos e enfermeiros em locais de cuidados primários.

Usando o Senso Comum

Inúmeras organizações estão trabalhando para ensinar as máquinas a navegar pelo mundo usando o senso comum — para entender os objetos e as ações do cotidiano, comunicar-se naturalmente, lidar com situações imprevistas e aprender com as experiências. Porém, o que acontece naturalmente para os humanos, sem treinamentos ou dados explícitos, é cruelmente difícil para as máquinas. Nas palavras de Oren Etzioni, CEO do Instituto Allen de Inteligência Artificial (AI2): "Nenhum sistema de IA atualmente utilizado pode responder confiavelmente a uma vasta gama de perguntas simples, como 'Se colocar minhas meias na gaveta, elas ainda estarão lá amanhã?' ou 'Como posso saber se a caixa de leite está cheia?'"[29]

Para ajudar a definir o que significa ter senso comum para as máquinas, a AI2 está desenvolvendo um portfólio de tarefas a partir das quais o progresso pode ser mensurado. A DARPA (Agência de Projetos de Pesquisa Avançada de Defesa dos EUA) está investindo US$2 bilhões em pesquisas de IA. Em seu programa de Senso Comum das Máquinas (MCS), os pesquisadores criam modelos que imitam os domínios centrais da cognição humana, incluindo "os domínios de *objetos* (física intuitiva), *lugares* (navegação espacial) e *agentes* (atores intencionais)". Os pesquisadores da Microsoft e da Universidade McGill desenvolveram em conjunto um sistema que demonstrou uma enorme promessa para desfazer as ambiguidades na linguagem natural, um problema que exige diversas formas de inferência e de conhecimento.[30]

As milhões de premissas e regras implícitas que constituem o senso comum sobre como a realidade funciona podem ser praticamente consideradas como inteligência humana. Nos primórdios da IA, os pesquisadores tentaram codificar todas essas regras por meio da lógica simbólica, criando uma base de conhecimento a partir da qual um sistema poderia fazer inferências.

Tais esforços "simbolistas" fracassaram perante a quase impossibilidade de catalogar o número não conhecido dessas regras — e suas muitas exceções, qualificações e contextos — e de elaborar algoritmos que pudessem navegar por elas.

Os proponentes do aprendizado profundo tomaram um rumo diferente. Eles desenvolveram redes neurais com camadas interconectadas que poderiam discernir padrões sem que tivessem sido embutidos antes por programadores. Como vimos, seu registro é ambíguo — conduzindo veículos autônomos de forma impressionante e fracassando de forma hilária em testes básicos de raciocínio de senso comum. Mas há sinais de que as abordagens simbolistas podem estar convergindo com as de redes neurais em sistemas híbridos que produzem resultados mais parecidos àqueles do senso comum humano. Com tais sistemas, o objetivo é produzir a resposta certa e também o raciocínio para chegar a ela.

Considere os chatbots e os assistentes digitais de voz, que normalmente deixam os usuários frustrados. As aplicações podem se perder facilmente, e, o mais importante, mesmo quando têm uma resposta, não conseguem dar uma explicação de senso comum a ela. A Salesforce, poderosa empresa de serviços na nuvem e CRM, está trabalhando para mudar isso com o assistente de voz Einstein. A pesquisa da companhia está indo na direção de imbuir redes neurais com a capacidade de dar não apenas as respostas certas, mas também de fornecer explicações plausíveis para tais respostas. As iniciativas com assistentes de voz são raras em geral; dessa forma, o Einstein dá uma grande vantagem à empresa em termos de experiência do consumidor e engajamento.

Além de trazerem vantagens às organizações cujo assistente de voz pode explicar suas respostas, os avanços no senso comum da IA têm uma relevância óbvia em setores nos quais a explicabilidade é crucial — saúde, finanças, segurança e governo. O raciocínio de senso comum também poderia ajudar a superar algumas das limitações dos sistemas de reconhecimento visual, fornecendo, por exemplo, o conhecimento comum de que atingir um cone de trânsito tem muito menos consequências do que atingir um pedestre. "O senso comum é um componente crucial para o desenvolvimento de IAs que consigam entender o que estão lendo; que possam controlar robôs que operem de forma útil e segura no ambiente humano; que interajam com os usuários humanos de formas racionais", diz Gary Marcus, destacado especialista em IA e fundador da Robust.AI. "O senso comum não é apenas o problema mais difícil para a IA; em longo prazo, também é o mais importante."[31]

Monitorando as Emoções

Só em 2018, a condução distraída de veículos ceifou 2.841 vidas nos EUA. Entre as vítimas, foram 1.730 condutores, 605 passageiros, 400 pedestres e 77 ciclistas.[32] Qualquer atividade que tire a atenção da condução é considerada distração — mexer no celular, atender a uma chamada, comer e beber, conversar com passageiros e mexer no som ou no sistema de navegação. O uso do celular é especialmente perigoso. A 90km/h, tirar seus olhos da estrada por cinco segundos para ler uma mensagem é como dirigir ao longo de um campo de futebol inteiro com seus olhos fechados. Dormir ao volante é ainda mais fatal — cerca de 6 mil acidentes por ano são causados por condutores sonolentos.[33] A agressividade no trânsito é outra causa principal de acidentes. Cerca de 94% de todos os acidentes de trânsito são causados por erro do condutor, e um terço deles tem suas causas relacionadas ao comportamento caracterizado como agressividade no trânsito.[34]

Tais estatísticas podem ser reduzidas drasticamente se um sistema de IA, desenvolvido para ler as emoções dos condutores, estiver presente em todos os automóveis, assim como os cintos de segurança. Um sistema desse tipo está atualmente sendo criado pela Affectiva, uma startup de Boston fundada em 2009 por pesquisadores do famoso Media Lab do MIT (e adquirida em meados de 2021 pela Smart Eye, empresa sueca). Os algoritmos da Affectiva leem o rosto das pessoas para detectar seu estado emocional ou cognitivo. Isso poderia ajudar a manter os condutores calmos, atentos e despertos ao fornecer automática e apropriadamente intervenções, alertas ou ações sugeridas. Mas é um desafio muitíssimo complexo. Os estados cognitivos, como sonolência, vão surgindo gradualmente; as manifestações faciais de emoções variam conforme a idade, o gênero, a etnia e a cultura.

A empresa desenvolveu um sistema de monitoramento de emoções que permite que mídias e anunciantes testem as respostas à programação e aos anúncios de vídeos com públicos-alvo. O sistema se baseia na análise de mais de 7,6 milhões de rostos em 87 países. Cerca de 25% das empresas listadas na *Fortune Global 500* usaram a tecnologia para testar seus anúncios em todo o mundo e ajudar a prever intenções de compra, aumento de vendas ou a probabilidade de dado conteúdo viralizar.[35]

A "computação afetiva", ou a "IA emocional", como é conhecida, foi usada logo no início em trabalhos com crianças autistas para ajudá-las a entender e a expressar suas emoções. Seus originadores, explica Gabi Zijderveld, que trabalhava na Affectiva e está agora na Smart Eye, foram motivados pela "ideia de que a tecnologia poderia conseguir entender e reagir às emoções humanas, para basicamente melhorar as interações humanas com ela e torná-la mais relevante e apropriada, mas também talvez para ajudar os humanos a entender ou controlar melhor as emoções".[36]

Rana el Kaliouby, fundadora da Affectiva e agora vice-CEO da Smart Eye, sabe uma ou duas coisas sobre emoções intensas. Em 1990, quando era criança e vivia no Oriente Médio, o Irã invadiu o Kuwait, seu país natal. "Da noite para o dia, nosso mundo mudou", escreve ela. "Meus pais perderam o emprego, a casa e as economias. Depois disso, senti uma enxurrada de emoções diferentes de tudo o que já tinha sentido."[37]

As profundas rupturas psicológicas causadas pela pandemia da covid-19 a fizeram pensar sobre como um mundo digital emocional poderia ajudar. A migração intensa para o aprendizado online, as reuniões virtuais, a telessaúde e o isolamento causado pelo distanciamento social eliminaram os elementos básicos da conexão humana que nem valorizamos durante o contato presencial. Os funcionários passaram a sofrer de "fadiga do Zoom". Professores e palestrantes corporativos não conseguiam saber como seus públicos estavam reagindo. Médicos e psicólogos que atendiam virtualmente tiveram dificuldades de avaliar humores e uma forma geral de bem-estar. O mesmo se deu com as pessoas que se conectavam com pais mais idosos, especialmente vulneráveis ao vírus. Um software de monitoramento de emoções pode restaurar pelo menos um pouco da conexão humana que perdemos em tais situações e ajudar a controlar e a promover a saúde mental.

Como escreve el Kaliouby: "Nossa dependência tecnológica para nos conectarmos com o mundo só crescerá. Armá-la com a inteligência artificial pode ser a única forma de preservar as coisas que nos tornam humanos, para começar: empatia, emoção e conexões significativas."[38]

Dando às Máquinas uma Teoria da Mente

Considera-se que a criança que vai atrás do lápis quando você o deixa cair acidentalmente e o ignora quando você faz isso de propósito tem uma teoria da mente. Ela entende que os outros têm emoções, intenções, desejos e conhecimento e consegue usar tal compreensão para analisar e reagir ao comportamento dos outros. Uma teoria da mente é crucial para as inúmeras interações do cotidiano que nem levamos em conta. É também crucial para os robôs que trabalham com outros robôs e perto de humanos. Por exemplo, um robô que presta cuidados deve conseguir entender as emoções e os desejos de alguém que talvez tenha uma habilidade limitada de expressá-los.

As tentativas de imbuir robôs com uma teoria da mente estão seguindo diversos caminhos, todos com o propósito de superar as limitações do aprendizado profundo. A abordagem bottom-up do aprendizado profundo à inteligência se baseia em um empiricismo minucioso, sendo seu objetivo o reconhecimento de padrões. Por exemplo, quando um sistema de reconhecimento visual com aprendizado profundo vê algo, o item é processado por meio da vasta quantidade de dados de treinamento na rede neural para encontrar padrões de uma complexidade cada vez maior até que o sistema chegue a uma conclusão sobre o que o item é. Como observamos, as limitações dessa abordagem são seu apetite voraz por dados e sua falta de explicabilidade.

Pesquisadores do DeepMind do Google estão tentando superar essas limitações ao mesmo tempo em que ainda usam as redes neurais com o que denominam "teoria da mente de máquina".[39] Sua rede neural de teoria da mente (ToMnet) usa o meta-aprendizado para criar modelos dos agentes externos que encontra, a partir apenas de suas observações. Após relativamente poucas observações, a ToMnet adquire um modelo prévio forte do comportamento dos agentes e a habilidade de usar um bootstrap para fazer previsões mais precisas sobre as características e os estados mentais dos agentes. Como outros sistemas de aprendizado profundo, ele melhora com a experiência.

As entidades de IA da DeepMind eram simples agentes em uma sala virtual, onde coletavam caixas coloridas para ganhar pontos, enquanto a ToMnet "observava".[40] Um dos agentes era cego; outro não conseguia se lembrar dos passos recentes; e outro ainda conseguia ver e se lembrar. Os agentes cegos tendiam a seguir pelas paredes, os com memória fraca iam para os objetos que estavam mais próximos, e o agente que conseguia ver e se lembrar coletava caixas estrategicamente em uma ordem específica para ganhar mais pontos. Com um pouco de treinamento, a ToMnet conseguiu identificar cada tipo de agente rapidamente e previu de forma correta seus comportamentos futuros.

Esses experimentos simples dependem muitíssimo de um contexto intimamente correlacionado; eles ficam confinados às interações com agentes muito simples, e as habilidades rudimentares da ToMnet são muito diferentes da capacidade dos humanos de compreender outras mentes. Mas o direcionamento desse trabalho, muito embora envolva as redes neurais, busca manter a virada da inteligência para uma abordagem mais top-down e menos sedenta por dados.

Outra abordagem top-down presume que a mente cria modelos mentais do mundo com os quais até dados muito escassos podem ser testados. Em vez de aprender a modelar outros agentes, a IA é equipada com simulações nas quais pode testar hipóteses e prever o que outros agentes dinâmicos em sua proximidade talvez farão.

Pesquisadores da Universidade do Oeste da Inglaterra exploraram o potencial de um robô móvel conter uma simulação de si mesmo, de outros agentes dinâmicos e de seu ambiente.[41] Operando em tempo real, o modelo interno baseado na simulação consegue analisar e prever as consequências de suas ações, assim como as ações de outros atores próximos a si. Por exemplo, ao passar por um corredor estreito e ver outro robô vindo em sua direção, a IA poderia simular virar à esquerda, à direita ou continuar seu caminho e determinar qual ação tem mais chances de evitar a colisão.[42] Os robôs certamente tiveram sucesso em tais manobras sem as simulações, mas o avanço em questão é provar que as simulações fornecem um caminho rumo a uma teoria da mente artificial.

Ficando Mais Inteligente sobre a Inteligência

Assim como os objetos vistos no espelho retrovisor de um carro, essas habilidades cognitivas e emocionais mais naturais podem estar mais próximas do que parecem. Como vimos, estão sendo desenvolvidas e refinadas por organizações de pesquisa como a AI2, por empresas especialistas, como a Covariant e a Affectiva/Smart Eye, e por empreendimentos estabelecidos, como Zappos, Salesforce, Google e muitos outros. Essa tecnologia está aqui agora, ganhando *momentum* diariamente e ajudando a estabelecer os fundamentos da concorrência futura.

Com a dimensão essencial da confiança, a inteligência mais parecida à humana ganhará clientes leais e separará ainda mais as líderes das retardatárias. A inteligência de máquina radicalmente humana também nos afastará de um passado em que a tecnologia era imposta aos consumidores e funcionários, que lutavam para aprender como usá-la e se adaptar a ela, levando-nos a um futuro em que as pessoas a adotarão avidamente, pois é a tecnologia que se adapta a elas. À medida que tal futuro se aproxima, as empresas precisarão desacelerar as abordagens mais velhas, custosas e complexas à inteligência de máquina, priorizando as abordagens mais centradas nos humanos.

Embora não haja uma fórmula precisa para essa transição, há alguns passos que os líderes podem dar agora para se preparar, começando com a liderança da empresa e se estendendo para fora a partir dos especialistas em tecnologia, de modo a abarcar a organização inteira e engajar o ecossistema mais amplo da companhia. Tudo começa com a liderança, o CEO e a diretoria. Eles precisam garantir que tenham equipes de IA que estejam aprendendo e testando as abordagens emergentes à inteligência que descrevemos aqui, correlacionadas à empresa. Essas equipes devem se concentrar nos algoritmos que imitam melhor as habilidades cognitivas humanas, que produzem resultados explicáveis e que oferecem soluções menos onerosas e mais inovadoras aos desafios empresariais.

Na organização mais ampla, o objetivo deve ser propagar o que denominamos *fluência digital*. Exploraremos o conceito com mais profundidade no Capítulo 6, sobre talento, porém, em resumo, a ideia é sair da alfabetização digital — a mera familiaridade com os termos da IA e coisas do tipo —, passando à imersão na linguagem, nas técnicas e na aplicação de tecnologias inteligentes. Os funcionários digitalmente fluentes, especialmente os que estão mais próximos dos clientes ou dos desafios internos, conseguem entregar soluções no momento certo.

Além das quatro paredes da empresa, você precisa explorar o mundo mais amplo de parceiros tecnológicos, pesquisadores e agentes do setor que podem, em conjunto, ajudá-lo a unir mais rapidamente os elementos das novas abordagens à inteligência que sejam mais relevantes à sua companhia. Esse também é um primeiro passo crucial rumo a parcerias coordenadas e estratégicas de ecossistemas que caracterizam cada vez mais a concorrência em um mundo em que ninguém tem o monopólio das inúmeras descobertas tecnológicas ocorrendo quase diariamente.

Em parte, a virada radicalmente humana em termos de inteligência, que terá consequências muito profundas para os processos, produtos e serviços de sua empresa, será possibilitada pelo uso de IAs menos famintas por dados, complementando abordagens bem estabelecidas ao big data e potencialmente igualando as condições para todos os concorrentes, assunto do próximo capítulo.

2

DADOS

Do Máximo ao Mínimo, e o Ciclo Se Repete

A noção de potencializar algo na empresa — capital, talento, pesquisa, tecnologia, um processo — é evocada com tanta frequência, que, como muitas metáforas conhecidas, perdeu seu poder expressivo. "Potencializar" passou a significar um pouco mais que "usar vantajosamente". Porém, vale a pena recordar a força total da metáfora — que potencializar realmente significa ter um número pequeno de recursos produzindo um alto nível de retorno.

Em nenhum outro lugar tal dinâmica é mais oportuna do que no uso de dados na IA, visto que ela viaja da "borda" de um dispositivo local até a nuvem e às vezes de volta a ele.

A IA sedenta por dados certamente pode entregar algum nível de potencialização em uma organização. Por mais voraz e cara que seja, ela ainda pode produzir um retorno mais alto do que as alternativas (como processos manuais). Mas os desenvolvimentos recentes no que tange ao "small data" potencializam a IA em sua fonte, processando dados localmente para usos de IA na "borda" [ou edge AI] — diretamente em smartphones, sensores, veículos autônomos, drones e potencialmente qualquer outro dispositivo com um microchip robusto o suficiente para gerar fluxos de dados. Todos esses dados pequenos se somam em algo grande: a IDC estima que dispositivos de IoT conectados como esses gerarão coletivamente 73 zettabytes (ou 73 trilhões de gigabytes) de dados até 2025, quadruplicando em tamanho desde 2019.[1]

O uso de small data na ponta para alimentar insights de big data pode produzir retornos ao próprio desempenho da IA, usando muito menos recursos de tempo de treinamento, de poder computacional, de infraestrutura, de pessoas e de dinheiro. Tal IA potencializada por dados traz, então, a potencialização da IA de forma geral à organização. Dominar a arte de juntar small data, big data e IA pode ajudar a criar a diferença competitiva para muitas organizações, especialmente as que se encontram em uma disputa por dados da qual provavelmente sairão perdedoras.

O Problema com Dados Máximos

Tudo indicava que a Starsky Robotics era uma das histórias emergentes de sucesso no setor de veículos autônomos. O sistema proprietário de IA da empresa conduzia grandes caminhões em rodovias e estradas locais, permitindo que um condutor humano assumisse, trabalhando de um centro remoto de operações. A Starsky não era o tipo de empreendimento fantasioso criado sobre uma vaga possibilidade de um dia causar disrupção no setor. A companhia, na verdade, tinha ativos, empregou ex-caminhoneiros como operadores remotos e estava em busca de um modelo de negócio prático que parecia colocá-la comercialmente à frente de rivais ambiciosas, como a Waymo e a Uber.

A Starsky também desfrutava de uma sequência de realizações cada vez mais impressionante: em 2016, seu caminhão autônomo se tornou o primeiro veículo legalizado a realizar um trabalho real sem ninguém atrás do volante. Em 2018, ele completou uma viagem de 11km em uma estrada fechada da Flórida sem um humano na cabine — a primeira viagem de um caminhão totalmente autônomo na história. Em 2019, o veículo se tornou o primeiro caminhão autônomo a trafegar em uma rodovia pública na Flórida.

Ele passou por uma parada de descanso, entrou na seção pedagiada da rodovia e percorreu um trecho de 15,1km a uma velocidade média de 88km/h. Apenas o primeiro e o último segmentos da viagem, cerca de 300 metros, foram conduzidos por um operador remoto, que estava a 320km dali em Jacksonville.

Em 2020, a empresa fechou suas portas.

O que deu errado? Em uma dolorosa postagem de despedida em um blog, Stefan Seltz-Axmacher detalhou o que chamou de muitos problemas que afligem o setor de veículos autônomos. O maior deles: o aprendizado supervisionado de máquina não entrega o que promete — especialmente ao lidar com situações incomuns (também chamadas de "casos extremos", ou "edge cases", que não devem ser confundidos com "edge AI"). "É amplamente entendido que a parte mais difícil da criação de IA é como ela lida com situações que não acontecem comumente", escreveu o fundador da Starsky. "Na verdade, quanto melhor a modelamos, mais difícil fica encontrar conjuntos de dados robustos de casos extremos novos. Além disso, quanto melhor a modelamos, mais precisos ficam os dados necessários para melhorá-la. Em vez de ver melhorias exponenciais na qualidade do desempenho da IA, estamos vendo (*à la* Lei de Moore) aumentos exponenciais no custo para melhorar os sistemas de IA."[2] Foi um exemplo clássico de retornos decrescentes, mas com a acurácia aumentada apenas linearmente.

Diferentemente dos bebês, que conseguem aprender e generalizar a partir do exemplo único de um fenômeno, grande parte da IA é executada a partir de algoritmos que precisam ser treinados com pilhas de dados. Veículos sem motoristas, como o caminhão da Starsky, são treinados em todas as situações possíveis de tráfego. (Os condutores humanos, para obter sua habilitação, normalmente passam por apenas 45 horas de aulas teóricas e meras 20 aulas práticas — e, contudo, conseguem reagir instantaneamente a situações singulares.) O primeiro programa de computador que derrotou um jogador profissional no antigo jogo de tabuleiro Go foi treinado com 30 milhões de jogos.[3] As IAs que diagnosticam doenças podem fazer isso porque receberam dados sobre como milhões de outras pessoas com o mesmo conjunto de sintomas contraíram uma enfermidade em particular.

Essas abordagens de aprendizado profundo e de aprendizado supervisionado de máquina à IA, exigindo quantidades gigantescas de dados para treinamento e manutenção, enfrentam agora algumas limitações sérias, incluindo:

Falta de Grandes Conjuntos de Dados para a IA

Há o "big data" e há os "grandes conjuntos de dados" [ou big datasets] — e é importante distingui-los. Big data se refere a técnicas de estatística analítica usadas para lidar enormes com volumes de dados de modo a extrair padrões. Um conjunto de dados é organizado em algum tipo de estrutura de dados (como uma coleção de nomes e informações de contato). Grandes conjuntos de dados de treinamento no aprendizado de máquina — conjuntos como o ImageNet, com mais de 14 milhões de imagens rotuladas à mão — permitem que a máquina ensine a si mesma. Mas, para a maioria dos problemas da IA, não há atualmente um conjunto grande de dados na magnitude do ImageNet. Isso significa que os dados devem ser coletados laboriosamente antes que qualquer aplicação nova possa sequer ser considerada — um processo que consome muito tempo e dinheiro. E, com o passar do tempo, à medida que o foco das aplicações específicas de IA muda, treinar conjuntos pode perder relevância gradualmente.

Similarmente, considerando a maioria dos problemas ou das oportunidades existentes de negócios, não há grandes conjuntos de dados "limpos" e prontos para uso por sistemas de IA. De fato, na maioria das organizações, o maior obstáculo às soluções integrais de IA permanece sendo os dados ruidosos, escassos ou incompletos, grande parte deles com pouca ou nenhuma estrutura. Essa explosão de dados confusos provém de fontes como arquivos de log, gravações de call centers, vídeos, publicações em redes sociais, transações e uma ampla gama de dispositivos. Por exemplo, o Walmart coleta 2,5 petabytes de dados desestruturados (2,5 milhões de gigabytes) de 1 milhão de consumidores por hora — equivalente a 167 vezes o número de livros da Biblioteca do Congresso dos EUA.[4] Até 2025, cada ser humano criará estimados 3,4 exabytes de dados por dia (1 bilhão de gigabytes), a maioria por meio das redes sociais, compartilhamento de vídeos e comunicações.[5]

Piorando a complexidade de todos esses dados desestruturados, pilhas de dados estruturados geralmente ficam presas dentro de galpões de dados de empreendimentos obsoletos, replicando silos organizacionais e, portanto, limitando o compartilhamento de dados e a inovação em grande escala.

A Necessidade de Infraestruturas Cada Vez Mais Gigantescas

O aprendizado profundo está preso em um círculo vicioso. Quanto mais dados ficam à sua disposição, melhor ele pode realizar suas tarefas, não importa quais sejam — de pilotar veículos a diagnosticar doenças e classificar objetos em imagens. Isso exige redes neurais cada vez maiores, com bilhões de parâmetros, hardware massivo e infraestrutura computacional. De fato, como diz o ex-diretor do Grupo de Produtos de IA da Intel: "O rápido crescimento no tamanho das redes neurais está superando a capacidade de acompanhamento de hardware."[6]

Contudo, o volume de dados — de mecanismos de busca, redes sociais, sistemas de planejamento de recursos empresarias e incontáveis outros recursos — continua crescendo exponencialmente. Por exemplo, o Facebook treinou as redes de reconhecimento de imagem com grandes conjuntos de imagens públicas com hashtags, o maior tendo 3,5 bilhões de imagens e 17 mil hashtags.[7] Tais coleções de dados vastas e em rápida expansão convidam à construção de modelos de IA cada vez maiores que exigem mais e mais capacidade computacional. Desde 2013, a quantidade de poder computacional exigida para treinar um modelo de aprendizado profundo aumentou 600 mil vezes.[8]

Custos Astronomicamente Crescentes

Pesquisadores da Universidade de Massachusetts, Amherst, analisaram os custos para treinar e desenvolver as redes neurais profundas de diversas IAs proeminentes de processamento de linguagem natural (PLN) — sendo que os modelos mais famintos por dados são aqueles que atingem a maior precisão.[9] Eles descobriram que, embora treinar um único modelo seja relativamente barato, o custo de ajustar um modelo para um novo conjunto de dados ou para realizar a pesquisa e o desenvolvimento necessários para desenvolvê-lo rapidamente vai às alturas. Por exemplo, eles calcularam que somente os custos de computação na nuvem para treinar um modelo chamado Transformer, com 213 milhões de parâmetros e um recurso de "pesquisa em arquitetura neural", poderia ficar entre US$1 milhão e US$3 milhões, o que pode não parecer muito para uma grande empresa de tecnologia, mas é demais para companhias pequenas ou para pesquisadores. Os ajustes finos contínuos elevam ainda mais os custos.

Exigências de Recursos Cada Vez Mais Inatingíveis

O aprendizado profundo exige recursos que estão além do alcance de muitas organizações. Apenas um número restrito — Alibaba, Amazon, Apple, Google, Microsoft e algumas das empresas da lista Global 1000 — consegue acompanhar. Destas, as que são empresas digitais podem coletar eficientemente dados de treinamento e de refinamento em escalas gigantescas. Elas já estão totalmente equipadas com cientistas de dados e da computação, além de outros especialistas. E, como outras grandes empresas, podem bancar o custo dos enormes sistemas de aprendizado profundo. Muitas outras empresas não conseguem isso. Além do mais, à medida que os sistemas de aprendizado profundo ficam maiores, a pesquisa se concentra mais em menos mãos, muito além dos recursos disponíveis nos laboratórios acadêmicos. Professores ou alunos de pós-graduação com uma nova ideia promissora para uma IA computacionalmente cara simplesmente não conseguem bancar seus testes.

Preocupações com Privacidade

O advento do big data e da mineração de dados fez surgir desafios de privacidade que agora parecem quase pitorescos. Em nossa era de aprendizado profundo presente em todos os lugares, os sistemas podem incorporar incontáveis pontos de dados e recursos de formas complexas que comprometem a privacidade de maneiras que são difíceis de entender, prever ou prevenir.

Tais preocupações não são teóricas. Países e cidades no mundo todo estão usando avanços no reconhecimento facial e em analytics para criar sistemas de vigilância difundidos treinados com bilhões de cidadãos. Enquanto isso, os usos mais benéficos da IA em campos como saúde, em que as aplicações de IA ajudam a salvar vidas, ficam circunscritos por exigências jurídicas para preservar a privacidade.

Regulações governamentais, como a Lei Geral de Proteção de Dados (LGPD), que entrou em vigor no Brasil em setembro de 2020, levantam questões especialmente espinhosas para sistemas que dependem do aprendizado profundo. Por exemplo, a LGPD exige que indivíduos que são sujeitos de decisões automatizadas com base em seus dados pessoais possam exigir uma explicação de como uma decisão foi tomada — uma exigência com a qual o notório problema da "caixa-preta" do aprendizado profundo pode se deparar. A pandemia da covid-19 gerou debates sobre o uso de dados do GPS do smartphone para rastrear pessoas que talvez tenham sido expostas ao vírus, assim como implicações de privacidade com relação a aplicativos de rastreamento de contatos. Nos EUA, os congressistas pressionaram a aprovação de leis que proíbem o rastreamento de contatos sem consentimento.[10]

Fazendo Mais com Menos Dados

Para cada conjunto de dados com um bilhão de entradas, há mil conjuntos de dados com um milhão de entradas, e um milhão de conjuntos de dados com apenas mil entradas.[11] Ao captar o valor desses pequenos conjuntos de dados, as empresas podem descobrir milhares de oportunidades, especialmente ao usá-los com conjuntos de dados grandes que podem criar ou comprar. Além disso, visto que 90% do trabalho com uma IA sedenta por dados envolve a limpeza, a normalização e a organização dos dados, o uso de small data permite que aqueles que trabalham com IA se concentrem em tarefas de valor mais alto e que os grandes conjuntos de dados sejam usados para os casos mais estratégicos.

Agora algumas das organizações líderes estão aprendendo a aproveitar os conjuntos de dados menores e desestruturados de modos que a concorrência não consegue igualar. Em vez de presumir que a vantagem competitiva exige apenas conjuntos de dados enormes e limpos, elas estão redefinindo as noções de dados usáveis, descobrindo onde eles estão, liberando-os e ativando-os em aplicativos, infraestruturas e silos em suas organizações como uma nova base de inovação.

Por exemplo, no segundo trimestre de 2021, a Apple anunciou que a Siri processaria instruções de voz diretamente nos iPhones mais novos, usando o processador de IA embutido que a empresa chama de "mecanismo neural" [ou neural engine], em vez de enviar as instruções à nuvem para serem processadas, algo que o Google vem fazendo com seus telefones Pixel desde 2019 para a transcrição de voz sem conexão à internet. Essas aplicações de IA ainda precisam ser treinadas na nuvem com os dados mais recentes, porém os cientistas esperam que os sistemas de IA de borda aprendam sozinhos mais cedo ou mais tarde.[12] Enquanto isso, empresas pioneiras, juntamente com pesquisadores vanguardistas, estão descobrindo formas inovadoras de equilibrar a natureza complementar de conjuntos de dados grandes e pequenos. Juntos, tais pioneiros estão buscando resolver três desafios: (1) quando dados grandes e ruidosos obscurecem o subconjunto pequeno de dados relevantes e de alta qualidade necessários para treinar a IA; (2) quando a quantidade de dados para treinar a IA é pequena; e (3) quando não há dados relevantes disponíveis.

Filtrando o Ruído

A varejista de vendas online Wayfair mantém um vasto catálogo com mais de 14 milhões de itens domésticos, com categorias de produtos que vão de móveis a armazenamento, iluminação, decoração e muito mais. Algumas das categorias incluem centenas de milhares de itens. Isso é ótimo em termos de opções de seleção, mas é desafiador caso esteja buscando o produto certo entre tantas possibilidades. E é um desafio ainda maior para você e para a empresa caso esteja comprando lá pela primeira vez, sem histórico de compras no site. A empresa não conhece suas preferências e não pode personalizar sua experiência. Assim, a Wayfair descobriu um modo de facilitar que os consumidores de primeira viagem encontrem os produtos que oferecem um apelo maior.

O problema é muito mais difícil do que aparenta ser. Quando os cientistas de dados da companhia tentavam identificar quais eram os produtos mais atrativos, eles se deparavam com o enigma do "efeito de posição" criado pelo algoritmo de organização do site. Os produtos posicionados no topo da primeira página de determinada categoria tendem a ser pedidos com mais frequência, não importa seu apelo inerente para uma ampla base de consumidores. Em alguns casos, o produto no topo da página tem duas vezes mais pedidos do que um produto com maior apelo, mas com menos visibilidade.

Para corrigir os efeitos de posição, podemos modelar o apelo inerente de um produto como a diferença entre sua taxa de pedidos e a média de qualquer outro produto em determinada posição. O cálculo produz o histórico de desempenho de cada produto. Com dados suficientes, essa abordagem a um grande conjunto de dados deve ser suficiente. Porém, embora o site consiga lidar com seus 9 milhões de pedidos em um trimestre normal, esses pedidos são para milhões de produtos diferentes, resultando em apenas poucos por produto. "Números pequenos assim podem ser extremamente ruidosos, então precisamos nos preocupar constantemente se um produto parece ser melhor do que outro simplesmente pelo mero acaso", escreveram dois cientistas de dados da Wayfair. "Por exemplo, é difícil dizer se um produto que acabou atraindo três pedidos é realmente melhor do que aquele que atraiu dois, ou se foi apenas sorte."[13]

Para eliminar o ruído, a Wayfair acrescentou informações sobre o comportamento do consumidor em cada estágio de um possível pedido: clicar no produto, adicioná-lo à cesta de compras e finalizar o pedido. Como cada passo depende do anterior, eles podem ser pesados e multiplicados para chegarmos a uma taxa razoavelmente estimada da possibilidade do pedido. Para corrigir o apelo que vai mudando com o tempo, a empresa incorpora dados de pedidos de um único dia no modelo, em vez de usar uma quantidade enorme de big data que está em constante mudança. E ela também mostra produtos em uma ampla gama de posições aleatórias a cada dia, ao mesmo tempo em que se certifica de que aqueles com mais apelo sejam posicionados com proeminência. A Wayfair está agora tentando aplicar essas técnicas altamente eficientes em termos de dados a outros desafios de otimização e classificação.

Quando Dados Disponíveis para Treinamento São Inerentemente Pequenos

Sempre que uma IA de puro aprendizado profundo começa uma nova tarefa, ela deve novamente passar por treinamento com quantidades enormes de dados. Mas os pesquisadores progrediram muito nos últimos anos com relação às técnicas que podem treinar a IA em novas tarefas usando muito menos exemplos (aprendizado few-shot), com um exemplo (one-shot) ou sem exemplos (zero-shot). Essas técnicas com menos dados podem garantir que a inovação de IA não se limite às grandes empresas de tecnologia.

Aprendizado com Poucos Exemplos (Few-shot Learning)

Por que as crianças conseguem aprender a diferença entre uma maçã e uma laranja depois de ver apenas poucos exemplos, enquanto os modelos de aprendizado de máquina talvez precisem de números com altas ordens de magnitude de dados rotulados para identificar objetos de forma confiável? Os cientistas de dados em empresas tão diversas quanto uma pizzaria sueca e a NFL estão usando uma abordagem de IA conhecida como "few-shot learning" a esse processo humano extremamente complexo.

A Dafgårds é uma rede de negócios na Suécia que produz comidas populares, como almôndegas e pizzas, para distribuição no mundo todo há mais de oitenta anos. Com sua popular linha de pizzas, a empresa precisava garantir que cada item tivesse a quantidade certa de queijo para atender aos altos padrões de seus consumidores exigentes. A equipe de TI da empresa, composta por doze pessoas, queria usar um método mais inteligente e eficiente de controle de qualidade, mas ninguém tinha muita experiência com aprendizado de máquina. Assim, a empresa fez uma parceria com a Amazon

Web Services (AWS) para criar um sistema de aprendizado de máquina que fizesse a inspeção automática de qualidade.[14]

Usando o serviço da AWS, Amazon Lookout for Vision, clientes como a Dafgårds podem identificar defeitos em processos industriais usando apenas trinta imagens para treinar o modelo: dez imagens com defeitos ou anomalias, e outras vinte normais. Mas uma complicação comum é que os processos modernos de manufatura são normalmente tão bem ajustados, que as taxas de defeitos são, em geral, de 1%, ou menos, e os defeitos podem ser minúsculos ou sutis. Isso produz um conjunto pequeno de dados a ser usado no controle de qualidade que muitas vezes não se equipara à realidade do que está acontecendo no chão de fábrica.

Para contornar a relativa falta de dados de defeitos, a AWS desenvolveu a simulação de uma fábrica, com um sistema de esteiras e objetos de diversos tipos, para reproduzir vários ambientes de produção. Por meio da tentativa e do erro, foi possível criar conjuntos sintéticos de dados de erros ao aplicar anomalias reais em imagens normais de objetos, como componentes faltando, arranhões, descolorações e outros efeitos. Tal abordagem ao aprendizado few-shot permitiu que a equipe trabalhasse ocasionalmente sem quaisquer imagens de defeitos, aumentando significativamente o controle de qualidade.

Ou considere o que a NFL fez com a visão computacional para vasculhar de forma mais fácil e rápida milhares de seus vídeos e outras mídias de jogos a fim de encontrar um pequeno número de imagens relevantes para serem usadas em highlight reels, por exemplo. Caso essa localização em escala fosse feita por pessoas, teria um custo exorbitante de tempo e dinheiro. Porém, as equipes de criação de conteúdo da NFL usaram o recurso de Custom Label da Amazon Rekognition, um serviço de análise automatizado de imagens e mídias, para aplicar marcações detalhadas em jogadores, times, números, camisetas, localizações, eventos como pênaltis e contusões, juntamente de outros metadados para sua coleção interna de mídia. O processo automatizado levou uma fração de tempo e usou um subconjunto menor de exemplos, comparado a quando as equipes faziam isso manualmente.

O sistema combina o big data existente da Rekognition — para treinamento de IA com dezenas de milhares de imagens de inúmeras categorias para identificar objetos e cenas — com um conjunto de dados pequeno fornecido pelo usuário com dez imagens por categoria. O usuário faz o upload de um pequeno conjunto de dados ao sistema e pode começar a analisá-lo com alguns cliques. "No cenário atual de mídias, o volume de conteúdo desestruturado que as organizações gerenciam está crescendo exponencialmente", diz Brad Boim, diretor sênior de pós-produção e gestão de ativos da NFL Media. "Ao usar as ferramentas tradicionais, os usuários podem ter dificuldade para pesquisar os milhares de ativos de mídia e localizar um elemento específico que estejam procurando. As novas ferramentas permitem que nossas equipes de produção aproveitem os dados diretamente e ofereçam produtos aperfeiçoados para nossos consumidores em todas nossas plataformas de mídia."[15]

Raciocínio Mais Eficiente de Robôs

Caso os robôs tenham uma compreensão conceitual do mundo, como os humanos têm, será mais fácil ensiná-los coisas usando muito menos dados. A Vicarious, uma startup altamente sigilosa do Vale do Silício sustentada por investidores como Peter Thiel, Mark Zuckerberg, Elon Musk e Jeff Bezos, está trabalhando com o objetivo de desenvolver inteligência artificial para robôs, capacitando-os para generalizar a partir de poucos exemplos.[16] Esses robôs mais inteligentes já foram usados na montagem de conjuntos de amostras de produtos da Sephora, empresa de maquiagens, trabalho esse que precisava ser feito exclusivamente por humanos, devido ao número alto e sempre em mudança de possíveis combinações de SKUs, bolsinhas, caixas e tipos de amostras.[17] Exemplos dessa complexidade combinatória são comuns em armazéns com inventário ilimitado e com rápidas movimentações, como o da Amazon, em que os itens normalmente ficam desestruturados, expostos de forma inconsistente e constantemente são mudados de lugar com base na necessidade, mas ainda precisam ser encontrados rapidamente e com 100% de precisão.[18]

Imitando os recursos do neocórtex do cérebro humano, os modelos da Vicarious têm diversas vantagens em relação às abordagens de aprendizado profundo, que só podem aprender com grandes conjuntos de dados: por exemplo, são mais capacitados para generalizar, como o cérebro humano, a partir de um número pequeno de exemplos, e são melhores para lidar com os denominados "exemplos adversários", ilusões óticas para as máquinas[19] que podem ser usadas a fim de enganar uma rede neural.[20] Dileep George, um dos cofundadores, é rápido para apontar as limitações dos modelos de aprendizado profundo: não conseguem raciocinar, entender causas ou fazer qualquer coisa fora de suas experiências. "Apenas expandir o aprendizado profundo não resolverá essas limitações fundamentais", afirma ele. "Tomamos uma decisão consciente de descobrir e resolver esses problemas."[21]

Pesquisas da Vicarious mostram como incorporar os aspectos do aprendizado humano para dividir e conquistar problemas usando a "fatoração de objeto" e a "subobjetivação" pode permitir que os sistemas de IA infiram um conceito de alto nível a partir de uma imagem e o apliquem a inúmeras circunstâncias. Os pesquisadores dizem que tais técnicas cognitivas estão começando a se aproximar dos algoritmos de aprendizado geral da mente humana e podem melhorar drasticamente o desempenho da IA e a explicabilidade na resolução de problemas complexos envolvendo um número gigantesco de permutações.[22]

Considere aquelas saladas de letras e números que os sites usam para determinar se você é um humano ou um robô. Chamadas CAPTCHAs (da expressão em inglês *Completely Automated Public Turing Tests to Tell Computers and Humans Apart* — Testes Públicos de Turing Completamente Automatizados para Diferenciar Computadores e Humanos), são de fácil resolução para os humanos e difíceis para os computadores. Baseando-se na neurociência computacional (o estudo da função cerebral por meio do modelamento computacional e da análise matemática), os pesquisadores da Vicarious desenvolveram um modelo que pode solucionar os CAPTCHAs em uma taxa muito mais alta do que as redes neurais e com uma eficiência de dados trezentas vezes maior.[23] Para analisar CAPTCHAs com quase 67% de precisão, o modelo da Vicarious precisou de apenas cinco exemplos de treinamento por caractere, ao passo que uma rede neural de ponta precisou de um treinamento 50 mil vezes maior de sequências reais de CAPTCHA, por causa das milhões de combinações possíveis em que as letras podem aparecer. Tais modelos, com sua habilidade de treinar mais rápido e generalizar mais amplamente do que as abordagens de IA comumente usadas atualmente, estão nos colocando em um caminho rumo a robôs com uma compreensão conceitual sobre o mundo parecida com a dos humanos.

De Poucos Exemplos para Um Exemplo

A DeepMind Technologies do Google está usando "redes combinadas", uma rede neural que usa avanços recentes de atenção e memória, para enfrentar o desafio do aprendizado rápido de novos conceitos a partir de apenas um dado rotulado. É o equivalente a mostrar à criança uma única foto de uma girafa e ela conseguir identificar todas as girafas no futuro. Os pesquisadores elaboraram uma arquitetura e uma estratégia de treinamento inovadoras que aprimoram seu sistema com uma pequena "matriz de memória", ou um conjunto de dados de apoio repleto de informações rotuladas e úteis para a resolução de um problema. A abordagem melhorou significativamente a precisão na identificação de imagens a partir dos conjuntos gigantescos de dados do ImageNet e do Omniglot com apenas um exemplo rotulado, em comparação com as abordagens concorrentes.[24] (O conjunto de dados Omniglot, projetado para desenvolver algoritmos de aprendizado mais parecidos com os dos humanos, é uma enciclopédia de sistemas de escrita e de linguagens que contém 1.623 caracteres escritos à mão a partir de 50 alfabetos diferentes.)

No Centro de IA da Samsung em Moscou e no Instituto de Ciência e Tecnologia de Skolkovo, engenheiros e pesquisadores recentemente desenvolveram um modelo de animação de face que cresce com o aprendizado a partir de poucos exemplos, bem como a partir de um único exemplo.[25] Chamado "Talking Heads", ou cabeças falantes, o modelo precisa ser treinado inicialmente com um grande conjunto de dados de vídeos de faces, o que demonstra o valor de combinar as abordagens de big e de small data. Porém, depois disso, ele consegue identificar e extrair marcos faciais a partir de apenas alguns exemplos de uma nova face e fazer sua animação em um avatar realístico que se parece com a gravação real.

Em um impressionante vídeo de demonstração, a face do narrador vai se movimentando conforme ele fala, lado a lado com um avatar praticamente indistinguível.[26] O modelo criou o avatar do narrador após ver apenas oito frames de vídeo dele. Um avatar do ator Neil Patrick Harris, treinado com 32 frames, é praticamente perfeito. E o sistema pode gerar avatares a partir de apenas algumas fotos de selfie, que diferem muito dos frames de vídeos como fonte de material.

O sistema também ostenta uma capacidade impressionante de aprendizado a partir de um exemplo. A partir de retratos fotográficos icônicos e singulares de celebridades, incluindo Marilyn Monroe, Salvador Dali, Fiódor Dostoiévski e Albert Einstein, o sistema gerou avatares convincentes. Ele conseguiu até obter certo sucesso gerando avatares de quadros clássicos, como o de Mona Lisa.

O vídeo de Dostoiévski é especialmente chocante, visto que o grande romancista russo do século XIX morreu em 1881, antes do advento do filme. E, juntas, as animações dos famosos fazem surgir o espectro das "deep fakes" — vídeos em que as pessoas são retratadas fazendo e dizendo coisas que nunca fizeram, desde cenas de sexo até declarações políticas ultrajantes. Os criadores das Cabeças Falantes reconhecem o perigo das deep fakes, mas destacam que há ferramentas em rápido desenvolvimento para detectá-las. No entanto, algumas aplicações usam o as chamadas redes adversárias generativas (GANs — generative adversarial networks), nas quais um algoritmo que gera uma imagem é colocado contra um algoritmo que tenta determinar se a imagem é genuína, com ambos algoritmos melhorando constantemente, dificultando cada vez mais a detecção.

Deixando de lado os usos maliciosos da tecnologia, a telepresença realista poderia transformar o mundo em um futuro não tão distante, especialmente à medida que os usuários ganham a habilidade de criar por si sós os avatares.[27] Os potenciais benefícios incluem a redução de viagens de longa distância e dos deslocamentos de curta distância, a democratização da educação e a melhoria na qualidade de vida para pessoas com deficiência e problemas de saúde. Óculos de realidade virtual já permitem que cirurgiões entrem em modelos 3D precisos e de grande escala do cérebro de um paciente. Atualmente, no Hospital de Ottawa, Canadá, essa abordagem ajuda a implantar no cérebro microeletrodos mais finos que um fio de cabelo, com precisão milimétrica.[28]

A cirurgia cerebral remota não é uma noção futurística. Em março de 2019, Ling Zhipei realizou a primeira cirurgia remota via 5G no cérebro humano em um paciente a 3 mil quilômetros. E os alunos de medicina da Universidade Stanford agora usam sistemas imersivos para explorar o interior do crânio humano. Guiados por um instrutor/avatar, eles podem ver tumores e aneurismas a partir de ângulos diferentes e dar os passos dos procedimentos cirúrgicos.[29]

COMO FAZER MAIS COM MENOS DADOS

À medida que a IA continua evoluindo, pesquisadores e organizações estão desenvolvendo técnicas que avançam rapidamente a habilidade de fazer mais com menos dados. Tais técnicas podem funcionar bem em situações nas quais as empresas têm acesso apenas a pequenos conjuntos de dados, devido ao número limitado de exemplos rotulados disponíveis para estudo, assim como nos casos extremos [*edge cases*] envolvendo pequenas quantidades de dados discrepantes destacando efeitos ou características raros. Essas técnicas de small data incluem o seguinte:

DATA ECHOING [ECOADOR DE DADOS]. Pesquisadores do Google Brain vêm explorando uma técnica que reutiliza (ou "ecoa") os dados para acelerar o treinamento da IA.[a] Em um processo típico de treinamento, o sistema de IA primeiramente lê e decodifica os dados de entrada e, depois, mistura-os aplicando um conjunto de transformações para aprimorá-los antes de coletar exemplos em lotes e atualizar iterativamente os padrões para reduzir erros. O data echoing insere um estágio no processo que repete os dados de saída de um estágio anterior, melhorando assim a eficiência à medida que o sistema recupera a capacidade computacional ociosa.[b]

FILTRAGEM DINÂMICA. A Presto usa um mecanismo distribuído para análise de big data que processa uma consulta de dados, a atribui a diversos "funcionários" e cria um plano ideal para responder a ela. O mecanismo coleta dados de fontes distintas, usando conjuntos de dados tanto grandes como pequenos, e determina se uma fonte de dados é significativamente menor que outra. Então, ele os filtra dinamicamente para pular o escaneamento de dados irrelevantes da fonte maior. Isso possibilita um aumento significativo de desempenho ao juntar dados de fontes diferentes.[c]

TREINAMENTO SIMULTÂNEO. O Google treinou uma única rede neural profunda em oito tarefas diferentes, tudo simultaneamente. Ela pode detectar ao mesmo tempo objetos em imagens, fornecer legendas, reconhecer fala, traduzir entre quatro pares de idiomas e analisar frases. Pesquisas mostraram que não apenas é possível obter um bom desempenho ao mesmo tempo em que faz o treinamento em tarefas múltiplas, mas também que o desempenho de fato melhora nas tarefas com quantidades limitadas de dados.[d]

APRENDIZADO ATIVO. Nessa abordagem à IA, o algoritmo escolhe com quais dados aprenderá. A Universidade de Nova York em Xangai vem empregando algoritmos de aprendizado ativo para desenvolver uma estrutura computacional que personaliza a avaliação da mudança na visão humana.[e] O sistema avalia rapidamente os resultados de exames em relação a uma grande biblioteca de potenciais resultados de exames e converge em um conjunto de pesquisas ideais para cada paciente com base em suas respostas anteriores. Os pesquisadores acreditam que as melhorias causadas pela IA na escala optométrica padrão ajudariam com a detecção e o tratamento precoces de muitas doenças oculares, como glaucoma e catarata.

DADOS LOCAIS. Assim como empresas globais criam produtos e canais de clientes geograficamente relevantes, é importante que os dados coletados localmente sejam usados para treinar os algoritmos que direcionam a abordagem de uma companhia à interação com clientes locais. Os dados coletados localmente incorporam a cultura, os comportamentos e os valores que podem ser usados para personalizar a abordagem da empresa às vendas e alcançar uma maior satisfação do consumidor. Os modelos da IA radicalmente humana são aqueles treinados com dados relevantes às populações que afetarão, e não com modelos prontos para as massas.

APRENDIZADO FEDERADO. Com a edge computing, o aprendizado federado está ajudando a diminuir os dados. Nessa modalidade, cada dispositivo na borda baixa o modelo de aprendizado de máquina da nuvem, faz a atualização e o envia de volta, onde é, então, nivelado com as atualizações de outras fontes, desse modo treinando o modelo com dados armazenados localmente. Essa abordagem elimina um armazenamento centralizado de big data, contribui para o desenvolvimento algorítmico e é especialmente útil em cenários nos quais há problemas de delay na rede sem fio.

DADOS SINTÉTICOS. Diferentemente das grandes empresas de tecnologia, as startups e os pesquisadores podem nem sempre ter acesso aos dados necessários para treinar algoritmos. Porém, com os dados sintéticos — informações artificiais geradas por computadores que imitam os dados reais —, os engenheiros podem ensinar um sistema de IA a como reagir a situações inéditas. Os dados sintéticos podem ajudar a nivelar o jogo para as startups que estão competindo contra as gigantes de tecnologia. A startup iniciante AiFi está usando dados sintéticos para criar uma solução sem caixas de pagamento para varejistas, seguindo as linhas do Amazon Go.[f] Mas essa democratização dos dados não significa que as gigantes tecnológicas estejam dormindo.[g] O Waymo, carro autônomo da Alphabet, percorre mais de 4,8 milhões de quilômetros por dia em um ambiente simulado, permitindo que os engenheiros testem recursos antes de lançá-los no mundo real.[h]

a. Dami Choi, Alexandre Passos, Christopher J. Shallue e George E. Dahl, "Faster Neural Network Training with Data Echoing", arXiv, 4 de janeiro de 2020, https://arxiv.org/abs/1907.05550.

b. Kyle Wiggers, "Google's New 'Data Echoing' Technique Speeds Up AI Training", VentureBeat, 15 de julho de 2019, https://venturebeat.com/2019/07/15/googles-new-data-echoing-technique-speeds-up-ai-training/.

c. Shai Greenberg, "Querying Multiple Data Sources with a Single Query Using Presto's Query Federation", BigData Boutique, 26 de maio de 2020, https://blog.bigdataboutique.com/2020/05/querying-multiple-data-sources-with-a-single-query-using-prestos-query-federation-veulwi.

d. Lukasz Kaiser, Aidan N. Gomez, Noam Shazeer, Ashish Vaswani, Niki Parmar, Llion Jones e Jakob Uszkoreit, "One Model to Learn Them All", arXiv, 16 de junho de 2017, https://arxiv.org/pdf/1706.05137.pdf.

e. James Devitt, "A.I. Could Give Eye Charts a Personalized Overhaul", Futurity, 29 de agosto de 2019, https://www.futurity.org/eye-charts-artificial-intelligence-2146852/.

f. Evan Nisselson, "Deep Learning with Synthetic Data Will Democratize the Tech Industry", TechCrunch, 11 de maio de 2018, https://techcrunch.com/2018/05/11/deep-learning-with-synthetic-data-will-democratize-the-tech-industry/.

g. Yashar Behzadi, "Why Synthetic Data Could Be the Ultimate AI Disruptor", Upside, 28 de junho de 2019, https://tdwi.org/articles/2019/06/28/adv-all-synthetic-data-ultimate-ai-disruptor.aspx.

h. Nisselson, "Deep Learning with Synthetic Data Will Democratize the Tech Industry".

Criando uma Base Moderna de Dados

Dominar o uso de big e de small data para gerar valor a partir da IA requer que as organizações estabeleçam uma base sólida. Em todos os setores, os sucessos atuais das empresas estão acontecendo apesar de suas bases, e não por causa delas. Os dados estão travados em plataformas obsoletas e locais, normalmente em silos, dificultando, senão impossibilitando, que as pessoas usem diferentes tipos de dados em conjunto. Isso dificulta ainda mais para que os usuários comerciais encontrem e consumam os dados certos de que precisam para chegar a decisões apropriadas.

A criação de uma base moderna exige tirar os dados de silos obsoletos para que possam ser unificados em nuvens ao longo de diferentes dimensões e processados com ferramentas analíticas de última geração. Como veremos no Capítulo 4, isso requer a arquitetura certa (o A em IDEAS): o armazenamento certo, os computadores certos, o acesso certo — tudo na nuvem — para possibilitar recursos ágeis de dados que criem resultados positivos.

As empresas que lograrem tal êxito desfrutarão de uma vantagem competitiva substancial. Como observamos na Introdução, de acordo com uma pesquisa recente da Accenture, as empresas que lideraram nesse quesito cresceram cinco vezes mais rápido que as retardatárias.[30] E um número significativo de "saltadoras" [*leapfroggers*] ampliou seus investimentos em tecnologias fundamentais como nuvem e IA durante a pandemia, não apenas para não fechar as portas, mas também para criar a "vantagem das seguidoras", imitando as líderes.

Como elas conseguiram dar esse salto? Há três recursos essenciais: engenharia moderna de dados, governança de dados assistida por IA e democratização de dados.

Engenharia Moderna de Dados

Em uma base moderna de dados, estes vêm de uma variedade de fontes internas e externas por diversos mecanismos, incluindo processamento em lotes e em tempo real e interfaces de programação de aplicações (APIs).

Tudo se une em conjuntos de dados curados e reutilizáveis que podem ser consumidos para uma variedade de propósitos analíticos. Uma boa base faz uso de estruturas reutilizáveis para ingestão e ETL (extração, transformação e carregamento — *loading*, em inglês) de dados que suportem diversos tipos de dados. Essas estruturas também lidam com regras para a qualidade e a padronização dos dados, bem como a captura e a classificação de metadados, e possibilitam uma abordagem orientada à configuração para a ingestão, o processamento e a curadoria para que os novos pipelines de dados para análises de casos de uso e de produtos de dados possam ser desenvolvidos rapidamente e em escala na nuvem.

Governança de Dados Assistida por IA

As ferramentas de IA na nuvem oferecem recursos avançados e a escala para ajudar a limpar, classificar e proteger automaticamente os dados coletados na nuvem conforme são ingeridos, o que sustenta sua melhor qualidade e veracidade, bem como seu uso ético.

Democratização dos Dados

Uma base moderna de dados faz com que mais dados cheguem a mais mãos. Isso os torna acessíveis e fáceis de usar em tempo hábil, ao mesmo tempo em que possibilita diversas formas de consumo de dados, incluindo o self-service, a IA, a inteligência empresarial e a ciência de dados. Como veremos no Capítulo 6, as ferramentas mais modernas baseadas na nuvem democratizam os dados e empoderam mais pessoas em todo o empreendimento para encontrar facilmente e aproveitar os dados relevantes às suas necessidades comerciais específicas — e tudo isso mais rápido.

Juntos, esses três recursos ajudam as companhias a superar algumas das barreiras mais comuns ao valor: acessibilidade, confiança, disponibilidade e prontidão dos dados. Eles permitem que as empresas misturem em tempo real os dados de conjuntos pequenos e grandes, criem relatórios ágeis e aproveitem as análises e a IA para criar insights amplamente disponíveis de clientes, do mercado e operacionais que entreguem resultados comerciais significativos.

Com uma base sólida — mais dados vindo de mais fontes, gestão de dados assistida por IA e mais dados nas mãos de mais pessoas —, você não será mais dominado pelos dados, mas os conduzirá para usos cada vez mais poderosos *e* personalizados. Assim como no caso da inteligência mais parecida à humana, essa abordagem aos dados transforma os processos mecanicistas em atividades que exigem *mais* envolvimento de pessoas, posicionando você na liberação de expertise humana — o E em IDEAS —, assunto de nosso próximo capítulo.

3

EXPERTISE

Do Aprendizado de Máquina ao Ensino de Máquina

Em *Humano + Máquina*, identificamos novos papéis e funções que crescem a partir das parcerias entre humanos e máquinas no que chamamos de o *meio-campo ausente* — novas formas de trabalhar que, em grande parte, ficam de fora das pesquisas econômicas e dos relatórios sobre empregos. Com as tecnologias cada vez mais sofisticadas da IA que permitem as colaborações entre humanos e máquinas, desenvolver o meio-campo ausente tornou-se um dos componentes essenciais da inovação.

Entre as seis atividades híbridas identificadas por nós que combinam humanos e máquinas, três envolvem as máquinas aprimorando os humanos ao (1) *amplificar* nossas capacidades, como ao providenciar insights com dados que, de outra forma, seria impossível; (2) *interagir* conosco por meio de agentes inteligentes; e (3) *incorporar-nos*, como os robôs que estendem nossas capacidades físicas. Por sua vez, os humanos complementam as máquinas ao (1) *treiná-las*, como ao rotular dados para os sistemas de aprendizado de máquina; (2) *explicá-las*, eliminando a lacuna entre os tecnologistas e os líderes empresariais; e (3) *sustentá-las*, ao garantir que os sistemas de IA estejam funcionando de modo apropriado, ético e a serviço dos humanos, e não ao contrário. Agora acrescentamos um quarto a esses três últimos: *ensinar* as máquinas ao dotá-las com a experiência dos especialistas.

No novo mundo em que os humanos ensinam às máquinas, as pessoas que, em última instância, ajudarão sua organização a extrair a máxima vantagem competitiva da IA não serão os cientistas de dados, os engenheiros da computação nem os fornecedores de IA. Todos esses papéis permanecerão relevantes, mas os que realmente farão a diferença para sua empresa serão os especialistas. O ensino de máquinas pode desencadear a expertise das pessoas em todos os níveis da organização e multiplicar muito seu valor à medida que você reinventa os processos empresariais considerando as novas possibilidades que a IA top-down lhe traz.

Três Dimensões de Expertise

Em 2015, a artista de som experimental Holly Herndon lançou *Platform*, seu então segundo álbum completo, quando tinha 25 anos. Seu disco foi um tipo de rompimento — com a tecnologia. Ou, pelo menos, uma abordagem específica a ela. Conhecida como "laptop girl" por se apresentar nos palcos com seu computador como instrumento, ela usou um software para manipular a voz em seu primeiro álbum. Mas em *Platform* — o título faz referência à internet —, ela estendeu essas críticas para criar, em parte, uma crítica ao potencial da tecnologia para dominar os humanos.

Ela não é ludita. Nos quatro anos seguintes, conquistou um doutorado na Universidade Stanford, em seu Centro de Pesquisa Computacional em Música e Acústica (lar, entre outras coisas, da Orquestra de Notebooks de Stanford, fundada em 2008). Com seu parceiro Mat Dryhurst e o artista digital Jules LaPlace, Herndon criou um jogo para PC que abriga uma rede neural. Eles o chamaram "AI baby", batizaram-no de "Spawn" e o usaram para ajudar a criar seu álbum de 2019, *Proto*. O título faz alusão aos protocolos dos algoritmos.

Porém, em vez de apenas treinar o Spawn com um vasto conjunto de amostras vocais, Herndon e suas colegas humanas da banda o ensinaram por meio de sessões de canto com chamada e resposta. Seu estilo remonta à música folk de todo o mundo, incluindo o estado norte-americano do

Tennessee, onde Herndon cantou no coral de sua igreja quando era criança. Em *Proto*, os sons de Spawn são unidos com os sons de produção humana. O resultado é algo novo: "Um coral de vozes femininas, harmonizando e ricocheteando em contraponto, algo que poderia ser dos Bálcãs ou extraterrestre", nas palavras do diretor de críticas de música popular no *New York Times* em sua avaliação entusiasta.[1]

"O álbum todo se baseia em diversas tradições folk, e grande parte tem a ver com as pessoas que participaram da produção e com as experiências diferentes que elas têm", contou Herndon à BBC. "Fiquei muito interessada na ideia de que todas essas tradições vocais diferentes que acontecem ao redor do mundo são uma tecnologia humana quase inerente dentro de nós."[2]

Isso contrasta diretamente com as abordagens à IA musical, em que esta treinou com amostras de um gênero musical ou com um artista específico (mesmo os que já morreram) e passou a gerar automaticamente músicas "novas" nesse estilo. Nas palavras de Herndon: "Não quero recriar música; quero encontrar um novo som e uma nova estética. A principal diferença é que vemos Spawn como um membro do grupo, e não como um compositor. Mesmo que ele improvise, como os cantores fazem, não estará compondo a música. Quem quer escrever a música sou eu!"[3]

Herndon está participando da virada mais radicalmente humana de todos os tempos: das máquinas "aprendendo" ao processarem pilhas de dados, para os humanos ensinando às máquinas com base na experiência e na expertise humanas. O ensino de máquina representa o próximo passo lógico no caminho da colaboração entre humanos e máquinas: os humanos são tutores das máquinas, e não seus meros treinadores; aproveitar a expertise humana top-down, e não apenas o empiricismo de máquina bottom-up; e impor a inteligência natural diretamente na IA. "O aprendizado de máquina se concentra basicamente na descoberta algorítmica de padrões nos dados", explica Gurdeep Pall, vice-presidente corporativo de IA comercial na Microsoft. "O ensino de máquina trata de transferir o conhecimento do especialista humano para o sistema de aprendizado de máquina."[4]

O ensino de máquina inclui três áreas distintas da expertise humana que a IA luta para incorporar há muito tempo: experiência profissional, experiência social coletiva e experiência pessoal (as habilidades individuais inatas e adquiridas dos seres humanos). Para Herndon, essas três áreas são, respectivamente, sua experiência musical profissional, o contexto social das tradições folk e do canto em grupo e sua habilidade pessoal de compor. O resultado: uma inovação genuína e altamente específica que os concorrentes não conseguem duplicar.

O ensino de máquinas não está confinado ao âmbito da música experimental no estilo techno e artpop. Em abordagens inéditas à IA, empresas e pesquisadores estão reinventando o papel das experiências profissional, social e pessoal na inteligência artificial. Tais pioneiros estão encontrando novas formas de desenvolver experiência profissional humana na criação valorosa de sistemas singulares para suas empresas. Eles estão imergindo sistemas poderosos em sistemas coletivos sociais até então elusivos, como a linguagem natural, as percepções de estilo por parte do consumidor e as redes complexas de outros agentes inteligentes. E estão descobrindo maneiras de aproveitar as habilidades humanas inatas e adquiridas que dão nova vida à noção de "put the human in the loop" [coloque o humano no sistema, noção muitas vezes abreviada como HITL]. Juntamente com a virada radicalmente humana na inteligência e nos dados, essa nova ênfase na expertise profissional, coletiva e pessoal — o E em IDEAS — abre caminhos totalmente novos de inovação em todos os setores.

Expertise Profissional: Tornando a Inovação em IA Específica aos Negócios

Considere os ambiciosos esforços da Microsoft para o ensino de máquina, iniciados há mais de uma década e agora começando a dar frutos. Seu objetivo é facilitar que funcionários de todos os tipos usem ferramentas de IA para seus propósitos expressos — para permitir que eles, em efeito, "escrevam a música" por si sós. Desenvolvedores ou especialistas com pouca expertise em IA, como advogados, contadores, engenheiros, enfermeiros ou operadores de empilhadeira, podem conceder conceitos abstratos importantes a um sistema inteligente, que então realiza a mecânica de aprendizado de máquina no fundo.

Alguém que entenda a tarefa a ser feita decompõe o problema em partes menores e estabelece regras e critérios sobre como o dispositivo autônomo deve operar. Então, usando um software de simulação, o especialista fornece um número limitado de exemplos — o equivalente ao planejamento de um curso — que ajuda os algoritmos de aprendizado de máquina a resolver o problema. Caso o dispositivo cometa o mesmo erro consistentemente, exemplos adicionais podem ser acrescentados ao plano de estudos digital. "Isso não é uma exploração aleatória, mas uma exploração feita de tal forma que seja guiada pelo professor", explica Mark Hammond, gerente-geral de IA comercial na Microsoft.[5] Uma vez que o plano de estudos esteja pronto, o sistema automatiza o processo de ensino e aprendizado ao longo de centenas ou milhares de simulações ao mesmo tempo.

A principal gerente do Grupo de Ensino de Máquina na Microsoft, Alicia Edelman Pelton, oferece o simples exemplo de uma empresa que quer usar a IA para escanear todos seus documentos e descobrir quantos orçamentos enviados resultaram em uma venda.[6] Primeiro, o sistema precisa conseguir diferenciar o que é um contrato, uma nota fiscal, uma proposta, e assim por diante. Muito possivelmente, não há dados rotulados para o treinamento, especialmente se cada vendedor age do seu próprio modo. Sob um regime puro de aprendizado de máquina, a empresa teria de terceirizar o trabalho de criação dos dados de treinamento, enviando milhares de documentos de exemplo e instruções detalhadas ao contratado, cujo exército de rotuladores precisaria de meses para completar a tarefa. Estando certa de que os dados não contêm erros, a empresa precisaria de um especialista em aprendizado de máquina — caro e difícil de encontrar — para criar um modelo. E se os vendedores começarem a usar modelos nos quais a máquina não está treinada, o desempenho dela piorará.

Porém, com o ensino de máquina, alguém da empresa — um vendedor ou outro funcionário experiente — identificaria os atributos que definem um orçamento e as palavras-chave como "termos de pagamento". A linguagem do especialista seria traduzida para uma linguagem que a máquina pudesse entender, e um algoritmo pré-selecionado realizaria a tarefa. Assim, usando especialistas da casa, as empresas podem utilizar o ensino de máquina para criar soluções customizadas rapidamente.

Inovando em Ambientes Industriais

Diversas organizações estão atualmente experimentando o software da Microsoft para o ensino de máquina.[7] A Delta Air Lines está testando se a tecnologia pode melhorar o manuseio de bagagens. A Schneider Electric, respeitável multinacional sediada em Paris que oferece soluções de gestão e automação de energia, quer ver como a tecnologia funciona em controles de aquecimento e resfriamento em prédios. A Universidade Carnegie Mellon a usou para conduzir um robô de exploração de minas que venceu um desafio da DARPA.

A Microsoft não é a única. A Amazon e o Google também estão trabalhando com técnicas de ensino de máquina que permitem aos engenheiros sem expertise em IA programar modelos complicados de inteligência artificial. O SageMaker Autopilot da Amazon, por exemplo, pode ser usado por pessoas sem experiência com aprendizado de máquina para produzir um modelo facilmente. O Google está ensinando sua IA a aprender como os humanos falam ao monitorar como nossa face se movimenta quando estamos dublando uma música. Isso é possível sem qualquer hardware especialista de acompanhamento de movimentos — usando apenas a câmera de um telefone.[8]

Ensinar uma máquina sobre o que um especialista humano faria perante situações de alta incerteza e poucos dados pode derrotar as abordagens famintas por dados à criação e ao controle de inúmeras variedades de equipamentos de fábrica. A Siemens está usando uma IA top-down para controlar o processo altamente complexo de combustão nas turbinas a gás, em que ar e gás fluem para uma câmara, inflamam-se e queimam a temperaturas que chegam a 1.600°C.[9] O volume de emissões criadas e quanto tempo a turbina continuará operando dependem da inter-relação de diversos fatores, da qualidade do gás ao fluxo de ar e às temperaturas interna e externa.

Com o uso de métodos de aprendizado de máquina bottom-up, a turbina de gás teria de funcionar durante um século antes de produzir dados suficientes para começar o treinamento. Em vez disso, os pesquisadores da Siemens Volar Sterzing e Steffen Udluft usaram métodos que exigem poucos dados na fase de ensino às máquinas. O sistema de monitoramento resultante faz ajustes finos que otimizam como as turbinas funcionam em termos de emissão e desgaste, buscando continuamente a melhor solução em tempo real, algo muito parecido a como um especialista manipularia conscientemente as inúmeras alavancas na execução de seu trabalho.

Quem É Considerado Especialista?

Os especialistas podem ser encontrados em todos os níveis de uma organização, como demonstrou um experimento recente conduzido por nossa empresa com codificadores clínicos.[10] Na saúde, os codificadores clínicos (não confundir com programadores que escrevem código de computador) analisam prontuários de pacientes e traduzem informações complexas sobre diagnósticos, tratamentos, medicações e outras coisas em códigos alfanuméricos, que são então enviados aos sistemas de faturamento e aos planos de saúde para pagamento e reembolso.

Os codificadores clínicos de nosso experimento, todos enfermeiros, já tinham experiência com IA, visto que esta era usada para escanear prontuários e descobrir relações entre problemas de saúde e tratamentos, sugerindo os códigos adequados. Queríamos verificar se era possível transformar esses codificadores clínicos em professores para a IA, enriquecendo o sistema com seus conhecimentos e melhorando seu desempenho.

Os codificadores podiam avaliar as relações dentro dos gráficos de conhecimento em que havia discordância entre os codificadores humanos e a IA ao determinar as relações entre os pontos do gráfico (o sintoma X é associado com a condição X, por exemplo). Com base em sua expertise, os codificadores podiam diretamente validar, deletar ou acrescentar relações e fornecer a explicação para suas decisões, o que ficaria posteriormente visível aos seus colegas codificadores. Além disso, eles foram encorajados a seguir sua inclinação de usar o Google (em geral, no portal WebMD) para pesquisar relações entre remédios e doenças, indo além da ferramenta existente de IA, que consideravam lenta

Tal sobreposição de expertise humana tem um efeito multiplicador significativo. Em vez de apenas avaliar os prontuários individuais, os codificadores clínicos acrescentaram conhecimento médico que afeta todos os prontuários futuros. Além disso, com a IA fazendo a maior parte do trabalho de rotina, a necessidade de ler todo o registro clínico é muito reduzida, deixando os codificadores livres para se concentrarem em casos especialmente problemáticos. Ao mesmo tempo, cientistas de dados ficam livres do trabalho tedioso e de baixo valor de limpar, normalizar e organizar dados.

No novo sistema, os codificadores foram encorajados a focar menos o volume de relações individuais e mais a instrução da IA sobre como lidar com uma relação entre remédio e doença de forma geral, fornecendo pesquisas quando necessário. Essas relações poderiam agora ser consideradas como uma adição ao gráfico de conhecimento da IA com um fardo menor de evidências quantitativas. A IA aprende de modo mais regular e dinâmica especialmente sobre novas relações raras, contestadas ou novas entre remédios e doenças.

Em seus novos papéis, os codificadores passaram rapidamente a se considerar não apenas professores da IA, mas também seus colegas codificadores. O mais importante, eles viram que suas reputações perante outros membros da equipe estariam em sua habilidade de fornecer explicações sólidas para suas decisões. Eles falavam com frequência sobre a importância de tais explicações no que tange à confiança de um codificador clínico subsequente ao encontrar uma relação desconhecida.

Os codificadores clínicos também indicaram que se sentiram mais realizados e produtivos ao executar tarefas novas, usando mais de seu conhecimento e adquirindo novas habilidades para ajudar a desenvolver sua expertise. Eles também se sentiram mais otimistas em relação a trabalhar com a IA diariamente.

Transformar os especialistas da casa e a experiência que têm nas forças motrizes por trás da IA oferece inúmeras vantagens. Ao fazer com que pessoas que não são cientistas de dados sejam professoras da IA, como nossos codificadores clínicos, as empresas podem aplicar e escalar as vastas reservas inexploradas de expertise singulares às suas organizações em todos os níveis. Em vez de fazer com que pessoas experientes permaneçam consumidoras passivas dos resultados da IA, elas se tornam criadoras da IA. Em vez de extrair conhecimento apenas dos dados, elas colocam seu conhecimento especializado em uso total. Esse conhecimento não inclui apenas sua expertise funcional e de domínio, mas também sua compreensão detalhada da própria empresa: como ela ganha dinheiro, como ela lida com a concorrência e onde pode ser melhorada.

Expertise Coletiva: Ensinando Contextos Sociais à IA

Os humanos atuam, praticamente sem esforço, em contextos coletivos e sociais de imensa complexidade. Tais contextos se sobrepõem e interpenetram, estando em constante evolução em escalas temporais curtas e longas. Quando conduzimos um carro em meio a um ambiente urbano, estamos negociando uma densa rede de sistemas sociais: processamos e antecipamos os movimentos de outros veículos e as intenções de outros condutores; lemos a linguagem corporal dos pedestres; seguimos (e talvez burlemos) as regras formais de trânsito e nos engajamos nas informais incorporadas em nossa cultura. Por exemplo, em algumas culturas, piscar o farol significa que você está dando preferência ao outro veículo, enquanto em outras, significa que você está indo e é melhor que o outro saia do caminho.

Com a linguagem, negociamos as inúmeras complexidades e nuances, incluindo regras formais, uso informal, gírias, coloquialismos, piadas, tom, estilo, dicção e — às vezes o mais importante de todos — o que não é dito. Em termos de etiqueta, respondemos às deixas sociais bem estabelecidas. Com a arte, identificamos estilos em obras da imaginação. Quaisquer inferências, previsões, ações ou expressões inteligíveis de alguém ficam necessariamente situadas em contextos sociais. Como disse Aristóteles em *Política*, a sociedade precede o indivíduo.

A Sabedoria das Multidões + Máquina

No dia 4 de maio de 2019, o líder altamente imprevisível da Coreia do Norte Kim Jong-un lançou o primeiro míssil de teste de seu país em sete meses. Só que, dessa vez, sua ação foi corretamente predita por um grupo de civis comuns interagindo com um sistema de IA. Esses prescientes humanos "previsores" fazem parte de um projeto em conjunto entre a IARPA, uma unidade de pesquisa da comunidade de inteligência do governo dos EUA, e o Viterbi Information Sciences Institute (ISI) da Universidade do Sul da Califórnia (USC).

A sigla IARPA significa Intelligence Advanced Research Projects Activity [Atividade de Projetos de Pesquisa Avançada de Inteligência]. Com uma equipe de espiões e doutores, sua missão é disponibilizar aos tomadores de decisão previsões precisas sobre eventos globais. Desde 2017, o grupo vem trabalhando com o ISI da USC em um projeto chamado SAGE: Synergistic Anticipation of Geopolitical Events [Antecipação Sinérgica de Eventos Geopolíticos; a palavra "sage" significa "sábio", em português].[11] O objetivo é gerar previsões a partir da combinação de humanos + IA que sejam mais precisas do que aquelas feitas apenas por um especialista humano ou uma máquina.

Prever eventos geopolíticos é notavelmente difícil. A precisão preditiva dos especialistas, acompanhada ao longo do tempo, mostrou-se comparável a palpites aleatórios.[12] Um modo de melhorar as previsões é fazer uma contribuição coletiva, ou crowdsourcing, agregando um grande número de previsões humanas em uma única estimativa de probabilidade. Tal abordagem à "sabedoria das multidões", detalhada inicialmente no livro de James Surowiecki, publicado em 2004 com o mesmo nome, sustenta que grandes grupos de pessoas se saem melhor do que os grupos pequenos e de elite dos especialistas na resolução de problemas, na tomada de decisões sábias e na previsão do futuro.[13] Ou seja, a expertise coletiva, em seu sentido mais amplo, pode às vezes ser superior à expertise individual altamente específica. Ao mesmo tempo, avanços no aprendizado de máquina têm levado a modelos que produzem previsões bem racionais para diversas tarefas. O projeto SAGE combina o poder da contribuição coletiva com os avanços da IA — daí o termo "sinérgico" em seu nome — para gerar previsões mais precisas do que qualquer método poderia fazer sozinho.

Mais de 500 preditores recrutados publicamente pelo ISI fizeram previsões a respeito de mais de 450 perguntas sobre geopolítica, esportes, medicina, clima e outras coisas. Eles selecionaram o que gostariam de prever a partir de um conjunto de perguntas quantitativas e qualitativas. Veja o exemplo de uma pergunta quantitativa: "Qual será o preço de fechamento do índice Nikkei 225 na bolsa japonesa em [alguma data]?" Exemplo de uma pergunta qualitativa: "O Paquistão executará ou será o alvo de um ataque militar nacional reconhecido antes de [alguma data]?"

Para as perguntas quantitativas, os dados de séries temporais podem ser usados para dar ao preditor humano a ideia de uma taxa de base (com que frequência o valor histórico permaneceu dentro de cada opção de resposta) e para dar ao modelo de máquina os dados históricos a fim de criar uma previsão de série temporal. Para as perguntas qualitativas, como aquelas sobre disrupções políticas, em que os dados históricos raramente estão disponíveis para gerar uma previsão de série temporal, o sistema obtém uma taxa de base ao corresponder a pergunta com uma estrutura de eventos históricos semelhantes.

Além de fazer previsões com base em informações disponibilizadas pelos métodos de aprendizado de máquina, os usuários podem interagir com colegas preditores em grupos de discussão e comentar sobre os resultados das previsões. Nesse sentido, é diferente do crowdsourcing tradicional, que capta informações dos membros do grupo — que não se comunicam — e, então, analisa estatisticamente os resultados agregados.

Em uma disputa feita para testar a acurácia dos sistemas de previsão, o SAGE foi testado com dois sistemas concorrentes ao longo de 2019. Os três receberam o mesmo conjunto com mais de quatrocentas perguntas com previsões. O SAGE venceu.

A sabedoria das multidões também concede à Tesla uma grande vantagem na corrida para desenvolver tecnologia de carros autônomos — meio milhão de condutores ensinando seu recurso de Autopiloto para que fique melhor. Cada um desses carros, além dos que chegam ao mercado diariamente, está conectado à internet. Em conjunto, percorrem 24,1 milhões de quilômetros por dia, ou mais de 8,6 bilhões de quilômetros por ano, coletando vastas quantidades de dados de câmeras e de outros sensores, mesmo quando a função de Autopiloto não está ativada. Os dados são enviados à Tesla, para que sua rede neural possa aprender como os humanos dirigem e prever diretamente a aceleração, a frenagem e a condução no volante corretas em praticamente qualquer situação. Ao mesmo tempo, a maioria das concorrentes precisa acumular quilometragem do mundo real seguindo o caminho das pedras — contratar (e pagar) humanos para conduzir os veículos de teste.

A Mente Coletiva dos Humanos + Máquina

Qual conhecimento, portanto, pode ser recebido do coletivo?

O Bustle Digital Group, o maior grupo de mídia para mulheres millennials, queria prever as vendas de Natal de oito suéteres femininos de uma grande varejista de moda.[14] O grupo recorreu a uma plataforma desenvolvida pela Unanimous AI chamada Swarm para aproveitar a expertise, a intuição e o conhecimento prático de um grupo de mulheres millennials selecionadas aleatoriamente e que se autoidentificavam como pessoas com consciência sobre a moda e sem qualquer tipo de experiência com previsão de vendas. Usando seus próprios computadores pessoais, as participantes se conectaram remotamente à plataforma Swarm e foram ensinadas rapidamente a usá-la. Então, pediram-lhes que fizessem previsões sobre as vendas unitárias que a loja faria de suéteres femininos durante o feriado de Natal. Inicialmente, elas fizeram suas avaliações individualmente usando uma pesquisa online e, em seguida, "pensando juntas" como um sistema otimizado de IA usando o Swarm.

Como o nome da plataforma insinua [swarm significa "multidão" ou "enxame"], seu trabalho é aproveitar o conceito de "inteligência de multidão", um fenômeno natural em que grupos de organismos parecem exibir um comportamento coletivo inteligente sem um mecanismo central de controle. Bandos de pássaros, enxames de abelhas, cardumes de peixes e colônias de formigas são exemplos de coletivos que funcionam em uníssono para convergir eficientemente em soluções ideais para problemas complexos. A inteligência coletiva é conhecida há décadas, mas apenas recentemente foi unida à IA, na esperança particular de que, no futuro, a coletividade de robôs possa desempenhar tarefas perigosas ou difíceis, como missões de busca e resgate, mapeamento do fundo do mar, limpeza de derramamentos tóxicos e outras coisas.

No exemplo do grupo Bustle, os algoritmos de enxame avaliaram em tempo real as complexas ações, reações e interações coletivas das participantes conscientes sobre a moda. Ao fazer uso da observação dos comportamentos, em vez dos sentimentos autorrelatados das participantes, o sistema produziu uma classificação otimizada de vendas dos itens de um a oito, assim como uma classificação de escala que mostrava o espaço relativo entre cada um. Os três primeiros suéteres foram classificados como tendo um grande apelo, estando entre moderada a altamente na moda.

Usando a plataforma Swarm, o grupo Bustle conseguiu, por fim, prever dois dos três principais itens vendidos, de um grupo com oito. Significativamente, os três itens mais bem classificados pela Swarm venderam mais que os três piores por um fator de 150% — resultado impressionante, considerando que as diferenças entre os itens eram apenas de cor e de tratamentos gráficos. Além disso, a previsão da Swarm foi significativamente mais correta sobre o volume real de vendas unitárias do que as pesquisas tradicionais, prevendo 34% de variância, comparados com os apenas 4% da pesquisa em termos de avaliação sobre se o produto está na moda, a força de seu apelo e a previsão de vendas.

Em outro exemplo da plataforma Swarm AI, pesquisadores de Stanford aproveitaram a expertise de um grupo de radiologistas que avaliaram radiografias peitorais feitas no diagnóstico da pneumonia que, como se parece com outras doenças, é especialmente difícil de diagnosticar apenas com as imagens.[15] Cada radiografia foi examinada em tempo real e cada radiologista contribuía com sua opinião. Ao longo da sessão, cada participante podia usar um ícone para expressar aos outros participantes o grau de concordância ou discordância a qualquer momento, enquanto os algoritmos deduziam a confiança dos participantes com base nas movimentações relativas de seus ícones. No fim, a Swarm esteve 33% mais precisa do que os radiologistas e 22% mais precisa do que o programa de aprendizado de máquina de Stanford que havia previamente vencido os radiologistas.

Em outros setores, tecnologias de enxame vêm sendo usadas a fim de amplificar a inteligência de equipes interligadas para produzir previsões mais precisas e decisões melhores. Por exemplo, pediu-se a grupos de traders que previssem as tendências semanais de quatro índices comuns do mercado norte-americano (SPX, GLD, GDX e Crude Oil) durante um período de dezenove semanas consecutivas.[16] Ao prever tendências semanais por si sós, os preditores individuais chegaram a uma acurácia de 56,6%. Ao prever juntos, como enxames em tempo real, aumentaram a precisão para 77%.

Além disso, se o grupo tivesse investido com base nessas previsões coletivas, teria obtido um retorno sobre o investimento (ROI) de 13,3% ao longo das dezenove semanas, comparados com o ROI individual de 0,7%.

Ensinando o Processamento de Linguagem Natural aos Sistemas em Tempo Real

Zendesk [ou mesa zen] não é uma mesa de escritório realmente legal ou o nome de uma banda alternativa. É um fornecedor de software de atendimento ao cliente que atende a 150 mil clientes em 160 países e territórios. À medida que a empresa deixava tamanha pegada global, seu enorme volume de documentos de apoio para as ofertas era escrito apenas em inglês. Assim, a equipe de apoio da empresa estabeleceu um objetivo de traduzir todos os artigos em cinco idiomas-alvo. Após uma investigação inicial, logo se viram perante o dilema enfrentado por muitos empreendimentos (e governos) que precisam traduzir pilhas de documentos complexos: contratar tradutores humanos produz traduções de alta qualidade, mas é caríssimo; usar tradução de máquina é mais barato, mas produz resultados de baixa qualidade. Além disso, até mesmo os tradutores humanos altamente talentosos enfrentam o desafio de entender o jargão específico do setor. E, tanto para humanos como para as máquinas, a tradução demanda a habilidade de compreender não apenas um, mas dois sistemas sociais linguísticos enormes e em constante evolução.

Para complicar as coisas para a Zendesk, seus artigos variavam de conteúdos extremamente populares e com muitas visualizações a artigos raramente acessados, sendo que todos precisavam de atualizações constantes. Na Lilt, empresa fornecedora de serviços de tradução, encontraram uma parceria cuja tradução assistida por IA combinava a eficiência e o baixo custo de um modelo avançado de tradução automática (MT — machine translation) de linguagens naturais com a expertise dos tradutores humanos.

Em termos simples, o pipeline end-to-end de tradução funciona assim:[17] a Zendesk designa quais de seus documentos precisam de um tradutor "humano no sistema" e quais podem ir diretamente para o modelo neural para tradução automática pura, e, depois, os envia para a Lilt. Para facilitar a transferência dos conteúdos, o sistema se conecta diretamente ao sistema de gerenciamento de conteúdo da Zendesk. Os documentos que precisam de um toque humano são enviados para um tradutor alinhado com o setor do cliente. O tradutor usa a tradução automática neural como uma base para sua tradução, mas pode alterar o produto final — incorporando o vocabulário específico da Zendesk e acrescentando as compreensões contextuais sutis que só um humano consegue fazer. Além disso, os retoques que o tradutor dá à tradução automática ensinam à máquina como melhorar a qualidade das sugestões que mostrará subsequentemente a todos os tradutores humanos da Lilt. As traduções com interação humana + máquina e as traduções puramente automáticas são enviadas de volta à Zendesk e também ficam armazenadas na memória centralizada de tradução da Lilt, para que possam ser rapidamente atualizadas no futuro.

O ensino em tempo real que o tradutor humano dá à máquina de tradução aumenta continuamente o volume de produção. Além disso, visto que o mecanismo de tradução automática é ensinado pelo feedback do tradutor em tempo real, não há necessidade de retreinar a máquina externamente. E, o mais importante, ensinar a máquina a infundir na tradução o contexto social para o qual o idioma é um meio principal. O mecanismo de tradução aprende o contexto de uma palavra e seu significado sutil em cada documento, setor e dialeto (como português do Brasil ou de Portugal).

O ensino de máquina também reduz o tempo e os custos do treinamento de máquina. Visto que os dados treinados sobre um setor ou dialeto específicos por humanos conhecedores do assunto são mais eficazes do que uma abordagem generalista, a Lilt consegue treinar suas ferramentas de tradução automática com até quatrocentas vezes menos dados do que as ferramentas que aproveitam conjuntos de dados grandes e generalistas. Ao focar um setor/dialeto específico, não é necessário aprender logo de início palavras e expressões potencialmente menos usadas (mas há o desenvolvimento gradual de uma compreensão mais geral com o passar do tempo). Esse aprendizado contextual, em vez de correlações generalistas e sedentas por dados, permite que a ferramenta de tradução da Lilt forneça traduções específicas, baratas e precisas por meio de professores humanos compreensivos.

Comprando com Estilo na Etsy

Na Etsy, loja online de produtos vintage feitos à mão, o lema é "mantenha o comércio humanizado". E foi aos humanos que a empresa se voltou quando quis ensinar ao seu mecanismo de busca como reconhecer o momento crucial de muitas decisões de compra — o estilo estético.[18] Ao considerar comprar determinado item, os compradores analisam não apenas os aspectos funcionais de sua especificação, como categoria, descrição, preço e avaliações, mas também seus aspectos de estilo e de estética. Como a linguagem e os outros contextos coletivos que estamos discutindo aqui, o estilo existe em um contexto social em constante evolução, o que é algo óbvio para os humanos, enquanto a IA tem muita dificuldade em lidar.

Para a Etsy, captar estilo é especialmente desafiador. Diferente dos produtos fabricados em massa, que podem ser facilmente classificados, a maioria dos itens listados à venda na Etsy é de criações caseiras singulares. Muitos compradores e vendedores, embora saibam do que gostem, não conseguem articular adequadamente suas noções de estilo. Muitos itens podem ser parecidos a diversos estilos ou, então, não exibem nenhum estilo forte. E há cerca de 50 milhões de itens disponíveis a qualquer momento.

No passado, sistemas de recomendação com base em estilo produziram preferências inexplicáveis de estilo para grupos de usuários. A IA presumia que dois itens deviam ser semelhantes em estilo se fossem comprados juntos com frequência pelo mesmo grupo de usuários. Outra abordagem usa atributos de nível baixo, como cor e outros elementos visuais, para agrupar os itens por estilo. Nenhum método conseguiu entender como o estilo afeta as decisões de compra.

Quem melhor para ensinar a IA sobre noções subjetivas de estilo do que os especialistas em propaganda da Etsy?

Com base em sua experiência, eles desenvolveram um conjunto de 42 estilos que captavam o gosto dos compradores em 15 das principais categorias da loja, incluindo joias, brinquedos e artesanatos.[19] Alguns estilos são familiares ao mundo da arte (art nouveau, art déco). Alguns evocam emoções (diversão e humor, motivacional). Outros se referem a estilos de vida (boemia, interior) e a tendências culturais (escandinavo, hygge). Eles até produziram uma lista com 130 mil itens distribuídos por seus 42 estilos.

Os tecnologistas da Etsy se voltaram aos compradores que tendem a usar termos de busca relacionados ao estilo, como "aparador art déco". E, então, a Etsy passou a atribuir esse estilo a todos os itens em que o usuário clicava, "favoritava" ou comprava durante a pesquisa.

Depois de apenas um mês com essa pesquisa, a Etsy conseguiu coletar um conjunto de dados rotulados com mais de 3 milhões de casos para testar suas classificações de estilo. A empresa, então, treinou uma rede neural para usar deixas textuais e visuais a fim de melhor diferenciar as 42 classes de estilos para cada item.

O resultado foi a previsão de estilo para todos os 50 milhões de itens ativos no site etsy.com. Os itens de uma compra única, assim como aqueles comprados ou favoritados por um usuário, tendem a ter estilos semelhantes. A Etsy também descobriu que incorporar um módulo de estilo no sistema de recomendação do site aumentou as receitas.

Em outro teste, a equipe da Etsy quantificou a "força de estilo" — a intensidade com que um item exibe um dos estilos. Por exemplo, uma decoração de parede que retrate uma âncora, um barco e uma baleia representa fortemente o estilo náutico. Itens com um estilo forte se saem melhor do que aqueles com um estilo fraco ou com um estilo que esteja distribuído em diversos outros ao mesmo tempo. Nas palavras de Mike Fisher, diretor de tecnologia na Etsy: "Podemos ajudar os vendedores a determinar se há um estilo forte ou não."[20]

As classes estilísticas também ajudam muito em termos de sazonalidade. Por exemplo, as vendas de itens considerados tropicais aumentam nos meses de verão; itens românticos despontam perto do Dia dos Namorados e de outros feriados associados com dar presentes. O estilo motivacional cresce durante dezembro e janeiro, quando muitos alunos se formam. O estilo acolhedor e aconchegante do interior prospera no outono, com pico um mês antes do inverno. Os vendedores podem usar tais informações para customizar seus produtos a estilos adequados em épocas diferentes do ano.

Quando a pandemia chegou e as cadeias de suprimentos das varejistas enormes se romperam, muitos compradores voltaram-se à Etsy — as receitas da empresa dobraram para US$10 bilhões, e seu valor de mercado chegou a US$25 bilhões.[21] Quer saber um dos itens mais buscados e vendidos? Máscaras customizadas com o toque estético dos clientes. A venda de máscaras foi de praticamente zero no início de abril de 2020 para US$740 milhões durante o restante do ano, permitindo que os compradores encontrassem uma, disse o CEO da empresa Josh Silverman, "que expressasse seu toque de gosto e estilo". Os compradores, continuou ele, "descobriram que é possível manter o comércio humanizado".[22]

Expertise Pessoal: Tecnologia Humana Inerente

Durante décadas, uma grande dificuldade para os pesquisadores de IA tem sido como imbuir as máquinas com os fundamentos básicos da inteligência humana. Porém, como dissemos no Capítulo 1, a virada humana na inteligência não tem a ver com recriar a consciência humana. Pelo contrário, ela trata de resolver problemas imitando as características cognitivas mais poderosas dos humanos e as suplementando com as habilidades mais poderosas dos computadores.

A virada radicalmente humana na expertise pessoal está relacionada com usar diretamente, e não imitar, a inteligência inata e adquirida dos humanos para potencializar a IA. Isso pode ser um tipo mais sutil de ensino, um tipo em que as habilidades tácitas — algumas que os professores talvez nem saibam que têm — são transferidas sutilmente para um sistema de aprendizado.

Colocando a Pessoa Inteira no Sistema

No tradicional aprendizado de máquina com human-in-the-loop (HITL), as pessoas treinam, ajustam e testam os algoritmos. Elas rotulam os dados; a máquina aprende a tomar decisões ou a fazer previsões com base nesses dados; os humanos ajustam o algoritmo, avaliam os resultados e tentam melhorar seu desempenho — tudo em um círculo virtuoso. Embora seja eficaz para treinar modelos de aprendizado de máquina, tal definição limitada de HITL não começa nem a abarcar as valiosas possibilidades do ensino de máquina.

Como muitas empresas de robótica durante a pandemia, a Kindred AI viu seu desenvolvimento acelerar rapidamente pela necessidade urgente de robôs de armazéns. Porém, enquanto muitas dessas empresas ficaram travadas pela necessidade de aperfeiçoar sua IA antes de aplicá-la em massa nos robôs, a Kindred inseriu uma "pessoa inteira" no sistema logo no início, permitindo que a empresa avançasse rapidamente para atender às necessidades de um de seus primeiros clientes importantes, a varejista de roupas Gap.

À medida que a covid-19 se espalhava pela América do Norte, a Gap foi forçada a fechar muitas de suas lojas, incluindo seus outlets Old Navy e Banana Republic. Os pedidos online foram às alturas, mas havia menos funcionários de armazém para atendê-los devido às medidas de distanciamento social que a empresa precisou aplicar. Para a Kindred, isso significava que o que havia sido um programa-piloto na Gap em 2019 de repente transformara-se em um pedido de 106 de suas estações robóticas com 2,4m de altura cada.[23]

Equipadas com o aprendizado por reforço e com uma tecnologia patenteada de agarramento, as máquinas "SORT" [separar ou classificar, em inglês] da Kindred ajudam a atender pedidos com itens múltiplos. Os itens do carrinho de compras de um cliente deslizam por uma canaleta até uma bacia na qual um braço robótico, equipado com sucção e uma alça física, escaneia o código de barras e os coloca em uma cesta. Quando todos os itens do pedido estiverem na cesta, um funcionário a coloca em uma esteira para a expedição.

O que diferencia a Kindred de outros fornecedores de robôs de armazéns são seus "pilotos de robô". Eles ficam em um escritório em Toronto monitorando as frotas de robôs e os ensinando as melhores práticas.[24] Uma câmera estéreo no braço robótico permite que os pilotos monitorem o comportamento dos robôs. Quando o robô erra ou fica parado tentando descobrir como pegar um item ou onde colocá-lo, o piloto entra em cena para guiá-lo. A máquina começa a aprender o padrão, recebendo um sinal de recompensa sempre que consegue, podendo chegar a um nível de proficiência em que não precisa mais da intervenção humana.

Logo no início, a empresa modificou os movimentos do braço e da alça para que o robô pudesse aprender a estender e a pegar com a mesma fluidez que os pilotos. Pegar uma coisa facilmente é uma daquelas ações que as pessoas fazem praticamente sem pensar, como andar de bicicleta, digitar sem olhar o teclado ou cantar. Tais ações fazem parte de nossa "tecnologia inerente" — algo que o filósofo Michael Polanyi descreveu como "conhecimento tácito".

O conhecimento tácito, que é difícil de ser verbalizado, contrasta com o conhecimento explícito, que podemos verbalizar ou escrever facilmente. "Sabemos mais do que podemos dizer", são as palavras de Polanyi, e é por isso que transferir explicitamente o conhecimento tácito para outra pessoa ou máquina é tão desafiador. Os pilotos da Kindred precisam apenas conseguir mostrar aos robôs como fazer algo, e não dizer a eles. Quando a Gap fez seu pedido às pressas em maio de 2020, a Kindred empregou os robôs adicionais em quatro dos centros de atendimento de pedidos da Gap ao redor dos EUA em questão de semanas, meses antes do programado. Caso a demanda online diminua quando as lojas físicas reabrirem totalmente, o modelo de Smart Robots as a Service (SraaS) [Robôs Inteligentes como um Serviço] da Kindred, em que há o "pay-per-pick", pode ter sua capacidade facilmente reduzida. Além disso, o modelo de aprendizado por reforço que inclui o piloto permite que o sistema seja redirecionado rapidamente para operar em qualquer lugar em que conjuntos de pequenos componentes desestruturados precisem ser organizados, e a empresa está agora indo atrás dos setores automotivo, eletrônico e manufatureiro.

Transferência Mais Eficiente de Conhecimento

Graças às máquinas que conseguem absorver o conhecimento tácito de profissionais e especialistas, os sistemas futuros exigirão muito menos dados para sua criação e treinamento, possibilitando que captem o conhecimento específico dos especialistas. É uma virada da IA sedenta por dados para uma IA mais eficiente com relação aos dados, de sistemas construídos de baixo para cima a sistemas refinados de cima para baixo.

Em uma competição organizada pelo Hospital Universitário de Brest e pela Faculdade de Medicina e de Telecomunicações Bretagne em Bretanha,

França, os competidores disputavam para ver qual sistema clínico de imagens poderia reconhecer mais precisamente quais instrumentos um cirurgião estava usando em cada instante durante uma cirurgia de catarata minimamente invasiva.[25]

O vencedor foi um sistema de visão de máquina com IA treinado em seis semanas e com apenas 50 vídeos de cirurgias de catarata — 48 operações de um cirurgião renomado, 1 de um cirurgião com menos de um ano de experiência e 1 feita por um residente. Os sistemas de reconhecimento preciso de instrumentos permitem que a equipe médica analise rigorosamente os procedimentos cirúrgicos e busquem maneiras de melhorá-los. Tais sistemas têm aplicações potenciais na geração de relatórios, no treinamento cirúrgico e até no apoio em tempo real às decisões dos cirurgiões na sala de operações do futuro.

Aproveitando a Expertise em Sua Organização

O ensino de máquina acontecerá juntamente com as outras seis atividades híbridas que identificamos em *Humano + Máquina*, mantendo os humanos seguramente no assento do motorista enquanto transforma a IA em um mecanismo de inovação ainda mais poderoso. Preenchendo ainda mais o "meio-campo ausente", a virada humana do aprendizado de máquina para o ensino de máquina criará uma variedade de novos trabalhos gratificantes e centrados nos humanos. O mais importante para as empresas, o ensino de máquina libertará a expertise normalmente inexplorada em toda a organização, permitindo que uma gama muito mais ampla de pessoas usem a IA de maneiras novas e sofisticadas. Considerando que o ensino de máquina é customizável à sua situação empresarial, ele abre as portas para a inovação e a vantagem reais — você não fica mais apenas brincando de pega-pega com a tecnologia. Em cenários com aprendizado supervisionado, o ensino de máquina é particularmente útil quando há poucos dados — ou não há nenhum — de treinamento para os algoritmos de aprendizado de máquina, algo que geralmente ocorre, visto que as necessidades de um setor ou de uma empresa são muito específicas.

Para obter o maior valor de ambos os sistemas e dos funcionários especialistas, as organizações precisarão reinventar a forma como os especialistas e os não especialistas interagem com as máquinas. Você pode começar ao imbuir a fluência digital em seus especialistas (tema detalhado no Capítulo 6) para combinar eficientemente sua expertise com os processos e as tecnologias da empresa. Tal fluência também os equipará para desenvolver maneiras criativas de aplicar a IA na empresa. Ao mesmo tempo, as empresas devem reconhecer o potencial que todas as pessoas em todos os níveis da organização têm em ser especialistas. Como nossos codificadores clínicos, uma equipe empoderada pela IA pode transformar tarefas tediosas e com baixo valor em trabalhos com alto valor de conhecimento, aumentar o engajamento dos funcionários e aliviar o fardo sobre seus cientistas de dados.

Enquanto isso, a facilidade e a eficiência com as quais as técnicas de IA podem aproveitar o conhecimento coletivo dos grupos humanos abrem novas possibilidades competitivas para todas as empresas — das gigantes industriais como a Tesla às fornecedoras de itens de moda como a Bustle. Pense nisso como a diferença entre pesquisa de mercado, que busca dados empíricos e observações sobre o que as pessoas querem, e o mercado ensinando diretamente seus produtos e serviços sobre como se comportar.

Por fim, não hesite em "colocar os humanos no sistema" para impor diretamente suas habilidades inatas e adquiridas nos sistemas de IA. Um piloto de robô, por exemplo, ou um tradutor humano não precisam representar um fracasso da IA, mas representam o melhor e mais alto uso dos humanos (fornecendo as nuances praticamente infinitas e indescritíveis do que sabemos) e das máquinas (disponibilizando uma eficiência super-humana). É isso o que significa para os humanos e para as máquinas se encontrar — e unir suas habilidades — em um meio que logo mais estará a pleno vapor.

A esta altura, você deve ter uma compreensão suficiente sobre os três fundamentos básicos da inovação em empresas capacitadas pela IA, em um mundo no qual a inovação está sendo virada de cabeça para baixo: inteligência (I), dados (D) e expertise (E). O desafio restante é uni-los por meio da arquitetura (A) dos sistemas, que produz inovação em todo o empreendimento — desafio que analisaremos no Capítulo 4.

4

ARQUITETURA

De Sistemas Legados a Sistemas Vivos

A L.L.Bean é uma icônica varejista com legado de um século que inclui roupas clássicas, equipamentos e indumentária para o ar livre e um profundo comprometimento com a satisfação do cliente. Mas, recentemente, à medida que adotou a comunicação com os clientes por meio de múltiplos canais — impressos, lojas físicas, site, aplicativo e redes sociais —, a empresa se viu em dificuldades perante um legado cada vez menos valioso: um sistema pesado de TI, partes do qual eram usadas havia vinte anos.[1]

Grande parte do sistema consistia em mainframes locais e servidores distribuídos. Sistemas diferentes, apenas vagamente conectados, davam suporte a cada um dos diferentes canais dos clientes, executando aplicações diferentes e que performavam de formas distintas. Fornecer uma experiência ininterrupta ao consumidor era praticamente impossível. E em vez de se concentrar na entrega de valor ao cliente, o pessoal de TI tinha de passar tempo cuidando da infraestrutura.

Ao mesmo tempo, a porcentagem de consumidores que usam múltiplos canais para fazer compras cresceu para 73%. Além disso, pesquisadores descobriram que compradores por multicanais gastam uma média de 4% a mais em cada ida à loja do que os consumidores que usam apenas um canal, e 10% a mais online. Os compradores por multicanais também são mais leais do que aqueles que usam só um canal, além de haver mais chances de recomendarem uma loja favorita a amigos e familiares.[2]

Para concorrer com sucesso na era da Amazon, a L.L.Bean precisava oferecer aos clientes uma experiência satisfatória de omnicanal que as varejistas puramente online não conseguissem igualar. Assim, a empresa desvinculou as aplicações cruciais à missão que estavam no sistema legado e as colocou na nuvem pública do Google, local em que a empresa pode agora integrar dados vindos de múltiplos sistemas, lidar com picos de acessos ao site com mais eficiência, fornecer experiências melhores em seu site e aplicativo, inovar e entregar novos recursos ao consumidor de forma mais rápida.

Considerando que a arquitetura baseada em nuvem está sendo continuamente otimizada no segundo plano, a equipe de front-end da empresa, em vez de passar um tempo valioso na gestão de infraestrutura, pode usar o desenvolvimento ágil de softwares para testar novos recursos e aplicá-los assim que estiverem prontos. E com a arquitetura flexível de front-end na nuvem desvinculada do sistema legado, a empresa pode escalar sua capacidade de forma fácil, rápida e efetiva em termos de custo em períodos de pico nas compras e desescalar durante os períodos de calmaria. Tal habilidade de se flexionar rapidamente em resposta às condições cambiantes é um dos desenvolvimentos mais consequenciais de todos: de *escalabilidade* para *elasticidade*, uma das muitas e potentes vantagens de abordarmos a arquitetura como se fosse um sistema vivo.

Deixando o Legado para Trás

Os sistemas vivos usam a TI de modos diferentes daquele usado pelos sistemas legados: eles não têm limites, são adaptáveis e radicalmente humanos. Os sistemas sem limites quebram barreiras dentro do conjunto de TI, e também entre empresas, usando plataformas baseadas na nuvem para aproveitar os efeitos de rede (veja "Explicando as Plataformas"). Sistemas adaptáveis levam os sistemas legados à nuvem para reduzir as dependências entre eles, aumentar a velocidade e a eficiência, capitalizar a inteligência humana de seus talentos e atender às necessidades em evolução de seus clientes, como veremos posteriormente neste capítulo. E, por fim, os sistemas vivos são radicalmente humanos nos modos em que usam métodos ágeis, inteligência humana complexa e estratégias espertas de dados para entregar insights e experiências confiáveis. Tais sistemas conectam pessoas ao longo dos silos organizacionais, unindo seus talentos na empresa, na TI e seus parceiros do ecossistema para inovar e cocriar.

EXPLICANDO AS PLATAFORMAS

Para as empresas nativas digitais, a plataforma *é* o produto. Pense nas propagandas nas buscas no Google ou no sistema de reservas do Airbnb. A plataforma aproveita os ecossistemas digitais e os efeitos de rede em todos os setores e usos. Por exemplo, a plataforma de compartilhamento de caronas da Uber também facilita a entrega de comida.

E agora, para um conjunto cada vez maior de empresas de vários setores, as plataformas estão se tornando um foco estratégico à medida que transformam seus produtos, serviços e a experiência do consumidor de novas formas. A plataforma age como um acelerador de receitas, traz agilidade à empresa e pode ser customizada para as necessidades específicas do setor. Por exemplo, a Nike oferece uma plataforma de serviços digitais, como métricas sobre seus exercícios, que interoperam com seus icônicos calçados para aprimorar a experiência do consumidor.

As plataformas são feitas com tecnologia e recursos empresariais relacionados, reutilizáveis e integrados. Arquiteturas avançadas estão permitindo que as plataformas sejam aceleradoras cruciais da inovação e estão ajudando a criar relacionamentos novos e lucrativos entre as empresas e seus clientes.

Líderes de ambos os nossos estudos sobre tecnologia criam sistemas que se saem significativamente melhor do que a média em quesitos de não haver limites, de serem adaptáveis e radicalmente humanos. Mais especificamente, eles fazem isso pela desvinculação digital, pela adoção estratégica da nuvem, pela integração de edge computing e por uma abordagem holística à cadeia de TI que une estratégia e tecnologia em cada camada. De fato, para esses líderes, "arquitetura" e suas implicações de coisas imutáveis não faz justiça ao dinamismo dos sistemas vivos que apagam os limites, permitem a adaptabilidade ágil e criam uma integração perfeita entre humanos e máquinas.

Desvinculação Digital

Para muitas empresas, a jornada rumo aos sistemas vivos começa com a desvinculação digital — usar novas tecnologias, métodos de acesso a dados e metodologias de desenvolvimento para criar novos sistemas que operem juntamente com os sistemas legados.[3] Entre elas, temos interfaces de programação de aplicações (APIs), DevOps Ágil, fábricas de migração à nuvem, microsserviços e automação de processo robótico (RPA) que possibilitam uma flexibilidade maior. Ao fazer uso dessas e de outras abordagens, as organizações podem desvincular gradualmente seus sistemas centrais, migrando funcionalidades e dados cruciais de clientes às novas plataformas baseadas em serviço. Em vez das transformações periódicas e em grande escala de TI de que as arquiteturas rígidas necessitam, tal abordagem desvinculada disponibiliza uma arquitetura estável e em constante evolução, capaz de inovações e de escalabilidade para responder rapidamente às condições do mercado e ao cenário competitivo. E é popular entre os inovadores tecnológicos: 83% das empresas líderes em nosso estudo inicial sobre tecnologia concordam que é importante haver a desvinculação digital de dados da infraestrutura legada, comparados com apenas 37% das retardatárias.[4]

Você pode começar a desvinculação ao mover os dados dos sistemas legados para "lagos de dados", ou "data lakes". Os lagos de dados são repositórios centralizados que lhe permitem armazenar todos seus dados exatamente como estão, estruturados ou não. Enquanto isso, seu armazém de dados é otimizado para analisar dados relacionais vindos de sistemas transacionais e da linha de aplicações empresariais de modo a fornecer uma única fonte de verdade para os relatórios e as análises operacionais.

Os lagos de dados lhe permitem executar diversos tipos de análises, como dashboards, visualizações e processamento de big data, para guiar uma melhor tomada de decisão. A Goldman Sachs usou esse princípio para criar a Marquee, uma nova plataforma de serviços financeiros que puxa dados sobre transações, mercados, pesquisas e e-mails instantaneamente para um lago de dados e aplica algoritmos de aprendizado de máquina para derivar insights.[5]

Para empresas estabelecidas, desvincular dados de sistemas legados facilita a evolução rumo a sistemas vivos de maneira tão rápida quanto as empresas ágeis e nativas digitais, ou até mais rápido. Elas podem, então, aproveitar sua enorme riqueza de dados, acumulados em sistemas que foram criados para outra era, transformando uma potencial desvantagem em uma vantagem competitiva.

Considere o Smiths Group, uma empresa de tecnologia industrial com sede no Reino Unido e com 22 mil funcionários no mundo todo.[6] A empresa produz uma variedade de produtos que vão de escâneres de aeroportos a dispositivos médicos para hospitais e soluções de conectividade para satélites. Desde sua fundação, em 1851, a companhia cresceu organicamente e por meio de aquisições, transformando-se em cinco divisões que atendem a clientes de duzentos países e territórios. Cada divisão usa sistemas diferentes de relatórios e de armazenamento de dados, tendo um total de oitocentas aplicações em todo o empreendimento. Em alguns casos, funcionários do Smiths Group tiveram de extrair dados manualmente de muitas fontes para a criação de relatórios ou para ser possível ter uma visão global dos dados da empresa.

Para ganhar uma visibilidade centralizada de todos seus dados comerciais, o grupo empregou uma solução abrangente de lago de dados da Microsoft Azure, consolidando dados de múltiplas divisões e fontes da empresa, incluindo ferramentas de planejamento de recursos empresariais, sistemas financeiros e aplicações SAP. Com o novo sistema, a companhia pôde reduzir o tempo necessário para criar relatórios, eliminar os erros que afligem os relatórios manuais e redirecionar o tempo dos funcionários para tomar decisões empresariais estratégicas e informadas a partir dos insights vindos dos dados. "Agora temos a capacidade de extrair valor dos nossos dados rapidamente", diz Ahmed Adnani, diretor de aplicações e análises. "Os insights executáveis a partir dos modelos de dados que criamos nos ajudarão a aumentar as receitas, a reduzir os custos e a minimizar o risco."[7]

O segredo para desbloquear o valor total de um lago de dados é ter aplicações eficazes para busca, análise e extração de insights a partir da quantidade gigantesca de dados estruturados e desestruturados no lago. As aplicações certas, juntamente com o lago de dados, abrem uma magnitude de novos usos empresariais. Por exemplo, você pode fazer buscas em contratos jurídicos e em documentações de conformidade com base no conteúdo de metadados, garantido compliance e evitando riscos legais. Nos serviços financeiros, você pode unir seguramente dados díspares do empreendimento e dos clientes para solucionar problemas empresariais, garantir compliance, detectar fraudes e minimizar os riscos de ameaças internas. Você pode pesquisar em transcrições de conteúdos em vídeo da empresa para coletar insights eficientes. Empresas farmacêuticas podem acelerar a pesquisa e o desenvolvimento farmacêutico e os processos de fabricação por meio da habilidade de buscar rapidamente outras moléculas com subestruturas iguais ou parecidas. Em setores de todos os tipos, essa mudança para os lagos de dados é um passo inicial rumo a um sistema vivo.

Uma das primeiras empresas a reconhecer o poder da desvinculação digital de uma arquitetura legada foi a Amazon — *mais de duas décadas atrás*. Foi um insight que posteriormente seria transformado na Amazon Web Services (AWS), disponibilizando uma infraestrutura elástica a todos por meio da nuvem. Mas lá em 1998, quando a empresa vendia apenas livros online, a operação era possibilitada por uma aplicação enorme de "livraria" e um conjunto gigante de dados. Cada equipe de desenvolvimento trabalhava naquela única aplicação monolítica, e todas as atualizações tinham de ser coordenadas entre todas as outras diversas equipes de desenvolvimento. Sempre que queriam acrescentar um novo recurso aos clientes, como streaming de vídeo, era preciso reescrever quantidades enormes de código (sendo que muito disso tinha pouco a ver com o novo recurso) em uma aplicação que havia sido criada especificamente para administrar a livraria. "Foi um processo longo e desajeitado que exigiu uma coordenação complicada, limitando nossa habilidade de inovar rápido e em escala", lembra Werner Vogels, diretor de tecnologia.[8]

Uma estrutura integrada e monolítica fazia sentido em uma era em que toda a computação acontecia em um único lugar, e a empresa agrupava os sistemas (como de vendas, pesquisa e desenvolvimento e cadeia de suprimentos) para propósitos operacionais e estratégicos. Com a evolução da tecnologia, tal agrupamento, ou bundling, passa a fazer cada vez menos sentido comercial, e, na verdade, acaba impedindo que sistemas ou aplicações forneçam seu valor máximo. Quando os processos estão intimamente combinados em um monólito, a arquitetura inteira deve ser escalonada meramente para lidar com um pico na demanda de um processo. E a falha de um único processo pode derrubar uma aplicação toda até que o problema local seja consertado.

Guiada por um projeto de mudança denominado "Manifesto da Computação Distribuída", a Amazon começou a quebrar o monólito em microsserviços — componentes independentes que executam processos de uma aplicação como se fosse um serviço. Cada serviço desempenha uma única função (como o carrinho de compras online). Ele executa de forma independente de outros serviços e pode ser atualizado, empregado e escalonado para anteder a demandas específicas como um volume maior durante uma promoção. (Os microsserviços, para os quais ainda não há uma definição definitiva, podem ser vistos como uma extensão mais refinada da arquitetura orientada a serviços [SOA], uma das primeiras tentativas na década de 2000 de lidar com os desafios de uma arquitetura monolítica em meio a serviços razoavelmente grandes em vez de uma funcionalidade estreitamente delimitada.)

A Amazon também reduziu suas hierarquias funcionais para o agora famoso modelo de "equipe de duas pizzas" (ou seja, pequena o suficiente de modo que duas pizzas possam alimentar todos os integrantes). Cada uma dessas equipes pequenas e autônomas se concentrou em um produto ou atributo específico e recebeu a autoridade sobre sua parte do que outrora pertencia ao endogrupo. As equipes conseguiam rapidamente tomar decisões e aplicar novos recursos sem ter de fazer toda a coordenação com as outras equipes, permitindo que a Amazon deixasse de aplicar dezenas de recursos por ano e passasse a aplicar milhões.

Para aplicar sua jornada rumo ao que Vogels chama de "aplicações modernas", a Amazon desenvolveu um pipeline de lançamento automático e passou a adotar operações sem servidores. Os pipelines de lançamento automático substituíram o pipeline manual, permitindo que as equipes de desenvolvimento lançassem novos serviços de forma independente. Isso solucionou o problema de coordenação imposto por cada novo lançamento, mas levantou a dúvida sobre como garantir uma qualidade consistente em todas as equipes. A solução foi criar modelos de melhores práticas para a entrega de software e reduzir a possibilidade de erros humanos no fluxo de trabalho nas entregas. As equipes integram regularmente as mudanças em seus códigos, transferindo-as a um repositório central, onde passam por testes e criações automáticas. As equipes podem fazer mudanças diversas vezes por dia e levá-las à produção sem qualquer toque humano.

A operação sem servidores deixa os desenvolvedores livres da gestão de infraestrutura. Apesar do nome, a computação sem servidores, ou serverless, não significa que não haja servidores envolvidos, como na computação peer-to-peer. Significa que os servidores, localizados na nuvem, ficam "longe da vista, longe do coração" dos desenvolvedores de software da empresa. O provedor na nuvem aloca recursos de máquina, faz o planejamento de capacidade, a manutenção e cobra dos consumidores pela quantidade real de recursos usados. Enquanto isso, os desenvolvedores podem se concentrar em inovações e na lógica de negócio que os diferencia da concorrência. "Prevemos que em breve haverá toda uma geração de desenvolvedores que nunca encostaram em um servidor e que apenas escrevem lógica de negócio", diz Vogels.

A criação de aplicações pelo uso de microsserviços, de armazenamento de dados desvinculados e de componentes sem servidor ajuda a atingir a agilidade máxima e a adaptabilidade contínua que caracterizam os sistemas vivos. O serviço da Uber nos dá um belo exemplo da evolução de uma aplicação monolítica rumo aos microsserviços. Quando a empresa abriu em apenas uma cidade, São Francisco, e tinha apenas uma opção de serviço, UberBlack, uma arquitetura monolítica fazia sentido. Ela controlava as funções centrais da empresa — conexão entre motoristas e clientes, faturamento e pagamento. Mas à medida que a companhia expandiu geograficamente e introduziu novos produtos, o monólito passou a ser um passivo cada vez maior.[9]

Seus componentes, que agora incluíam mais cidades, produtos, promoções, veículos e checagens de antecedentes, estavam fortemente vinculados e precisavam de uma integração contínua conforme a empresa crescia. Como os engenheiros da Uber reconhecem, acrescentar novos recursos, consertar bugs e resolver "dívidas técnicas" (o preço que as empresas pagam por manter tecnologias mais antigas e inflexíveis), tudo em um único repositório de software, tornou-se extremamente difícil.[10] A base gigantesca de código dificultava separar os problemas, e à medida que a empresa cresceu de poucos para centenas de engenheiros com diversas equipes sendo donas do conjunto tecnológico, a arquitetura monolítica dificultou que as equipes operassem de forma independente. Nas palavras do gerente de engenharia da empresa, Einas Haddad: "O conhecimento tribal foi necessário antes de tentarmos realizar uma única mudança."[11]

Começando por volta de 2012, a Uber iniciou o desenvolvimento de microsserviços dedicados a domínios específicos e bem encapsulados, cada um escrito em sua própria linguagem ou framework com seu próprio banco de dados quando necessário. A mudança trouxe inúmeros benefícios operacionais. Os sistemas tornaram-se mais flexíveis. A confiabilidade no sistema aumentou — um serviço poderia cair sem levar tudo consigo. A arquitetura, pela definição clara do papel dos diferentes componentes, deixou claro por que determinado serviço deveria ou não existir. Ficou mais claro quem era o responsável por cada serviço. Linhas claras de posse permitiram que diversas equipes de produtos e plataformas operassem de forma autônoma e rápida. Agora, com mais de 2,2 mil microsserviços cruciais e milhares — e não centenas — de engenheiros, a Uber está passando a fazer um refinamento maior dos microsserviços que ela denomina Arquitetura de Microsserviços Orientados ao Domínio (DOMA — Domain-oriented Microservice Architecture).[12]

O Continuum da Nuvem

Poucas arquiteturas de TI podem se tornar sistemas vivos sem fazer uso da nuvem. Ao longo dos últimos anos, a nuvem ganhou a reputação de gerar economia nos custos. De fato, em outra pesquisa global que conduzimos com cerca de 4 mil empresas globais e líderes de TI, descobrimos que quase 65% das respondentes perceberam até 10% de redução nos custos, em média, ao mudarem para a nuvem.[13] Mas nossa pesquisa revelou outra coisa, nova e surpreendente. Um pequeno subconjunto de empresas que pesquisamos — cerca de 12% a 15% das participantes, dependendo da região — está percebendo ganhos substanciais vindos da *inovação* na nuvem, beneficiando-se mesmo em meio às disrupções globais. Por exemplo, elas têm de duas a três vezes mais chances de reprojetar o trabalho de conhecimento [knowledge work], até três vezes mais chances de usar a nuvem para visar a pelo menos dois objetivos de sustentabilidade e estão buscando melhorias em até cinquenta resultados empresariais.

De maneira geral, essas companhias estão usando a nuvem de modos diferentes — transformando como interagem com clientes, parceiros e funcionários; como fazem e divulgam seus produtos, serviços e experiências; como criam e operam seus sistemas de TI; e como reimaginam o papel dos dados e da computação. E, ao fazê-lo, estão estabelecendo uma liderança sobre outras empresas.

Tais companhias deram um salto conceitual em termos de arquitetura que as retardatárias não conseguiram. Elas percebem que a nuvem de hoje não é apenas um destino para redução de custos, ou até mesmo, em um nível arquitetural, uma entidade singular. Em vez disso, ela existe dentro e por meio de uma amplitude de tecnologias — o continuum da nuvem — que abrange desde serviços centralizados na nuvem que residem em servidores públicos até serviços de computação de borda [edge computing] localizados que residem em dispositivos móveis. Ela inclui tecnologias que em geral existem entre esses polos completamente centralizados e descentralizados, incluindo IoT, 5G e nuvens híbridas, que misturam recursos públicos e privados. Essas empresas reconhecem que o continuum da nuvem é o segredo não apenas para permanecerem relevantes, mas também para potencializarem a inovação.

Considere como o braço financeiro do Grupo Alibaba, a Ant Financial, usa a nuvem e a IA para oferecer uma ampla variedade de serviços em pagamentos móveis, serviços de banco, seguros e gestão de riquezas.[14] A Ant consegue alcançar uma escala significativa em suas inovações baseadas na nuvem e conduzidas pela IA. Por exemplo, a empresa desenvolveu um sistema de IA que avalia o risco de crédito em segundos visando a oferecer empréstimos para pessoas carentes, que talvez não tenham conta em banco. Outro recurso, que permite aos usuários tirar uma foto após um acidente, usa visão de computador e algoritmos de aprendizado de máquina para avaliar os danos, preencher automaticamente um pedido para acionar a seguradora, listar oficinas nas redondezas e até fazer estimativas dos custos para o reparo.

À medida que a IA se torna mais central às empresas de todos os tipos, a inovação, com o continuum da nuvem, ganhará uma nova urgência. Por exemplo, as líderes adotam a IA em uma proporção de 98%. Porém, antes de implementá-la, elas estabelecem tecnologias complementares como lagos de dados e serviços na nuvem. Nas palavras de Lori Beer, diretora global de informações do JPMorgan Chase e líder da adoção ambiciosa de serviços na nuvem para o banco: "Foram a IA e o aprendizado de máquina que levaram nosso pensamento a seguir uma mentalidade mais do tipo 'nuvem pública primeiro'."[15]

Três tendências poderosas na IA estão tornando a dependência em sistemas legados sem qualquer conexão com a nuvem cada vez mais insustentável. Primeiro, o antigo mundo de programas baseados em regras está cedendo espaço para um novo mundo de sistemas de IA executados com modelos que exigem um poder de processamento de dados exponencialmente maior. Segundo, tem havido um crescimento explosivo na escala e na variedade de recursos computacionais disponíveis às empresas, o que deixa aquelas que não aproveitarem esses novos atributos em uma desvantagem competitiva cada vez maior. Terceiro, com a ampla disseminação da edge computing, que pode dispersar a IA para a IoT e para bilhões de dispositivos, há uma necessidade de orquestrar os sistemas por meio da nuvem em arquiteturas ágeis e adaptáveis nuvem/borda. Perante tais tendências, as empresas mudaram cada vez mais o equilíbrio das forças em suas arquiteturas — tornando sua infraestrutura legada muito mais enxuta e sua adoção do continuum da nuvem muito mais ampla.

Maior Poder de Processamento de Dados: Mais Necessário do que Nunca

Desde 2012, o poder de processamento de dados necessário para treinar e executar a IA vem dobrando a cada 3,5 meses. Isso representa 7 vezes a taxa de crescimento do poder de processamento de dados para a programação tradicional. Em um período recente de apenas 18 meses, os requisitos de poder de computação na nuvem para executar os principais modelos de IA aumentaram mil vezes. Considere, por exemplo, o crescimento exponencial no tamanho dos modelos ultramodernos de processamento de linguagem natural (PLN). Indo muito além do reconhecimento de fala, o PLN visa a compreender as linguagens humanas de tal forma que acrescente valor à interação verbal entre humanos e computadores. Quanto mais dados há para o treinamento desses modelos, melhor será seu desempenho, alcançando melhorias importantes à medida que o tamanho do conjunto de treinamento se aproxima de bilhões de exemplos.

Em 2018, pesquisadores do Google AI Language disponibilizaram o código-fonte do BERT (Bidirectional Encoder Representations from Transformers — Representações de Codificadores Bidirecionais dos Transformadores), o modelo mais avançado de PLN da época. O BERT usa um transformador — um mecanismo de atenção que aprende relações contextuais entre palavras em um texto. O modelo obteve resultados de ponta em onze tarefas de processamento de linguagem natural, incluindo a inferência, a análise de sentimento, a resposta às perguntas, a detecção de paráfrase e a aceitabilidade linguística.[16] O modelo central do BERT consistia em 340 milhões de parâmetros (os valores que uma rede neural tenta otimizar durante o treinamento).

O GPT-2 (Generative Pretrained Transformer 2 — Transformador Generativo Pré-treinado 2) da OpenAI, revelado em 2019, aumentou consideravelmente a aposta — para 1,5 *bilhão* de parâmetros. Com uma frase de início apresentada, o GPT-2 consegue gerar um texto convincente em uma variedade de estilos.

Em maio de 2020, o GPT-3 estreou, trazendo colossais 175 bilhões de parâmetros. Os pesquisadores que receberam acesso ao GPT-3, por meio de um beta particular, conseguiram induzi-lo a produzir contos, letras de músicas, boletins de imprensa, manuais técnicos, textos seguindo o estilo particular de um escritor, cifras para violão e até código de computador.[17] O GPT-2 e o GPT-3 são tão potentes, que a OpenAI inicialmente os considerou perigosos demais para serem lançados, pois poderiam ser usados para propósitos dúbios, incluindo a geração de "fake news" que parecessem plausíveis.

Quando estávamos escrevendo *Humano + Máquina*, não esperávamos que o grande avanço representado por esses transformadores aconteceria tão cedo. Embora *Humano + Máquina* tenha analisado a primeira geração de IA, estamos agora no limiar de uma nova geração de combinações poderosas de algoritmos e do enorme poder de processamento de dados da nuvem. Essa nova geração de IA na nuvem fará pelo menos três coisas pelos trabalhadores. Primeiro, potencializará o trabalho criativo com aplicativos mais inteligentes que podem, por exemplo, antecipar as necessidades de designers, vendedores e outros. Segundo, expandirá as tarefas baseadas em linguagem, incluindo a análise de pedidos de seguro, o desenvolvimento de campanhas de marketing e a pesquisa científica. Terceiro, diminuirá as barreiras para a escalada de inovações digitais, facilitando ainda mais que equipes não técnicas usem a linguagem natural diariamente, em vez de linguagens de programação que criam aplicativos e soluções (um desenvolvimento já em progresso, como vimos no Capítulo 3, com a virada do aprendizado de máquina para o ensino de máquina).

Os sistemas legados simplesmente não conseguem lidar com os requisitos de manipulação de dados dessas e de outras tecnologias emergentes de IA. A nuvem, no entanto, fornece acesso a um poder de computação virtualmente ilimitado, assim como à elasticidade que disponibiliza tanto a acessibilidade em termos de custo quanto a agilidade estratégica que diferencia os sistemas vivos. Mas, quando analisamos nosso trabalho sobre dados e clientes, observamos que quase 75% do poder de computação das companhias está vinculado a sistemas legados, que têm, lamentavelmente, uma fraca potência. Estimamos que uma porcentagem muito menor de empresas atualmente tenha a infraestrutura computacional capaz de competir no mundo da próxima geração de sistemas vivos.

A nuvem também é mais amigável ambientalmente do que os data centers nas empresas, oferecendo uma força substancial para os objetivos de sustentabilidade discutidos no Capítulo 9. Pesquisas feitas por Jonathan Koomey e Eric Masanet, dois cientistas importantes nos campos de tecnologia, uso energético e ambiente, desmistificaram cenários catastróficos que presumem que os centros de computação na nuvem inevitavelmente consumirão cada vez mais energia à medida que crescem, gerando mais gases de efeito estufa.[18] De fato, de 2010 a 2018, a quantidade de trabalho nos data centers na nuvem dos grandes provedores e dos data centers nas empresas juntos cresceu 2.600%, e o consumo de energia cresceu 500%. Mas o consumo de energia de *todos* os data centers cresceu menos de 10% durante o período. Por que tão pouco? Pois, dizem os pesquisadores, em 2010, estimados 79% da computação de data centers foram feitos em centros tradicionais de computação, mas em 2018, 89% da computação de data centers aconteceu em centros muito mais eficientes executados pelos grandes provedores de nuvem.

Mais Recursos Computacionais Estão Mais Disponíveis do que Nunca

O aumento décuplo no total de recursos computacionais disponíveis ao longo da última década é cada vez mais motivado pelas inovações dos designs de chips de IA "feitos para um propósito", do 5G e das redes de sensores e mesh. Em muitas aplicações de IA, como o PLN, mais recursos computacionais significam um desempenho melhor. Para as empresas que se desvincularam para a nuvem, isso é uma grande vantagem — uma habilidade exponencialmente maior para captar o potencial total da IA do que a das empresas vinculadas a sistemas legados.

Os serviços de IA na nuvem permitem que as empresas atinjam um patamar mais elevado, acessando a escala dos enormes recursos computacionais quando necessário, ao mesmo tempo em que mantêm a infraestrutura interna enxuta. Considere a Uklon, um serviço de transporte urbano por aplicativo da Ucrânia que começou em Kiev e está expandido para outras cidades. Fundada em 2010, a empresa cresceu e se tornou a maior da modalidade no país, apesar da concorrência da global Uber e de novos participantes da Rússia. Usando aprendizado de máquina baseado na nuvem, a Uklon oferece aos clientes uma precificação singular pelo serviço que mais ninguém consegue igualar.

Visto que não há um padrão tarifário para esse tipo de transporte na Ucrânia, há uma competição por parte dos clientes em potencial durante os períodos de pico para conseguir um motorista. Os clientes precisam sugerir preços que acham justos e negociar com o motorista até chegarem a um acordo. A Uklon automatizou esse processo por meio de um aplicativo que sugere a tarifa ideal a ser oferecida. A sugestão, com base em fatores como horário, condições do trânsito, distância e tarifas anteriores aceitas, é gerada por um algoritmo customizado da empresa, executado no serviço de nuvem Microsoft Azure. Os clientes podem aceitar a sugestão de preço ou alterá-la na esperança de que outro motorista aceite o valor mais baixo. "Precisávamos aumentar o número de corridas confirmadas de nossos motoristas até mesmo nos horários mais cheios do dia", comenta o diretor de tecnologia Vitality Diatlenko.[19] Com a IA baseada na nuvem refinando continuamente as tarifas sugeridas, os clientes aceitam imediatamente a sugestão em 75% das vezes, e a média de corridas confirmadas em horários de pico subiu 18%.

Grandes provedores na nuvem oferecem agora uma ampla gama de serviços baseados em IA e aprendizado de máquina, incluindo serviços orientados à linguagem, orientados à visão e de aprendizado de máquina automatizado. Dentro dessas categorias principais, há muitos serviços distintos e mais restritos para criar diferentes aplicações. Por exemplo, a extensa variedade de serviços de linguagem inclui a de fala para texto, de texto para fala, reconhecimento de linguagem, compreensão de linguagem natural, geração de linguagem natural, frameworks de chatbots, tradução, análise de textos e análise de sentimento.

A nuvem desempenhará um papel cada vez maior no desenvolvimento de aplicações.[20] A Gartner estima que até 2023, 40% das equipes de desenvolvimento estarão usando serviços de aprendizado de máquina automático para criar modelos que acrescentem recursos de IA às suas aplicações, saindo de 2% em 2019. Até 2025, diz a Gartner, a IA automatizará 50% das atividades dos cientistas de dados, liberando-os para realizar trabalhos de maior valor e amenizando a atual falta de talentos. Até 2023, a IA será combinada com programadores humanos para criar "centauros" que realizem 50% do trabalho dos programadores, dobrando a produtividade isolada dos profissionais.

A nuvem também está tendo uma multiplicação de métodos de hospedagem e locais à medida que seus recursos ficam mais sofisticados. Conforme as empresas desenvolvem suas aplicações e estratégias de dados, elas adotam cada vez mais uma abordagem de provedor multinuvem (usando múltiplos provedores públicos), com a alocação de aplicações e as cargas de trabalho com dados de modo híbrido e distribuído em nuvens públicas e privadas — ou seja, operada em data centers externos na nuvem ou isolada em servidores dedicados e específicos à empresa. Tal abordagem equilibra a necessidade da empresa de agilidade e de inovação aumentadas, incluindo desempenho, níveis de serviço, segurança e efetividade de custo ideais. As implementações híbridas combinam os benefícios da nuvem pública — inovação, velocidade, agilidade e escala — com os da rede privada — controle, compliance regulatório e aproveitamento dos investimentos existentes.

Um exemplo de nuvem híbrida pode ser encontrado no Banco Leumi, instituição israelense fundada em 1902. Em um esforço para se tornar um banco baseado em ambientes móveis, a empresa decidiu em 2017 fortalecer seus investimentos em infraestrutura de TI ao passar para um modelo híbrido de nuvem. Usando tecnologias e serviços oferecidos pela Dell EMC e pela VMWare, o Banco Leumi agora tem o lançamento de código em uma questão de horas, e não mais semanas, ao mesmo tempo que economiza nos custos. Combinar soluções internas para os provedores com as ofertas de nuvem pública era exatamente a abordagem de que o Banco Leumi necessitava para agir de forma rápida e responsiva no mundo dos aplicativos financeiros.

É difícil diferenciar atualmente entre nuvens públicas ou privadas. No passado, apostar em um hyperscale [ou hiperescala] significava escolher a pública. Hoje em dia, esse não é mais o caso. Para dar suporte aos requisitos regulatórios, de desempenho e outros, agora os provedores de serviços de hiperescala na nuvem estão oferecendo aberturas de nuvem privada em ambientes públicos. Exemplos incluem a VMware na AWS (VMC), Azure VMware Services (AVS) e a SAP, a Oracle e a Bare Metal no Google, além de muitos outros.

Ao mesmo tempo, as hiperescalas têm sido trabalhadas em soluções de extensões privadas de nuvem, de plataforma como serviço (PaaS — platform as a service) e de infraestrutura como serviço (IaaS — infrastructure as a service) que empurram os data centers para ainda mais perto da manufatura e de outros casos de uso de tecnologia operacional. Exemplos incluem Azure Stack da Microsoft, AWS Outposts, Anthos do Google e Apsara do Alibaba. Adicionalmente, plataformas como a Openshift da Red Hat e a Cloud Foundry criaram ambientes híbridos graças a uma camada de software que permite a conectividade entre plataformas tecnológicas díspares, e também criaram o que são basicamente ambientes híbridos ao introduzir uma camada tecnológica heterogênea no nível fundacional. Essa amálgama entre público e privado sob uma mesma categoria híbrida provavelmente acelerará no futuro.

Integrando Nuvem e Borda

As arquiteturas que combinam a nuvem com a computação de borda [edge computing] oferecem um suporte para gerar ainda mais oportunidades do que apenas a nuvem. A computação de borda executa nosso mundo digital — gerenciando e monitorando operações de manufatura, alimentando robôs, pilotando veículos autônomos, possibilitando a "casa inteligente" e executando os bilhões de dispositivos que compõem a IoT. Ela leva grande parte do processamento de informações para a borda das redes, ao mesmo tempo em que aproveita os enormes recursos computacionais da nuvem e o poder da IA.

O mercado global de chips de IA de borda em 2019 foi avaliado em US$1,8 bilhão, e há a expectativa de que sua taxa de crescimento anual composta seja de 21,3% entre de 2020 a 2027 devido ao uso cada vez maior das plataformas de redes sociais e do comércio eletrônico, que demandam processadores eficientes para a execução rápida de tarefas de aprendizado de máquina.[21]

Enquanto a nuvem oferece elasticidade e agilidade no back-end, a edge computing traz mais inteligência ao front-end, onde as redes têm contato com o mundo físico por meio de sensores, smartphones, robôs, drones, dispositivos de realidade virtual, câmeras, veículos autônomos e a IoT. Por exemplo, a realidade aumentada combina o mundo real com uma sobrecamada digital, como a realidade aumentada do Pokémon GO para os celulares, enquanto a realidade virtual oferece um ambiente digital totalmente imersivo como o apresentado pelo headset da Microsoft, chamado de HoloLens. As aplicações vão de jogos e entretenimento a treinamentos, educação e saúde. Em cada caso, é essencial ao design que uma experiência humana inédita e avançada seja oferecida.

Colocar mais inteligência na borda cria valor em tempo real ao aumentar a velocidade e reduzir a latência no ponto em que uma decisão ou uma ação é necessária. Isso traz a análise preditiva para os dispositivos locais; ameniza as questões com largura de banda, pois a computação de borda lida com dados no ponto de captura, em vez de transmitir volumes enormes de dados brutos de volta à nuvem; oferece formas inovadoras de proteger a privacidade de dados sensíveis; e quando os sistemas interagem diretamente com as pessoas, a computação de borda pode oferecer experiências mais imediatas e imersivas. Visto que é combinada com outras tecnologias emergentes, a computação de borda também aumenta muito os recursos operacionais e estratégicos da empresa. (Veja “A Próxima Onda das Tecnologias de Vanguarda”.)

Levando a Análise para a Borda

A Fugro, principal empresa de dados geográficos do mundo, oferece um exemplo útil sobre a habilidade de acelerar a inferência na borda e amenizar questões de largura de banda usando a nuvem.[22] A Fugro realiza serviços geotécnicos, geocientíficos, subaquáticos e de pesquisa para empresas dos setores de energias renováveis, petróleo e gás, energia e infraestrutura, dando suporte no design, na construção e na operação de seus ativos.

Para entender os modos como uma estrutura tal qual a de um parque eólico pode se comportar em climas extremos, uma equipe de oceanógrafos, meteorologistas e hidrográficos coleta metadados ambientais em águas, correntes, temperaturas e ventos extremos antes que o projeto e a construção comecem. A empresa analisa esses dados geográficos para obter insights que produzam designs com o maior custo-benefício e a maior sustentabilidade e ajuda os clientes a gerenciar seus ativos ao longo de seu ciclo de vida.

Os dados marinhos podem ser coletados de diversas formas — enviando embarcações que analisam o fundo do oceano ou transmitindo dados de séries temporais a partir de satélites e sensores localizados dentro de boias oceânicas ou outras estruturas. Visto que a empresa normalmente trabalha em áreas remotas, é preciso depender de satélites cujos links às vezes são irregulares, e com uma habilidade limitada para lidar com grandes quantidades de dados. A interrupção de apenas uma hora em um satélite pode significar perder um evento ambiental crucial que afeta as operações de um cliente.

A PRÓXIMA ONDA DE TECNOLOGIAS DE VANGUARDA

Há inúmeras tecnologias que permitirão a inovação futura. A seguir, veja um guia prático sobre o que já existe e o que está por vir.

BLOCKCHAIN. Parte de uma classe tecnológica conhecida como registros [ou ledgers] distribuídos, o blockchain possibilita novos tipos de posse e de confiança digitais. Em termos simples, o blockchain mantém e registra dados de forma distribuída, permitindo que as organizações e os indivíduos compartilhem confiantemente o acesso aos mesmos dados em tempo real, enquanto mitiga as preocupações com segurança, privacidade e controle. Em um de seus usos comuns, essa tecnologia permite que as pessoas troquem dinheiro sem haver intermediários, como bancos ou outras instituições financeiras. (Bitcoin e Ethereum são exemplos de criptomoedas baseadas em blockchain.) Seu uso está indo muito além das aplicações iniciais de criptomoedas e tem grandes implicações para empresas e governos, considerando sua aplicação em moedas emitidas por governos, cadeias de suprimentos, identidade digital e outras aplicações.

Por exemplo, os NFTs, ou tokens não fungíveis [nonfungible], baseiam-se no blockchain e podem ser usados para verificar se determinada pessoa é a proprietária de uma obra de arte original. Se o valor da obra aumentar e o vendedor quiser revendê-la, ele pode conduzir a venda e registrá-la no ledger distribuído, seguro e público. E dependendo do contrato entre o artista e o comprador original, o artista pode até recuperar uma porcentagem da venda secundária e potencialmente reter mais controle sobre os termos de uma venda. À medida que o blockchain possibilita novas formas de confiança e de transparência no mundo digital como essas, ele levará a novas economias e a novos sistemas de valor digital que eram inimagináveis antes.

O METAVERSO. Outrora apenas um conceito de ficção científica, o metaverso está chegando aos principais debates, em parte graças à atenção de alguns dos maiores players tecnológicos. A tecnologia que cria os fundamentos do metaverso inclui a realidade virtual e a aumentada, com identidade e comércio digitais possibilitados por blockchain e IA, que proporciona experiências profundas e imersivas. Uma ideia central do metaverso é a de que os mundos digitais, previamente inacessíveis, se tornarão interoperáveis, permitindo mais liberdade para navegar entre ambientes virtuais díspares. No metaverso, você pode fazer mais do que apenas jogar *Fortnite* com amigos. No conforto de seu lar, é possível ter uma experiência imersiva de compras em sua loja favorita, onde seu avatar virtual pode encontrar as roupas certas com base em suas dimensões. Você também pode fazer aulas interativas com um professor virtual.

Em seguida, pode se encontrar com um amigo que vive do outro lado do mundo para fazer uma aula virtual de academia. Então, poderiam assistir a um concerto virtual ou fazer uma caminhada juntos em um parque virtual, no qual as árvores são rosa e o céu é verde. Esses tipos de atividades, disponíveis de algumas formas hoje, mas ainda não tão bem integradas, se tornarão cada vez mais acessíveis à medida que mais empresas percebem o valor de criar espaços digitais dentro de um metaverso compartilhado.

COMPUTAÇÃO QUÂNTICA. Anteriormente da alçada apenas de pesquisadores cientistas, a computação quântica está, por fim, saindo dos laboratórios e chegando às aplicações empresariais práticas. Embora ainda em seu estágio inicial, ela promete melhorias exponencias na velocidade e no processamento computacional em comparação com os recursos tradicionais. A computação quântica faz uso de estranhos princípios subatômicos de física quântica, como o entrelaçamento e a superposição. As aplicações podem ser encontradas em áreas diversas, como saúde, serviços financeiros, gestão da cadeia de suprimento, pesquisa e desenvolvimento e, naturalmente, tecnologia.

Inúmeros desenvolvimentos comerciais interessantes são esperados, muito embora ainda não haja soluções quânticas a pronta entrega e a pesquisa para tornar essas máquinas amplamente utilizáveis ainda esteja em curso. Algumas empresas líderes já estão ajudando a disponibilizar hardware quântico para vendas e uso compartilhado; outras estão trabalhando para oferecer plataformas e softwares baseados na nuvem que ofereçam aos clientes acesso ao poder computacional quântico. A adoção empresarial mais ampla é esperada dentro dos próximos dois a cinco anos, e se projeta que o mercado de computação quântica chegará a US$65 bilhões até 2030. Conforme a computação quântica estende seu alcance, ela pode ajudar as pessoas a encontrar soluções para problemas que anteriormente eram inacessíveis — curas para doenças, rotas otimizadas de entregas, criptografia inviolável, simulações para lutar contra a mudança climática e outros desafios humanos complexos que virão ao longo das próximas décadas.

No passado, quando havia uma interrupção, a Fugro enviava uma embarcação e uma equipe para o sensor afetado. Os dados eram manualmente coletados e transferidos para os servidores da empresa na embarcação, depois, para um hard drive externo quando o navio voltava ao porto e, por fim, eram levados aos escritórios da empresa para análise. Tudo isso era lento e custoso.

Para agilizar o processo, a empresa está empregando uma solução de continuum na nuvem em quase trinta embarcações marítimas. Após migrar os servidores localizados na empresa para a nuvem, a empresa passou a usar um serviço totalmente gerenciado para executar tarefas nas embarcações. Os dados de séries temporais são ingeridos, examinados, armazenados e processados na borda. A tecnologia da Fugro passa muito menos tempo em comunicação com a nuvem, economizando tempo e dinheiro significativos associados com a latência e a largura de banda. Com recursos embutidos de IA e aprendizado de máquina, a empresa pode conduzir contagens em tempo real para fazer análises melhoradas na borda. “Trouxemos funcionalidades avançadas como aprendizado de máquina e análise em tempo real de dados temporais para onde mais precisávamos: localmente, no ativo”, explicou Richard Corless, arquiteto-chefe de nuvem da Fugro.[23]

Estando as embarcações da empresa e seus ativos em terra firme, conectados por uma arquitetura de nuvem, a Fugro reduziu o tempo necessário para processar e entregar relatórios mensais de dados das localizações em alto-mar para dashboards de clientes de duas semanas para oito minutos. Novos softwares podem ser empregados remotamente em uma embarcação de modo quase instantâneo, em vez de serem laboriosamente criados do zero por uma equipe de desenvolvedores a cada vez. E as embarcações não precisam mais retornar ao porto para atualizar o software.

"Agora que podemos coletar os dados e agir com relação a eles praticamente em tempo real de qualquer lugar do mundo", diz Pim Peereboom, gerente global de projetos da gestão marinha integrada na Fugro, "é possível realizar nosso trabalho de forma mais rápida, segura e eficiente, não importa onde estejamos ou qual seja o escopo do projeto".[24]

Levar mais processamento à borda também pode reduzir a latência — atrasos no tempo de resposta — em domínios cruciais como os sistemas industriais de segurança e os veículos autônomos, nos quais o processamento, a inferência e a ação devem ocorrer em tempo real. A análise na borda pode detectar problemas com uma turbina eólica, um motor de avião ou uma ressonância magnética por imagem, e então, a IA pode fazer ajustes instantâneos para evitar danos ou otimizar o desempenho.

A Schneider Electric faz uso de uma arquitetura de nuvem projetada para reduzir a latência e levar a análise preditiva a milhares de bombas de petróleo e gás espalhadas em grandes áreas geográficas para empresas de energia. O Realift Rod Pump Control da Schneider permite que as companhias monitorem e configurem as configurações e as operações da bomba remotamente, possibilitando a realização de ajustes de desempenho e desligamento de dispositivos com falha.

"Em alguns sistemas ou processos críticos — seja em uma bomba de petróleo ou em uma unidade de manufatura —, precisamos tomar uma decisão em questão de milissegundos, e a vida de alguém pode estar em jogo", explica Matt Boujonnier, arquiteto de aplicação de análises na Schneider. "Ao inserir algoritmos de aprendizado de máquina em nossas aplicações e empregar as análises na borda, conseguimos reduzir qualquer latência na comunicação com a nuvem ou com um sistema central, e aquela decisão crítica pode acontecer imediatamente."[25] Com a inteligência incorporada na borda, as empresas também podem prever condições anormais de operação antes que aconteçam e agir, reduzindo o tempo não planejado de inatividade, o que diminui os custos e aumenta a produção e a agilidade dos serviços de manutenção.

"Tradicionalmente, o aprendizado de máquina é algo que só funcionava na nuvem, mas em muitos cenários de IoT, isso não é bom o bastante, pois o que buscamos é executar nossas aplicações o mais próximo possível de quaisquer eventos", afirma Boujonnier. "Agora temos a flexibilidade para executá-las na nuvem ou na borda — onde quer que as precisemos."[26]

A Borda de Multiacesso Encontra-se com o 5G

Muito mais da nuvem será levado à borda pelas tecnologias de computação de borda de multiacesso (MEC — multi-access edge computing), com as redes de 5G liberando uma nova onda de inovações nas aplicações e nos modelos de negócio. É difícil superestimar o potencial do 5G genuíno quando estiver totalmente implementado. Com a largura de banda sendo medida não em megabits, mas em gigabits por segundo, as redes 5G serão cem vezes mais rápidas do que a tecnologia móvel atual.[27] Sua velocidade, sua capacidade e a redução drástica no consumo elétrico e no tempo de resposta possibilitarão uma variedade impressionante de novos produtos e serviços inovadores. Os benefícios econômicos e sociais serão enormes.

Uma pioneira no uso da MEC com 5G foi a Verizon, uma das principais provedoras do mundo de produtos e serviços de tecnologia, comunicação, informação e entretenimento. A empresa foi uma adotante inicial da computação de borda de multiacesso com 5G usando um serviço que estende a infraestrutura AWS, incluindo poder computacional e serviços de armazenamento, para a borda da rede da Verizon.

Tal combinação de largura de banda 5G com serviços de nuvem para a borda permitem que clientes comerciais da Verizon, empreendedores e fabricantes independentes de software criem aplicativos com latência extremamente baixa e em grande escala que sirvam aos usuários finais e dispositivos móveis. Por exemplo, alguns fãs de futebol já conseguem assistir a até sete replays instantâneos ao vivo nas arquibancadas lotadas de um jogo em seus smartphones utilizando o serviço de 5G da Verizon, Ultra Wideband, e muitos frequentadores de shows poderão um dia desfrutar das novas experiências de realidade aumentada em eventos ao vivo.

As partes de um aplicativo que exigem latência ultrabaixa são empregadas na borda da rede e conectadas à extensão total dos serviços na nuvem da AWS. Levar esses serviços à borda minimiza os hops de rede necessários para a conexão com um aplicativo a partir de um dispositivo conectado ao 5G. Previamente, os dados do aplicativo precisavam ir do dispositivo para a rede móvel, para os dispositivos de rede e, por fim, para a internet, de modo a chegar aos servidores do aplicativo, normalmente em áreas remotas. Com a infraestrutura que incorpora na borda o poder computacional e o armazenamento localizados nos data centers da empresa, os dispositivos conectados chegam aos servidores do aplicativo sem sair da rede.[28]

Áreas em que a latência de no máximo nove milissegundos pode ser aplicada estarão limitadas apenas à imaginação dos desenvolvedores. Por exemplo, ela poderia levar aos consumidores experiências imersivas de tirar o fôlego em dispositivos de "realidade estendida", em jogos remotos e streamings ao vivo. E isso levará as análises em tempo real e a inferência à borda em áreas nas quais a baixa latência é crucial, como veículos autônomos, sistemas robóticos de produção e cidades inteligentes.

Poder Computacional, Privacidade de Dados

Quando a privacidade é uma prioridade, novas técnicas de aprendizado de máquina com preservação da privacidade (PPML — privacy-preserving machine-learning) também podem levar o poder da nuvem à borda. Essas técnicas incluem o aprendizado federado, a computação segura com vários participantes, a privacidade diferencial, a computação criptografada e mais. No aprendizado federado, por exemplo, os dados de treinamento são armazenados localmente nos dispositivos de borda. Cada dispositivo baixa o modelo de aprendizado de máquina da nuvem, atualiza o modelo e o envia de volta, onde será, então, nivelado com outras atualizações vindas de outras fontes. Assim, cada cliente ajuda a treinar o modelo enquanto ainda armazena os dados localmente.

O PPML abre novas possibilidades em áreas como a da saúde. Já foi comprovado que a IA tem o potencial de salvar vidas e é essencial para o progresso contra as doenças. As abordagens-padrão de aprendizado de máquina centralizam os dados de treinamento na nuvem, onde um gigantesco poder de comunicação pode ser usado para conseguir criar um modelo preditivo. Mas, na saúde, as informações dos pacientes devem ser mantidas localmente para garantir a privacidade, impossibilitando a abordagem tradicional ao treinamento. Entra em cena o aprendizado federado.

Desenvolvido pelo Google, o aprendizado federado [federetad learning] atende elegantemente ao desafio de ajudar a avançar a medicina ao mesmo tempo em que mantém os dados dos pacientes localmente e privados.[29] O modelo atual para prever uma doença em particular é baixado para um smartphone ou outro dispositivo de borda em uma unidade médica. O modelo aprende com os dados do paciente no dispositivo local e resume as mudanças em uma atualização pequena e concentrada. A atualização ao modelo é enviada à nuvem, usando comunicação criptografada, onde será imediatamente nivelada com as atualizações de outros usuários para melhorar o modelo compartilhado. Todos os dados individuais do paciente usados para treinar o modelo permanecem no dispositivo local.

A técnica também promete muito para o desenvolvimento de remédios; pode levar anos e custar mais de US$1 bilhão para levar um novo remédio ao mercado. Para acelerar a velocidade da descoberta de compostos que podem salvar vidas, dez das mais proeminentes empresas farmacêuticas, incluindo AstraZeneca, Bayer AG, GlaxoSmithKline e Novartis, embarcaram em um projeto colaborativo de aprendizado federado chamado "MELLODDY", abreviação de "machine learning ledger orchestration for drug discovery", ou orquestração do registro de aprendizado de máquina para a descoberta de remédios. Nas palavras de Mathieu Galtier, diretor de produtos na Owkin, uma empresa franco-americana de IA que coordena o projeto: "O objetivo é aplicar o conhecimento coletivo do consórcio em uma plataforma contendo, entre outros, algoritmos preditivos multitarefa de aprendizado de máquina incorporando um sistema estendido de gestão de privacidade a fim de identificar os compostos mais eficazes para o desenvolvimento de remédios, ao mesmo tempo em que protege os direitos proprietários dos contribuidores do consórcio."[30]

As empresas treinarão seus algoritmos nas bibliotecas de compostos químicos umas das outras, enquanto protegem a propriedade intelectual de cada contribuidora, assim como a química exata dos compostos. Com acesso a milhões a mais de compostos, as companhias esperam melhorar a habilidade de seus algoritmos em identificar os compostos mais promissores para se tornarem candidatos a remédios. A biblioteca da Bayer AG, por exemplo, contém cerca de 4,5 milhões de compostos, mas o projeto dará à empresa acesso a outros 10 milhões, assim como a bilhões de dados sobre os efeitos biológicos desses compostos.[31] (A Bayer também planeja engajar sete hospitais e organizações de pesquisa em um segundo projeto de aprendizado federado que trata de cânceres causados por uma rara mutação genética.) Ao compartilhar os dados, com a preservação da propriedade intelectual essencial subjacente, as empresas podem acelerar a identificação de compostos promissores, reduzir taxas de falhas no desenvolvimento e preservar um percurso às descobertas patenteáveis.

Atualmente, o projeto se concentra exclusivamente em dados pré-clínicos, que envolvem estudos conduzidos antes de um possível remédio ser testado em humanos. Caso o MELLODDY tenha sucesso, os participantes poderão desenvolver uma plataforma semelhante usando dados de pacientes obtidos em estudos clínicos. A Mayo Clinic já deu um passo nessa direção com a criação de sua Plataforma de Análise de Dados Clínicos.[32]

Com base em uma arquitetura de aprendizado federado, a plataforma aplicará uma análise avançada em dados desidentificados da Mayo Clinic e de outras organizações, assim como das vastas informações da literatura científica, a fim de expandir as opções de tratamento para algumas das doenças mais sérias e complexas. Trabalhando com a n*f*erence, uma empresa de inteligência aumentada em Cambridge, Massachusetts, os participantes criarão um modelo comum de aprendizado artificial e de máquina sem conjuntos de dados compartilhados. A ênfase será na identificação de alvos e biomarcadores para novos remédios, na associação ideal de pacientes com regimes terapêuticos e nas aplicações com dados e evidências do mundo real, como a expansão de rótulo, o monitoramento pós-marketing e o propósito dos remédios.

"Os modelos de negócio em plataformas são uma força disruptiva em muitos setores, e a rápida digitalização dos sistemas de saúde está nos oferecendo uma oportunidade sem precedentes para resolver problemas médicos complexos e melhorar a vida das pessoas em escala global", diz John Halamka, médico e presidente da plataforma da Mayo Clinic.[33]

Empilhe de Forma Estratégica e Holística

Como muitos desses exemplos mostram, a tecnologia e a estratégia empresarial estão convergindo, em geral, graças aos desenvolvimentos dentro das diversas camadas de pilhas de tecnologia — quer dizer, as arquiteturas, as tecnologias e as parcerias que as empresas escolhem para a implementação de TI. Mas para enfrentar os desafios mais ambiciosos e posicionar o empreendimento para que seja flexível e adaptável ao futuro, as empresas também precisam pensar de modo holístico e estratégico em todas as camadas. Tais imperativos envolverão algumas das decisões mais importantes que as empresas precisam tomar.

A NVIDIA demonstrou o valor dessa abordagem durante a pandemia. À medida que a covid-19 se espalhava pelo mundo, a NVIDIA lançou a Clara Guardian, uma solução inteligente para hospitais que os permitiu reagir rapidamente em um momento sem precedentes.[34] Instalado em mais de 10 mil quartos de hospital, o sistema possibilitou que os trabalhadores da saúde passassem a monitorar e a detectar remotamente mudanças nos sinais vitais dos pacientes, garantir o uso de equipamentos de proteção individual (EPI), orientar funcionários e visitantes a ficar longe das áreas de alto risco do hospital, ter interações sem contato físico com os pacientes por meio de um agente de IA capacitado com voz, e muito mais.[35]

Esse feito teria sido impossível sem a inovação e a coesão em cada camada da arquitetura de tecnologia. Os sensores inteligentes do sistema conseguiram transmitir dados e gerar insights sobre temperaturas corporais, movimentações, distanciamento social e detecção de máscaras. Modelos de dados pré-treinados puderam usar esses dados para ajudar com um diagnóstico ou prever se um paciente teria que ir à UTI. Chips e GPUs de borda com IA forneceram a tão necessária potência ao sistema, ao mesmo tempo em que deram suporte às interações inteligentes entre humanos e computadores, como a assistência de voz e as orientações dinâmicas para a movimentação dentro dos hospitais. O sistema permitiu que os hospitais reagissem e se reorientassem perante necessidades sempre diferentes em uma época na qual a velocidade era crucial. E não é apenas uma solução para a covid-19, mas que crescerá em valor com o passar do tempo à medida que os hospitais dão novos propósitos a partes do sistema e revelam novos casos de uso, permitindo que colham os benefícios bem lá na frente.[36]

Conforme as empresas reinventam as possibilidades dos produtos e dos serviços impulsionados pela tecnologia, elas logo descobrirão que estão desempenhando um papel mais ativo do que nunca na relação entre as pessoas e a tecnologia. A convergência entre empresas e tecnologia significa que é muito provável que a primeira vez que um consumidor interagir com um agente de IA quase humano, colocar óculos de realidade virtual ou aprender sobre blockchain, será relacionada à oferta inovadora de alguma empresa.

Cerca de 80% dos respondentes de nosso estudo inicial acreditam que os sistemas do futuro disponibilizarão uma interação ininterrupta com humanos, e 78% acreditam que esses sistemas se adaptarão para combinar com os estilos humanos de trabalho.[37] Visto que as tecnologias inteligentes estarão difundidas no ambiente de trabalho, assim como em nossa vida cotidiana, é primordial projetar esses sistemas para serem radicalmente humanos a fim de obter os retornos máximos. Ao usar tecnologias como o processamento de linguagem natural, a visão de computador, o reconhecimento de voz e o aprendizado de máquina, os sistemas radicalmente humanos estão tornando a interação humana com eles mais fácil e mais eficiente. As empresas podem agora reinventar sistemas para alimentar novos relacionamentos entre humanos e máquinas com conversas naturais, toques simples e personalizações abundantes.

O caminho rumo a esse futuro será determinado de acordo com a escolha de estratégias que as líderes fazem. As líderes eficazes desacelerarão e desvincularão os sistemas legados, ao mesmo tempo em que aceleram e potencializam, por meio da nuvem, a inexistência de fronteiras, a adaptabilidade e os recursos radicalmente humanos que caracterizam os sistemas vivos.

As líderes também estão adotando estrategicamente os serviços sofisticados de nuvem, aproveitando a multitude cada vez maior de formas para organizar e orquestrar arquiteturas em rede para aumentar a velocidade, a flexibilidade e a capacidade de resposta. Por exemplo, mais de 90% das líderes na América do Norte em nossa pesquisa de continuum na nuvem usam a nuvem para aprimorar a colaboração entre funcionários e sustentar projetos ambiciosos que perpassam funções comerciais e localizações geográficas. Elas usam a nuvem para tornar o trabalho mais interessante e orientado aos dados ao reduzir tarefas mecânicas e trabalhos manuais de manutenção e usam ferramentas baseadas na nuvem para tornar a tecnologia mais acessível.

As líderes também estão começando a integrar a computação de borda com as arquiteturas de nuvem, garantindo que o que acontece localmente informe o que é conhecido centralmente, e vice-versa. A borda se torna o caminho para os insights na nuvem, e a nuvem se torna o veículo para disseminar esse conhecimento para a borda.

Por fim, as líderes desenvolverão uma abordagem holística à TI que combina a estratégia e a tecnologia em múltiplas camadas de aplicativos e sistemas. A grande convergência de estratégia e tecnologia acontece dentro e por meio de sistemas de TI e desencadeou uma nova era de empresas, em que a competição se tornou uma batalha entre sistemas. As organizações que combinarem exitosamente seus negócios com as estratégicas tecnológicas e trabalharem para descobrir sua combinação mais valiosa de tecnologias em toda a pilha de tecnologia perceberão que estão aptas a desenvolver ofertas realmente singulares com uma agilidade inédita, captando novos mercados, não importa a velocidade em que o mundo muda.

No próximo capítulo, analisaremos com profundidade os modos pelos quais as organizações estão juntando tudo isso em estratégias eficazes e voltadas ao futuro, a pedra angular da estrutura IDEAS, representada pela letra S, de strategy, em inglês. Tal estratégia — como você integra seus investimentos tecnológicos e aproveita a virada radicalmente humana nas abordagens à inteligência (I), aos dados (D), à expertise (E) e à arquitetura (A) — será o que determinará, em última instância, seu nível de preparo para se antecipar à disrupção e aproveitar o futuro.

5

ESTRATÉGIA

Agora Somos Todos Empresas de Tecnologia

Em nenhum outro lugar o humano e a atividade humana são mais centrais do que na estratégia. É aí que a capacidade de fazer diferença no desempenho se limita apenas pela imaginação dos humanos — especialmente os que estão no nível de diretoria. Eles são responsáveis por negociar um futuro no qual tecnologias radicalmente humanas estabelecerão os termos da concorrência e separarão ainda mais as líderes das retardatárias. É essa nossa ideia quando dizemos que todas as empresas, de todos os setores, são agora empresas de tecnologia e todos os CEOs devem agora ser CEOs de tecnologia.

O desafio está no fato de que a tecnologia, a estratégia empresarial e a execução estão ficando tão interligadas, que se tornam quase indistinguíveis. Todos os três elementos evoluem juntos quase simultaneamente, graças à flexibilidade e à agilidade conferidas pelas abordagens radicalmente humanas à inteligência, aos dados, à expertise e à arquitetura. É claro que essa convergência de TI, estratégia e execução não surgiu de um dia para o outro. Ela vem acontecendo em estágios — cada um tipificado por tecnologias e estratégias empresariais específicas, como veremos a seguir.

Os Três Estágios da Interação Humano-máquina

A resposta das empresas às tecnologias inteligentes se desdobrou em três estágios. O primeiro foi *centrado na máquina*. A reação dominante à nova tecnologia era reprojetar (algo parecido à reengenharia ocorrida na década de 1990, quando os computadores de mesa se difundiram pelas empresas). A IA e outras tecnologias emergentes foram usadas para automatizar tarefas repetitivas. Os humanos tiveram de se adaptar às máquinas (e muitas vezes foram substituídos por elas). A estratégia e a execução eram sequenciais, espalhadas em passos como avaliar, identificar, projetar e implementar.

O segundo estágio da interação humano-máquina foi *colaborativo*. Os humanos e as máquinas se adaptaram uns aos outros, fenômeno que examinamos em *Humano + Máquina*. Com o surgimento de uma nova geração de tecnologias e de técnicas inteligentes, as empresas buscaram reinventar seus processos empresariais tradicionais para aproveitar as equipes colaborativas de humanos trabalhando com máquinas. Não obstante, a estratégia e a execução permaneceram separadas. Primeiro, um processo era reinventado sob a luz da IA, do aprendizado de máquina e de coisas do tipo, e depois, testado em pequenos experimentos. Caso passasse no teste, era implementado em escala em todo o empreendimento — novamente, uma abordagem sequencial que separa a estratégia da execução.

O terceiro estágio, atualmente em andamento, é o *centrado no humano*. As máquinas se adaptam aos humanos. A agilidade e a adaptabilidade das tecnologias radicalmente humanas guiadas por humanos possibilitam que empresas habilidosas inter-relacionem tecnologia, formulação de estratégia e execução em um todo orgânico. Os três elementos crescem e mudam de modo sincrônico, em geral muito rapidamente (veja a Figura 5-1, "A Evolução da Tecnologia").

FIGURA 5.1

A Evolução da Tecnologia

Um Subconjunto de Exemplos sobre como a Tecnologia Está Avançando

	CENTRADO NA MÁQUINA A máquina consegue fazer o que é programada para fazer.	**COLABORATIVO** Os humanos treinam as máquinas; as máquinas aprimoram os humanos.	**CENTRADO NO HUMANO** As máquinas se adaptam aos humanos, e os humanos ensinam às máquinas.
INTELIGÊNCIA	Robô Industrial Usa sensores para guiar ações pré-programadas atrás de portões de segurança.	Aprendizado Profundo Emprega redes neurais para aprender com grandes conjuntos de dados.	IA Emocional Reage a emoções humanas e aumenta a relevância.
DADOS	Inteligência de Negócios 1.0 Produz relatórios a partir de consultas em bancos de dados e processos em lote.	Big Data Revela padrões acionáveis a partir de conjuntos de dados extremamente grandes.	Dados Sintéticos Imita os dados originais, com fortes garantias de segurança.
EXPERTISE	Programação Tradicional Usa código de computador para instruir as máquinas.	Ciência de Dados Extrai insights de dados para resolver problemas.	Ensino de Máquina Permite que especialistas não técnicos treinem sistemas de IA.
ARQUITETURA	Monolítica Funciona como um sistema homogêneo, estático e integrado.	Em Camadas Lida com funções de forma autônoma em níveis diferentes.	Sistema Vivo Reúne recursos adaptativos e heterogêneos de fora dinâmica, como blocos de LEGO.
ESTRATÉGIA	Reprojetar Promove a mudança sequencial, da análise à execução.	Reinventar Reinventa processos, depois testa, adapta e escala, sequencialmente.	Inter-relacionar Sincroniza tecnologias, estratégia e execução guiadas por humanos.

Considere como a Starbucks enfrentou a crise da covid. Em março de 2020, a escala do desafio estava apenas começando a surgir. Em resposta, mesmo nesse estágio inicial, o CEO Kevin Johnson disse aos investidores e aos analistas durante uma reunião que a empresa estava se movendo agressivamente para diferenciar a marca ainda mais das concorrentes.[1] A Starbucks já tinha um histórico de testar pagamentos eletrônicos, aplicativos móveis, lojas sem espaço para consumo — apenas para retirada — e redes terceirizadas de entrega, o que colocou a empresa à frente da maioria das outras.[2] Assim, quando a pandemia chegou, a companhia conseguiu introduzir imediatamente novos recursos que a permitiram mudar rapidamente, de modo que 90% de seus pedidos fossem feitos remotamente e retirados nas lojas.

Enquanto isso, APIs e a arquitetura de microsserviços permitiram que a Starbucks fizesse rapidamente uma parceria com a Uber Eats para ter novas formas de entrega e novos modos de serviço para seus consumidores. Orientada pela tecnologia, essa habilidade de empresas maduras de simultaneamente formular estratégia e executá-la acelera muito a velocidade em que podem evoluir, agir no mercado e crescer — e aumentar muito a ameaça às empresas que não têm essa habilidade.

Um Supermercado Quer Lhe Trazer a Disrupção

A Ocado, maior supermercado online do mundo sem nenhuma loja física, tem certeza absoluta de que é uma empresa de tecnologia. Por mais de duas décadas, ela vem desenvolvendo alguns dos recursos mais avançados do mundo em IA, aprendizado de máquina, robótica, tecnologias na nuvem, IoT, simulação, modelagem e gêmeos digitais — uma propriedade intelectual valiosíssima que inclui mais de 150 patentes, com centenas pendentes.

Tal propriedade intelectual foi desenvolvida em um dos ambientes operacionais mais exigentes possíveis — o supermercado, que é a maior categoria de varejo do mundo. É também uma das mais complexas, havendo uma constante variação de produtos com diferentes prazos de validade e necessidades de temperatura — o que não acontece com livros, por exemplo. Leve essa complexidade para o ambiente online, onde os consumidores estão espalhados por todo o país e exigem que seu pedido seja atendido de forma precisa e confiável com um preço atrativo, e a complexidade cresce exponencialmente.

Os centros de distribuição da Ocado ostentam algumas das tecnologias mais avançadas do mundo em seleção de produtos.[3] Um centro de distribuição típico pode ter o tamanho de um campo de futebol, ou ser até maior. Dentro, uma "colmeia" de centenas de robôs, comunicando-se entre si por uma rede 4G, situa-se sobre uma grade de alumínio de três andares jogando um xadrez tridimensional.

Usando a tecnologia de enxame, os robôs, do tamanho de um lava-louças, movem-se a quase 14km/h sobre rodas em trilhos acima de engradados de produtos. Os engradados não são alocados considerando a categoria do produto, são organizados por um algoritmo com base na frequência de compra. Os robôs, equipados com garras, levantam um engradado e o colocam em sua cavidade interior. Eles podem, então, movê-lo para outro local ou soltá-lo em uma canaleta que leva à estação de seleção. Nessas estações, os funcionários consultam uma tela à sua frente, selecionam os itens de um pedido e os colocam em uma sacola de compras, que é alocada em outro engradado. Ambos são enviados de volta à grade para serem reabastecidos ou direcionados à doca de expedição. Um pedido com quinze itens pode ser atendido em até cinco minutos.

"Isso é basicamente um processamento 'just in time'", explica Anne Neatham, diretora comercial do departamento de diretoria de operações da Ocado Technology. "Se você fez o pedido de uma caneta, uma caixa de canetas será levada no momento exato ao selecionador, para que ele selecione uma caneta e a coloque em uma caixa específica com todos os produtos que você pediu."[4]

Dois data centers modulares estão localizados em cada centro de distribuição para controlar os robôs. Muito parecidos com arquitetura de borda, os centros presenciais têm o objetivo de reduzir a latência. De outro modo, a dança elaborada dos robôs degeneraria em colisões constantes.

Em meio a essas realizações tecnológicas impressionantes, a Ocado percebeu uma oportunidade ainda maior. Em vez de permanecer sendo apenas um supermercado online, a Ocado ofereceria uma plataforma inteligente que outras redes de supermercados ao redor do mundo pudessem usar para replicar seu modelo online de rentabilidade e de escalabilidade em suas próprias regiões. Assim, nasceu a Ocado Smart Plataform, uma combinação de centros de distribuição end-to-end de e-commerce, logística e tecnologia de enxames de robôs que outras varejistas poderiam usar para criar seus próprios centros de distribuição.

Para executar tal articulação drástica, a Ocado se voltou à nuvem. "Quando começamos a desenvolver nossa Ocado Smart Plataform, ficou claro que precisaríamos conseguir criar ambientes completamente novos para nossos clientes de varejo basicamente num piscar de olhos", conta Paul Clarke, diretor de tecnologia do Grupo Ocado, "e de fato não queríamos construir data centers em outros países — foi nessa altura que decidimos adotar uma estratégia 'cloud first'".[5]

Executada na nuvem da AWS, a Ocado Smart Platform permite que as varejistas operem 100% de suas atividades de comércio online. Elas podem aproveitar recursos como projeção de estoque em tempo real, rotas inteligentes de entrega e processamento de pedidos de último minuto. E podem oferecer acesso móvel aos consumidores online pelo site ou offline pelo aplicativo.

A nuvem disponibiliza à Ocado uma arquitetura elástica e orientada a eventos que responde a picos de demanda dos consumidores com eficiência de custos. Isso também reforça a agilidade de desenvolvimento. Os engenheiros da Ocado podem testar novas iniciativas sem precisar fazer compromissos iniciais de infraestrutura e levar ideias do conceito à produção em menos de uma hora.[6] A empresa também consegue integrar dados de centenas de microsserviços em um lago de dados que alimenta recursos de IA em toda a infraestrutura.

O salto de sistemas legados a sistemas vivos foi longo. "É uma reescrita completa de ponta a ponta; é uma renovação completa de toda nossa pilha de tecnologia", afirma Clarke. "Acredito que não haja uma única linha de código em comum entre nossa plataforma existente e a nova."[7]

Redes de supermercados no mundo todo aderiram. Ao longo dos próximos anos, a Kroger planeja construir vinte centros de distribuição automatizados com a Ocado. A plataforma também foi adotada pela Sobeys no Canada,

ICA na Suécia, Groupe Casino na França, Preu na Espanha e Aeon no Japão. Em 2020, o CEO da Ocado, Tim Steiner, descreveu o que entendeu como uma mudança no centro de gravidade da empresa: "Agora somos realmente uma empresa global tecnológica de software e de plataforma robótica."[8]

Como muitos setores, as compras online de supermercado foram empurradas ao futuro pela pandemia da covid, à medida que as pessoas passaram a ficar em casa e as redes de supermercados no mundo todo correram para montar seus atendimentos online como resposta. "Como resultado da covid-19, vimos anos de crescimento no setor de supermercados online serem condensados em uma questão de meses; e não retrocederemos", diz Steiner. "Estamos confiantes de que o crescimento acelerado no canal online continuará, levando a uma reestruturação permanente no cenário do setor de supermercados no mundo todo."[9]

A maioria dos observadores acredita que a ampla mudança nos hábitos de compras em supermercado veio para ficar, potencialmente turbinando a atratividade da Ocado Smart Plataform. Mas mesmo que tal hábito diminua após a pandemia, a estratégia tecnológica mais profunda da Ocado transcende qualquer setor em particular. Seus robôs realizam tarefas básicas — levantar, movimentar, escolher — que podem ser aplicadas em muitos setores e ambientes de operações. Logo, os robôs podem conseguir fazer mais. A empresa embarcou recentemente em um projeto para desenvolver "mãos suaves" que podem pegar basicamente qualquer objeto delicado (como frutas frescas) sem danificá-lo, uma habilidade que seria bem-vinda em muitos ambientes de manufatura.[10]

O design escalável e modular dos centros de distribuição permite que os clientes da Ocado considerem armazéns com tamanhos diferentes dependendo da região e que os flexibilizem quando necessário. A arquitetura de nuvem na borda, consistindo em microsserviços livremente vinculados e APIs, dá aos clientes a habilidade de alterar suas estruturas de TI facilmente, em vez de transformá-la com muito esforço e trabalho e perceber que está ficando obsoleta rapidamente. Poucas companhias fizeram a união da tecnologia, da estratégia e da execução de forma tão abrangente quanto a Ocado, e menos ainda disponibilizaram as vantagens resultantes a outros players.

Estratégias com Tecnologia Integrada para a Era da Estrutura IDEA

Como a Ocado, outras empresas adotaram essa nova abordagem à tecnologia e uniram inteligência, dados, expertise e arquitetura radicalmente humanos para formar estratégias distintivas tão variadas quanto os setores em que elas competem. Não há panaceia, mas três estratégias proeminentes ilustram a ampla gama de possibilidades que as tecnologias radicalmente humanas possibilitaram.

Essas três estratégias — Forever Beta, Minimum Viable IDEA (MVI) e Co-lab — criam vantagens distintas para empresas e consumidores. As estratégias Forever Beta oferecem produtos e serviços habilitados por software que evoluem e melhoram continuamente após terem sido comprados, assim os consumidores os veem crescer em valor e em utilidade com o passar do tempo, e não o contrário. As estratégias MVI usam um ou mais elementos da estrutura IDEAS para visar precisamente aos links fracos em um setor tradicional e fornecer uma experiência superior de consumidor que pode ser rapidamente escalada para fazer incursões rápidas no mercado. As estratégias Co-lab produzem resultados superiores nas ciências e em outros ambientes com intensidade de conhecimento por meio da descoberta guiada por humanos e conduzida por máquinas.

Estratégia 1: Forever Beta

Com uma enorme piscadela aos leitores, Elon Musk postou "O Plano Secreto da Tesla Motors (só entre você e eu)" no então incipiente site da empresa, em 2006. Foi como virar Henry Ford de cabeça para baixo. Em vez de começar com um produto mais simples oferecendo um modelo universalmente acessível e, depois, expandi-lo para o mercado de luxo, Musk declarou que "a estratégia da Tesla é entrar com um produto sofisticado para consumidores que estejam preparados para pagar um preço mais alto e, depois, simplificá-lo o mais rápido possível a fim de aumentar o volume unitário e diminuir os preços com cada modelo sucessivo que dê certo". [11] Como ele reconheceu, era uma estratégia normalmente buscada por produtos de tecnologia, não por carros.

Em 2008, saiu o Tesla Roadster, provando que um veículo elétrico (VE) poderia entregar alto desempenho e design elegante com vida de bateria suficiente para permanecer na estrada por 400km antes de precisar ser recarregada. No lançamento, o Roadster custava US$100 mil. Depois, veio a marcha constante de simplificação. Em 2012, o Roadster foi descontinuado, e o Modelo S — um sedã de luxo com um preço de US$76 mil, autonomia de 482km e tempo reduzido de recarregamento — entrou em produção total. Em 2016, a empresa anunciou o sedã Modelo 3, que, até o início de 2020, tinha preços a partir de US$38 mil.

Tendo conquistado sua entrada no mercado de consumo em massa, a empresa começou, então, a expandir para o mercado mais caro de SUVs com o Modelo X, um crossover de tamanho médio que é vendido por mais de US$80 mil, e o Modelo Y, apresentado em 2019, um crossover compacto que sai por cerca de US$49 mil. A empresa também estava em diversos estágios de desenvolvimento de um caminhão com recursos de direção autônoma, e da caminhonete futurística Cybertruck que é de chamar a atenção.

O que notadamente está ausente nessa timeline de produtos são as atualizações anuais de cada modelo, algo a que os compradores de carros se acostumaram há anos com as outras fabricantes. Isso porque a Tesla lança um modelo e o melhora continuamente depois. Os donos de um Tesla observam seus carros serem continuamente transformados por meio de atualizações que expandem os recursos de direção autônoma, melhoram o desempenho e aprimoram os recursos de segurança.

Por meio da conectividade nuvem/borda com os carros, a Tesla monitora o desempenho e fornece diagnósticos e reparos remotos. Por exemplo, um problema de motor envolvendo superaquecimentos ocasionais foi diagnosticado e reparado por um patch de software.[12] Como vimos no capítulo sobre expertise e ensino de máquina, os condutores de veículos Tesla estão em um loop constante de feedback com a empresa, ajudando a treinar a rede neural da Tesla meramente ao dirigir. O resultado é uma experiência de posse que vê o carro crescer continuamente em preço e em utilidade. A experiência é projetada para ser uma parte intrínseca da serventia e da diferenciação do produto para os clientes, que são, em efeito, usuários beta altamente privilegiados de cada nova melhoria. No início de 2020, a Tesla era a fabricante número um do mundo em termos de retorno total, crescimento de vendas e valor em longo prazo para o acionista, apesar de fabricar menos de 500 mil veículos por ano.[13]

A Samsung também está aprimorando continuamente o valor e a utilidade dos produtos para os consumidores. Por exemplo, a empresa está sempre expandindo os recursos de itens comuns como TVs e refrigeradores ao integrar produtos conectados de empresas diferentes com o aplicativo SmartThings. Por meio de atualizações de software, dispositivos como o refrigerador inteligente Family Hub continuam a melhorar após o consumidor tê-lo comprado.[14]

O aprendizado de máquina desempenha um papel vital nessa melhoria contínua. A geladeira vem equipada com câmeras internas que tiram fotos e identificam o alimento sempre que você fecha a porta. Você pode verificar o que está disponível pelo aplicativo ou por um touchscreen na porta. Quando a geladeira comete um engano — por exemplo, ao achar que um abacate é um pimentão verde —, você pode corrigi-la, ensinando-a a melhorar.

Signify, o novo nome comercial da Philips Lighting, mantém a melhor e mais recente tecnologia nas mãos dos consumidores por meio de sua iluminação circular. É uma solução comercial em que a Signify oferece iluminação com base no tempo de atividade e nas necessidades energéticas disponibilizados pelo cliente. A empresa faz a manutenção dos materiais, lâmpadas e sensores, trocando as peças antigas para entregar uma experiência consistente. Isso também permite que a Signify reutilize, recondicione e recicle o máximo possível, ajudando tanto a própria empresa como seus clientes a atingir objetivos de sustentabilidade com uma melhor eficiência energética e um lixo digital reduzido.

A Signify assumiu a responsabilidade pela iluminação nas centrais elétricas que fornecem eletricidade para Dubai, resultando em uma economia de 68% no consumo energético relacionado à iluminação.[15] A empresa está essencialmente fornecendo a iluminação como um serviço, incluindo todas as atualizações tecnológicas futuras. Isso tira a ênfase dos dispositivos individuais e foca o fornecimento contínuo da experiência ideal, mudando o modelo de negócio de vender produtos para entregar continuamente resultados desejados.

Tal estratégia fica ainda mais poderosa ao se juntar com a plataforma de IoT da Signify.[16] Chamada Interact, a plataforma dá suporte à expansão da empresa — de produtos e sistemas de iluminação para novos serviços habilitados por dados. A plataforma altamente escalável e baseada na nuvem usa o aprendizado de máquina para compreender os dados de fontes diferentes. Sensores incorporados no sistema de iluminação conectado do consumidor podem coletar dados e compartilhá-los com outros sistemas de gerenciamento por meio de APIs seguras, oferecendo novos insights sobre como um edifício, uma empresa ou até uma cidade podem melhorar suas formas de trabalho. Por exemplo, o sistema pode coletar dados dos edifícios de uma empresa, combiná-los e analisá-los para entender e antecipar como as pessoas usam o espaço do escritório. Isso poderia levar à construção de prédios mais eficiente e mais bem projetados.

Os consumidores também podem usar as APIs da Interact para compartilhar seus dados com parceiros comerciais ou desenvolvedores de software terceirizados, explorando os serviços da Signify baseados na nuvem a fim de criar inovações adicionais de software e habilitadas por dados. E, consistente com a estratégia, consumidores existentes de iluminação podem ser transicionados ininterruptamente para a Interact por meio de atualizações de software, dando-lhes acesso a serviços mais extensivos disponíveis pela plataforma.

Empresas como a Signify, a Samsung, a Tesla e outras estão estendendo o valor de seus produtos e serviços ao incorporar inteligência nos dispositivos físicos e criar produtos e serviços flexíveis com suporte para novos recursos à medida que se tornam possíveis, unindo estratégia e execução. Em última instância, elas formarão relacionamentos mais fortes com os clientes, desenvolvidos sobre uma compreensão de que os dispositivos que compram hoje crescerão em valor amanhã. No passado, o que você comprava era tudo o que levava. Mas, como vemos nessas empresas, a experiência digital em evolução é agora uma parte intrínseca do produto. Os clientes podem ter um produto físico, mas a empresa administra o aspecto digital

— retendo eficazmente a posse sobre a parte que torna o produto valioso e, em efeito, entregando o valor como um serviço.

Estratégia 2: Minimum Viable IDEA

A Lemonade, uma empresa de seguros sediada em Nova York e cofundada por Daniel Schreiber e Shai Wininger, oferece cobertura para locatários, proprietários de apartamentos, casas e animais de estimação. Seu aplicativo alimentado por IA dinamiza a obtenção de orçamentos e a resolução de pedidos de acionamento, às vezes em segundos. Mas, diz Wininger: "A Lemonade é uma empresa de tecnologia trabalhando com seguros, não uma companhia de seguros que criou um aplicativo."[17]

A Lemonade combinou chatbots com IA, aprendizado de máquina e a nuvem para focar, com a precisão de um laser, os atributos das seguradoras tradicionais que tornam o setor amplamente desgostado entre os consumidores. E, para o elemento da expertise, a empresa encontrou um modo impressionantemente criativo de colocar um humano no sistema.

Tendo apenas uma compreensão geral de como o setor de seguros funciona, os cofundadores Schreiber e Wininger começaram com algumas ideias sobre como a coisa *deveria* funcionar — sem a infinita papelada, os processos burocráticos lentíssimos, ficar disputando por uma compensação mais baixa e a desconfiança mútua entre as seguradoras e os consumidores que está embutida no modelo tradicional de negócio de seguros. Embora a IA estivesse no âmago da empresa desde o princípio, a Lemonade não é uma daquelas fornecedoras "tecnológicas de seguros" que estão surgindo para oferecer uma tecnologia avançada às seguradoras existentes. Pelo contrário, ela é uma empresa de seguros verticalmente integrada que, em suas próprias palavras, "começou a substituir os corretores e a burocracia por robôs e aprendizado de máquina, visando a uma burocracia zero e instantaneidade".[18]

Considere o processo da empresa para acionar o seguro. Os usuários tocam no botão "Acionar" no aplicativo e apenas dizem ao chatbot, chamado Maya, o que aconteceu. Não há formulários para preencher, não há espera para ser atendido ao telefone e ninguém fica sendo transferido de um departamento para outro. A IA da empresa executa seus algoritmos antifraude, e se o pedido de acionamento for aprovado instantaneamente — como acontece com cerca de 30% dos casos —, a IA paga automaticamente. Caso não seja, o pedido de acionamento é escalado a um humano, que entra em contato com o segurado o mais rápido possível.

Houve um caso, relata a empresa, em que um pedido foi atendido em segundos.[19] Um jovem teve seu casaco furtado durante uma noite com temperaturas negativas em Nova York. Seis dias depois, após ter perdido as esperanças de recuperá-lo, ele pegou seu iPhone às 17h43 e abriu o aplicativo da Lemonade. Depois, inseriu os detalhes: Langford Parka da Canada Goose, comprado na Saks localizada na Quinta Avenida por US$979. Em seguida, olhando para a câmera, ele descreveu o que aconteceu, em cerca de um minuto. Às 17h49, ele tocou em "Enviar". Três segundos depois, sua solicitação foi aceita, e ele recebeu o dinheiro.

O processo é tão suave graças, em parte, ao modelo financeiro que resolve aquilo que os fundadores da Lemonade viam como um conflito inerente de interesses para as empresas de seguro: cada centavo que pagaria a solicitação de um cliente e é negado se torna um centavo de lucro para a empresa. Isso estabelece um relacionamento contraditório que incentiva a seguradora a fazer todo o possível para negar ou reduzir a quantia de um pedido. Isso também motiva o cliente a inflacionar seus pedidos. Tal espiral de desconfiança prejudica a reputação do setor e incentiva até as pessoas honestas a trapacear.

A Lemonade apenas tira uma porcentagem fixa de cada prêmio. Ela devolve o restante que não foi solicitado durante um "Dia de Devolver" realizado anualmente, quando o dinheiro é doado para causas nobres com as quais os segurados se importam. Os segurados que escolhem a mesma causa são colocados em um mesmo grupo virtual. O dinheiro coletado dos prêmios de cada grupo é usado para pagar os pedidos de acionamento daquele grupo. O dinheiro que sobrar será destinado à causa daquele grupo. No Dia de Devolver de 2020, a empresa doou mais de US$1,1 milhão para 43 organizações sem fins lucrativos, incluindo UNICEF, Direct Covid Relief Response, Malala Fund, Born This Way e outras.[20]

Os humanos no sistema de acionamento do seguro são os próprios clientes. Quando fazem um pedido de acionamento, sabem que a Lemonade não tem motivos para negá-lo ou reduzi-lo injustificadamente. Tão importante quanto isso, eles sabem também que cada centavo a mais em um pedido inflacionado significa menos dinheiro para uma causa com a qual se importam muito. Tal dinâmica não apenas coloca um humano no sistema, mas também algo que é singular e radicalmente humano no centro — a consciência moral. A Lemonade tem até um diretor de comportamento, o famoso economista comportamental Dan Ariely. "Resumindo a história: em vez de lutarmos com nossos clientes pelo mesmo centavo, unimos nossos clientes para lutarem por uma causa em comum", explica ele. "Isso muda tudo! Elimina conflitos de interesse e cria uma parceria entre a Lemonade, nossos clientes e as organizações sem fins lucrativos que escolherem."[21]

A estratégia que visa precisamente a MVI também possibilita o que a empresa chama de "subscrição de precisão".[22] Embora o robô da Lemonade seja projetado com algoritmos de subscrição, permitindo que a maioria dos consumidores obtenha orçamentos de prêmios instantaneamente, a empresa consegue coletar aproximadamente cem vezes mais dados por consumidor do que as seguradoras tradicionais, que coletam apenas cerca de quarenta no formulário típico de seguro. Uma população que aparenta ser monolítica com quarenta pontos de dados acaba consistindo em diversos subgrupos diferentes quando observada através das lentes de exponenciais mais dados. Cada um desses subgrupos pode produzir taxas de perda notadamente diferentes (o total pago em indenizações dividido pelo total de prêmios pagos). Quanto menor a taxa de perda, mais lucrativa é a empresa de seguros. À medida que ela cresce e acumula dados, esses subgrupos produzem seus próprios subgrupos componentes, viabilizando uma subscrição cada vez mais precisa e taxas de perda mais favoráveis. O histórico de desempenho da companhia parece confirmar o poder cumulativo da subscrição de precisão. No primeiro trimestre de 2017, a empresa pagou US$3,68 para cada dólar ganho, com uma taxa de perda desastrosa de 368%. Desde então, esse número vem caindo constante e abruptamente; no segundo trimestre de 2020, estava em 67%.

Gigante da Telecomunicação Nutre Seus Unicórnios Internos

A Telefónica, sediada em Madri, é uma das maiores empresas de telecomunicações do mundo, com receitas anuais excedendo €48 bilhões em 2019. Mas quando seu diretor e CEO, José María Álvarez-Pallete, revelou uma nova estratégia radical no fim de 2019 em uma carta aos stakeholders, partes do anúncio pareceram o manifesto de uma estratégia de MVI.[23] "Se no passado a baixa penetração de serviços de voz e de dados garantia o crescimento futuro", escreveu ele, "a maturidade atual dos mercados e o surgimento de novos concorrentes sujeitos a regras diferentes exigem uma abordagem altamente focada e alternativa para continuarmos crescendo. Devemos reconhecer que o modelo que nos permitiu chegar até aqui exitosamente está próximo do esgotamento".

Uma das novas ações estratégicas foi o lançamento da Telefónica Tech, para se concentrar em três negócios distintos: cibersegurança, IoT e big data, e nuvem. "Com essa ação", escreveu Álvarez-Pallete, "queremos turbinar o crescimento nesses serviços que já estão coletivamente fazendo as receitas crescerem em 30% anualmente e podem ser considerados unicórnios, ganhando participação do mercado com o reconhecimento como líderes".[24]

Por exemplo, o "unicórnio" de cibersegurança, chamado ElevenPaths, declara que combina "a novidade e a energia de uma startup com o conhecimento, o poder e a força de uma empresa global de telecomunicações para fornecer soluções inovadoras abrangendo prevenção, detecção e resposta a ameaças diárias em nosso mundo digital".[25]

A Telefónica Tech logo aprofundou o foco da ElevenPaths ao adquirir duas outras companhias e integrá-las. A Govertis, adquirida em agosto de 2020, é uma empresa de consultoria de cibersegurança especializada exclusivamente em governança, risco, compliance e gestão eletrônica de ativos digitais. Sua solução é projetada para unificar os aspectos jurídicos e tecnológicos da cibersegurança.[26] Um mês depois de ter comprado a Govertis, a Telefónica adquiriu a iHackLabs, empresa especializada em treinamento de cibersegurança.[27] A iHackLabs ensina e treina profissionais de cibersegurança por meio de plataformas e de laboratórios baseados na nuvem usando um modelo de SaaS que simula situações reais de ataques cibernéticos, como ransomwares e ataques de negação de serviço, customizados para empresas de diversos setores.

Agora a empresa está estendendo sua estratégia de inovação de precisão por meio da Telefónica Tech Ventures, lançada em outubro de 2020 sob os auspícios da ElevenPaths, para fazer investimentos em startups de cibersegurança. Os investimentos são "direcionados para startups com alto potencial disruptivo em áreas como inteligência de ameaça, segurança de nuvem, proteção de dados e aplicação de automações e inteligência artificial na defesa de qualquer organização".[28]

O esforço começou com um portfólio de nove investimentos em startups, com planos para outros quinze nos três anos seguintes. Por exemplo, uma das nove startups alimenta centros de inteligência de ameaças cibernéticas de agências de defesa e de fiscalização. Outras procuram e eliminam cópias ilegais dos ativos de seus clientes. Outra, ainda, é especializada em gestão de risco cibernético ao funcionário. As startups complementarão o portfólio de produtos da ElevenPaths, integrarão novos recursos à empresa e se tornarão candidatas à aquisição.

Os três "unicórnios" da Telefónica e a extensão de sua estratégia de MVI por meio da Telefónica Tech Ventures destacam uma vantagem significativa para empresas estabelecidas. Elas têm os recursos para levantar diversas MVIs, diferentemente das iniciantes, para as quais tudo funciona como uma única peça.

Estratégia 3: Co-lab

As estratégias de Co-lab (ou Collab) nos mostram o tipo de descoberta rápida e superior que é possível quando os processos são projetados para proporcionar o melhor de pessoas e de máquinas juntas. As empresas que buscam essa estratégia usam elementos do modelo IDEA a serviço de uma ciência hipereficiente, orientada à máquina e guiada por humanos. Livres pela automação e pelo aprendizado de máquina para aproveitar seu conhecimento nos níveis mais altos e ao máximo possível, os especialistas e os profissionais do conhecimento, ao conduzir tais poderosas plataformas tecnológicas, aumentam exponencialmente a produtividade, multiplicam valor e erguem barreiras de entrada.

Considere a Exscientia, uma startup sediada no Reino Unido com uma plataforma de descoberta de remédios orientada por IA denominada Centaur Chemist. O termo deriva dos eventos de "xadrez centauro" do grande mestre Gary Kasparov, nos quais jogadores humanos eram auxiliados por uma tecnologia de computadores de xadrez. Com a Centaur Chemist, assim como com o xadrez centauro, as máquinas oferecem um nível de agilidade computacional que os humanos não conseguem igualar, mas os humanos permanecem totalmente no controle. E, em ambos os casos, o resultado é um processo que se sobressai aos especialistas ou às máquinas agindo sozinhos. Nas palavras de um cientista da empresa ditas em um encontro na Embaixada Britânica em Tóquio: "A inteligência artificial não substituirá os farmacêuticos. Mas os farmacêuticos que não usarem a IA serão substituídos por aqueles que usam."[29]

Para identificar uma doença como alvo, a Exscientia aplica inicialmente algoritmos de aprendizado profundo para diminuir o número quase infinito de potenciais candidatas. Depois, os especialistas da empresa elaboram uma estratégia de descoberta que é desempenhada pelo sistema de "aprendizado ativo" da Centaur Chemist, usando algoritmos de dados altamente eficientes. Normalmente, na descoberta de remédios, pouco se sabe sobre novos alvos para terapias, e há uma escassez da dados que podem ser usados em abordagens de grandes conjuntos de dados e de aprendizado de máquina.

Nas palavras da empresa: "Diversos anos atrás, reconhecemos que o progresso de novos alvos exigiria uma mescla de abordagens inovadoras com um foco particular no que denominamos problema de small data, em que os modelos preditivos não podem ser criados inicialmente. Nessas situações, temos que começar um projeto eficientemente com propagação de dados limitados, seja da literatura e de patentes ou, mais provavelmente, com uma pequena campanha interna de triagem." O algoritmo de aprendizado ativo "aprende" como deve chegar a um conjunto de dados de descoberta de remédios com esses pontos de dados limitados.[30]

A abordagem da empresa valeu a pena. Desde sua fundação em 2012, a Exscientia garantiu diversas colaborações para a descoberta de remédios com as indústrias farmacêuticas e de biotecnologia, incluindo Celgene, GSK, Sanofi, Bayer e Evotec — colaborações estimadas em mais de US$1 bilhão no desenvolvimento total de marcos e de royalties.

Agora a empresa está no centro do ecossistema farmacêutico na Europa. A Exscientia está liderando atividades de design de remédios com pequenas moléculas no consórcio Pesquisa e Desenvolvimento Acelerado sobre o Corona na Europa (CARE — Corona Accelerated R&D in Europe). Coliderado pela Johnson & Johnson e pela Takeda, o CARE é o maior empreendimento desse tipo dedicado à descoberta e ao desenvolvimento de opções de tratamento para a covid-19 e para os futuros coronavírus.[31] O financiamento público para esses projetos vêm da Iniciativa de Medicinas Inovadoras (IMI — Innovative Medicines Initiative), que é financiada pela Comissão Europeia. O projeto de 5 anos une 37 parcerias da Bélgica, China, Dinamarca, França, Alemanha, Holanda, Polônia, Espanha, Suíça, do Reino Unido e dos Estados Unidos, incluindo Bayer AG, Merck, Novartis, Pfizer e a Bill & Melinda Gates Foundation. A fim de acelerar a fase pré-clínica de descoberta de remédios, a Exscientia está usando sua plataforma de IA para gerar e otimizar o projeto de novos remédios, basicamente agindo como o manancial de soluções que poderiam salvar milhões de vidas em pandemias futuras de coronavírus.

A Bühler Encontra a Agulha Tóxica no Palheiro

De acordo com a Organização Mundial da Saúde (OMS), 600 milhões de pessoas por ano ficam doentes por consumirem alimentos contaminados.[32] A produção de alimentos seguros é uma preocupação vital para o setor de moagem; a eliminação eficiente de grãos contaminados sem perder os grãos saudáveis é a chave para a viabilidade financeira. A empresa suíça Bühler AG, líder mundial em equipamentos de processamento de alimentos, trabalhou com a Microsoft para transformar o processo de seleção de grãos em uma ciência hipereficiente, guiada por humanos e orientada por máquinas.

O milho, base da dieta de humanos e de animais em muitas regiões do mundo, é particularmente suscetível a uma família de toxinas chamadas aflatoxinas. Cerca de 500 milhões de pessoas, a maioria nas regiões mais pobres do planeta, estão em risco de exposição crônica às aflatoxinas, estimadas em causar 155 mil casos de câncer de fígado por ano e contribuir para o atraso no crescimento de milhões de crianças.[33]

As aflatoxinas normalmente não podem ser vistas, cheiradas ou percebidas pelo paladar. E, visto que não são destruídas pelo calor, cozinhar alimentos contaminados pela toxina não adianta nada. Como os consumidores não sabem se a comida está ou não contaminada, a responsabilidade por garantir a segurança recai totalmente sobre os produtores, colhedores e processadores. Apenas 2 grãos contaminados em 10 mil são suficientes para inutilizar o lote todo.[34] Juntamente com os riscos à saúde, o impacto econômico nos produtores e nos processadores de alimentos pode ser significativo, às vezes os forçando a descartar lotes inteiros porque não foram selecionados precisamente.

Combinando as tecnologias de ponta da Bühler com a nuvem e a IA da Microsoft, a Bühler criou uma tecnologia singular de separação ótica chamada LumoVision. Ela identifica as aflatoxinas com base em indicadores diretos de contaminação, em vez de apenas coletar amostras, ao mesmo tempo em que usa dados baseados na nuvem para monitorar e analisar o risco de contaminação em tempo real.[35]

Os grãos de milho contaminados exibem uma coloração especialmente verde brilhosa sob uma luz UV. Para detectar a florescência, as câmeras patenteadas e altamente sensíveis da LumoVision analisam a cor que cada grão exibe à medida que passa sob uma poderosa iluminação UV no separador. Após milissegundos da detecção, bicos com ar sopram os grãos contaminados para fora do fluxo de produtos. A máquina processa até 15 toneladas de produto por hora, eliminando até 90% da contaminação — uma melhoria significativa com relação às soluções atuais.

Essa não é uma abordagem clássica de big data, em que tera/petabytes de dados são armazenados e analisados posteriormente para revelar insights. Nesse caso, a variável-chave é a velocidade. Uma vez que o modelo de detecção é treinado, os dados de monitoramento não precisam ser armazenados, mas apenas verificados em busca de anomalias em tempo real. Tal abordagem reduz a perda de produtividade para menos de 5%, comparados com os até 25% das outras soluções. Agora a Bühler usa essa abordagem mais eficiente aos dados, à expertise de domínio profundo e à arquitetura de nuvem/borda a fim de escalar sua estratégia de Co-lab para outros serviços.

Co-lab e Pandemia: Encontro Frontal

No dia 8 de novembro de 2020, o CEO da Pfizer, Dr. Albert Bourla, foi correndo à sede da empresa. Lá, ouviria pela primeira vez os resultados dos testes clínicos para a vacina da covid-19 que sua empresa criara em colaboração com a alemã BioNTech.[36] Uma semana depois, o CEO da Moderna, Stéphane Bancel, esperava ansiosamente notícias similares sobre a vacina de sua empresa.

Não poderia haver mais em jogo. Em novembro de 2020, mais de 46 milhões de pessoas no mundo todo haviam contraído covid-19. Cerca de 1,3 milhão havia morrido em decorrência da contaminação. E a pandemia estava prestes a entrar em uma segunda onda, mais mortal do que a primeira.

Os resultados de ambas as vacinas foram surpreendentemente parecidos — cerca de 95% de efetividade na prevenção da covid. Quando o Dr. Bourla recebeu as notícias sobre a vacina, não podia acreditar que havia ouvido corretamente e pediu que repetissem; quando Bancel obteve as notícias sobre a vacina da Moderna, ele abraçou sua família e, juntos, choraram de alegria.[37]

Além dessas duas empresas cruzarem a linha de chegada quase ao mesmo tempo, houve outras semelhanças. Tanto a vacina da Moderna como a da Pfizer/BioNTech usavam RNA mensageiro para sua produção. A molécula de mRNA contém instruções às células para que façam a proteína do coronavírus acionar o sistema imunológico sem causar infecção. Apesar do fato de nunca ter havido uma vacina de mRNA aprovada pela FDA dos EUA, ambas as vacinas foram concretizadas em meses, e não nos quatro ou cinco anos que as vacinas exitosas normalmente levam.[38]

Ainda mais impressionante, sob nosso ponto de vista, foi que, durante a redação deste livro, tivemos a confirmação talvez mais consequencial imaginável de nossa tese. Os esforços tanto da Pfizer/BioNTech como da Moderna empregaram basicamente todos os aspectos da estrutura IDEAS, e ambas as empresas os moldaram em uma estratégia — Co-lab, nesse caso — que as levou para o futuro.

A Moderna se escondia em plenas vistas. Antes de o coronavírus aparecer, a empresa havia fornecido um relato detalhado e extenso de suas operações, suas tecnologias e sua estratégia em um documento público chamado "How Building Digital Biotech Is Mission-Critical to Moderna" [Como a criação da biotecnologia digital é crucial para a missão da Moderna].[39]

A Moderna havia criado uma tecnologia central de plataforma de mRNA com a intenção de que todos seus remédios funcionassem do mesmo modo — direcionando as células do corpo a fazer proteínas para prevenir ou lutar contra doenças. Lidar com muitas doenças ao mesmo tempo exigia um modelo digital que transformaria o modo como os remédios eram projetados e fabricados. Assim, desde a fundação da empresa, em setembro de 2010, até 2019, a Moderna investiu mais de US$100 milhões em tecnologias digitais, robótica/automação, análises, ciência de dados e IA.

Sua estratégia digital abrangia seis "fundamentos de digitização":

- *Habilitação da nuvem* para seu poder computacional, sua elasticidade e sua liberdade das limitações da tecnologia relacionada.
- *Integração* de dados e de processos entre sistemas para eliminar silos e continuar a sincronizar as operações à medida que crescem.
- Dados de *IoT* a partir de instrumentos e ambientes para fornecer orientação em tempo real a cientistas e a engenheiros, assim como disponibilizar compliance e rastreabilidade da cadeia de suprimentos e da manufatura.
- *Automação*, especialmente robótica, para aumentar a acurácia operacional, a repetibilidade e a produtividade.
- *Análises* para aproveitar o poder de seus dados.

- *IA* para possibilitar avanços nas análises e nos modelos preditivos, acelerando o ciclo de aprendizado e fornecendo insights de outro modo inacessíveis com dados de pesquisa e de produção.

Dois "mecanismos" centrais estão no âmago da operação. Um "mecanismo de pesquisa" é projetado para levar muitos programas de pesquisa de mRNA simultaneamente do conceito ao desenvolvimento de nominação de candidato, fornecendo facilidade de escalabilidade. Um "mecanismo de desenvolvimento inicial" então avança o desenvolvimento dos candidatos, por meio de estudos clínicos, para o proof of concept humano.

A expertise desempenha um papel primordial no processo. Os cientistas da Moderna compartilham suas ideias sobre modelos de mRNA usando um conjunto de ferramentas que os permitem criar novas sequências de mRNA. Algoritmos incorporados com IA, carregando anos de conhecimento acumulado sobre as interações da sequência de mRNA com os resultados da produção e a proteína, convertem sequências de ácido em sequências nucleotídicas e otimizam uma sequência para a produção. Assim que os dados brutos são salvos na nuvem pelos sequenciadores, um pipeline totalmente automatizado aciona os servidores da AWS para executar um algoritmo de análise e, em seguida, desliga, minimizando os custos.

Para melhorar sua análise de sequências, a empresa também desenvolveu uma rede neural convolucional, treinada com apenas 20 mil arquivos de dados rotulados gerados por operadores especialistas. Embora seja dependente da expertise, o algoritmo excede o desempenho humano, aumenta a consistência e a qualidade do mRNA e economiza muitas horas de análise manual humana.

Em 2018, a empresa inaugurou uma unidade de produção totalmente digital em Norwood, Massachusetts, completamente integrada e sem silos de sistemas legados ou dados. No centro, estão operadores humanos especialistas para acelerar a execução e a escala rapidamente ao mesmo tempo em que mantêm a flexibilidade. As mudanças digitais necessárias para dar suporte a um novo produto podem ser realizadas em poucos dias. Em vez de usar registros, processos e equipamentos específicos de produtos como as farmacêuticas tradicionais, a plataforma da Moderna permite que os especialistas criem processos de produção que não estão relacionados a um produto específico (product-agnostic). Mais de 90% das operações são controladas a partir da nuvem. "Equilibrar a resiliência com uma computação local limitada", diz a empresa, "nos dá um modelo para abrir unidades adicionais no futuro de forma mais rápida e com menos investimento de capital".

O foco da Moderna eram os remédios oncológicos. Porém, a empresa estava tão confiante na adaptabilidade e na ampla aplicabilidade dos princípios subjacentes de sua abordagem, que, quando o vírus atacou, a companhia entrou de cabeça no desenvolvimento de uma vacina. E com sua plataforma de tecnologia, conseguiu fazer essa mudança estratégica e executá-la em uma velocidade de tirar o fôlego.

A história com a BioNTech foi semelhante: uma plataforma de mRNA voltada à tecnologia que estava pronta para o momento crítico, quando este chegou, ilustrando de forma impressionante o poder da estratégia de Colab para produzir resultados superiores, por meio da descoberta guiada por humanos e orientada por máquinas, e para unir a estratégia com a execução.

IDEA + S

Forever Beta, Minimum Viable IDEA e Co-lab são apenas três das inúmeras estratégias que surgirão da virada radicalmente humana nas tecnologias inteligentes. Se a história da tecnologia nos ensinou algo, é que novas ferramentas fazem surgir dinâmicas estratégicas imprevistas que se mostram extraordinariamente poderosas. Pense, por exemplo, no fenômeno dos efeitos de rede que orientou as estratégias das empresas de redes sociais.

Logicamente, as estratégias orientadas à tecnologia não se criam sozinhas. Elas precisam de líderes visionários que vejam possibilidades que os outros não veem. A Ocado não começou a ser uma provedora de sistemas inteligentes de varejo online, mas na combinação da IA com a plataformização na arquitetura e na robótica de enxame os líderes da empresa conseguiram ver uma oportunidade estratégica que transcendia o negócio de vendas de supermercado. De modo similar, as tecnologias de nuvem/borda e de ensino de máquina abriram espaço para as estratégias de Forever Beta imaginadas por companhias tão diferentes quanto a Tesla a Samsung e a Signify.

Para a Lemonade, não foi apenas uma combinação de aplicativos móveis e de análises orientadas à nuvem que permitiu à empresa entregar o tipo de serviço superior e com público precisamente definido que tipifica uma MVI. Foi o insight dos fundadores da companhia de que o segredo para o sucesso estava em transformar o cliente no humano no sistema. Nas estratégias de Co-lab, como as da Exscientia, da Bühler, da Moderna e da Pfizer/BioNTech, vemos algumas das interligações mais complexas e avançadas de inteligência, dados, expertise e arquiteturas do mundo, guiadas desde o início por líderes visionários — o que podemos ver, por exemplo, no documento público da Moderna descrevendo exatamente como pretendia unir tecnologias inteligentes que seriam aplicadas não apenas ao câncer, mas também a outras doenças.

Além da imaginação, o caminho para uma tecnologia orientada à estrutura IDEA que permite a fusão de estratégia e de execução exige duas posturas um tanto contraditórias: premeditação e velocidade. Os investimentos em tecnologia devem ser sequenciados de forma lógica e cuidadosa. Contudo, o ditado "vacilou, dançou" nunca se mostrou tão verdadeiro. Antes da pandemia, as principais empresas que davam ênfase primeiramente à tecnologia mostraram como considerar cuidadosamente a adoção tecnológica. Durante a pandemia, muitas companhias tiveram de brincar de pega-pega, com diversos graus diferentes de sucesso. E algumas, como a Moderna e a Pfizer/BioNTech e, em outros setores, a Ocado e a Starbucks, saíram-se muito bem como resultado de sua premeditação pré-pandemia. Após a pandemia, e com o sucesso demonstrável da inovação radicalmente humana baseada na estrutura IDEAS, a tarefa será ir em frente com toda velocidade deliberadamente. O futuro chegou muito mais cedo do que esperávamos. Ele exige um domínio sábio e rápido de novas abordagens à inovação que estão apenas começando a surgir, e líderes que, independentemente do setor, conseguem ver oportunidades no novo nexo radicalmente humano de pessoas e de tecnologia.

PARTE DOIS

COMPETINDO NO FUTURO RADICALMENTE HUMANO

Na Parte Um, exploramos os desenvolvimentos mais recentes em inteligência, dados, expertise, arquitetura e estratégia — IDEAS — que líderes visionários usarão para transformar suas empresas. Juntas, essas viradas para uma tecnologia radicalmente humana darão uma nova cara aos negócios. Em relação à inteligência, as máquinas estão imitando mais fielmente o modo como os humanos raciocinam, sentem e se comportam. Dados em uma escala mais humana estão possibilitando aplicações mais ágeis e segmentadas para as companhias; também estão complementando sistemas massivos de dados para produzir níveis nunca antes vistos de precisão e de poder. O ensino de máquina está permitindo que os humanos imponham diretamente sua expertise profissional, coletiva e inerente em aplicações alimentadas por IA. Sistemas vivos de TI mais rápidos e adaptativos, aproveitando a desvinculação digital e a nuvem/borda, estão substituindo sistemas monolíticos legados. Nada disso é teórico — alguns desses elementos, ou todos eles, já estão em funcionamento em estratégias como Forever Beta, Minimum Viable IDEA e Co-lab, com outros a surgir à medida que a tecnologia continua evoluindo.

A Parte Dois analisa como essas novas tecnologias e plataformas impulsionarão a diferenciação em quatro áreas-chave que serão cruciais para as empresas competirem exitosamente no futuro radicalmente humano: talento, confiança, experiências e sustentabilidade.

Por que essas quatro? Desde pelo menos a virada deste século, muitas empresas vêm buscando se diferenciar em algumas dessas dimensões, ou em todas elas. Isso não é novidade. A novidade — que está fazendo os executivos parar e pensar — é que essas questões ganharam um grau de urgência sem precedentes. Em alguns casos, tecnologias inteligentes contribuíram por si mesmas para tal urgência. Em relação à confiança, por exemplo, a IA criou um pouco da suspeição com a qual consumidores e funcionários consideram as inovações tecnológicas. O surgimento de novas tecnologias também coloca pressão no talento. Pois se, como argumentamos, todas as empresas são agora de tecnologia, todos os funcionários passam a ser de tecnologia também, cujas habilidades com tecnologias inteligentes serão a grande causadora de diferenças. Tais tecnologias também fornecem aos consumidores e aos funcionários as experiências orientadas digitalmente que transcendem as noções tradicionais da experiência do consumidor ou da marca empregadora — e ameaçam deixar as fornecedoras de experiências prosaicas muito para trás. Também devemos observar que, como a tecnologia, esses diferenciadores são, em si, radicalmente humanos. Talento — pessoas — é o recurso mais radicalmente humano de todos. A confiança é a base dos vínculos humanos, assim como do comércio. Experiências memoráveis apontam para além do transacional, para o pessoalmente transformador. A sustentabilidade fala sobre a própria sobrevivência da espécie humana.

Muitos executivos sabem muito bem dessas pressões. Em nosso estudo pré-pandemia, os respondentes relataram que, na ausência de treinamento de seus funcionários, 52% das habilidades da mão de obra de TI e quase metade — 47% — das habilidades não relacionadas com TI ficariam obsoletas em três anos.[1] No Capítulo 6, veremos como as empresas líderes estão reagindo ao colocar tecnologias inteligentes nas mãos de diversas pessoas em todos os níveis, investindo em treinamento de "fluência digital" inovadora e usando a tecnologia para alcançar produtividade em qualquer lugar por novas formas de combinação de trabalho presencial e remoto. Essas empresas estão redesenvolvendo talentos existentes, atraindo novos e remodelando culturas profundamente arraigadas para transformar a mão de obra de usuários passivos dos sistemas inteligentes em produtores ativos desses sistemas, com exponencialmente muito mais valor e resultados lucrativos.

A confiança está igualmente recebendo uma urgência renovada. A IDC prevê que até 2023, 50% das empresas listadas na Global 2000 da *Forbes* nomearão um diretor de confiança [chief trust officer], que orquestrará a confiança em todas as funções, incluindo segurança, finanças, RH, riscos, vendas, produção e jurídico.[2] Mas a confiança também pode ser repensada sob a luz de tecnologias universais que tocam fontes profundas de ansiedade sobre nosso relacionamento com elas. No Capítulo 7, veremos o que pode ser feito para infundir nessas tecnologias o essencial da confiança: humanidade, justiça, transparência, privacidade e segurança. A privacidade é agora o grande diferenciador da Apple. A startup CYFIRMA, sediada na Goldman Sachs, está usando análise preditiva para detectar ameaças cibernéticas antes que se tornem ataques cibernéticos.[3] A startup de IA Pymetrics, sediada em Nova York, é uma de várias startups de tecnologia que estão tentando reformular o processo de contratação com a ajuda de IA — mas de um modo que não tenha vieses humanos e que seja genuinamente justa tanto para o candidato como para o empregador. Essas e outras empresas, ao fazer da confiança um componente integral de seu modelo de negócio, de suas estratégias e da própria tecnologia, estão transformando a confiabilidade em uma realidade operacional.

Como vimos no Capítulo 4, sobre arquitetura, a tecnologia possibilitou que as empresas forneçam aos consumidores e aos funcionários uma vasta gama de novas experiências — de produtos e de serviços, assim como de trabalho. No Capítulo 8, analisaremos os modos como as empresas líderes estão usando a estrutura IDEAS para criar experiências radicalmente humanas que exploram algumas das aspirações e dos interesses humanos mais prementes: (1) experiências de *empoderamento* que satisfazem nossa necessidade de domínio; (2) experiências *recompensadoras* que nos dão crescimento pessoal, diversão ou colaboração satisfatórios; (3) experiências *sintonizadas* que oferecem um engajamento descomplicado; e (4) experiências *responsáveis* que nos conectam com algo maior que nós mesmos. As empresas que continuarem pensando nas experiências meramente em termos de pontos de contato provavelmente ficarão para trás no mercado e perderão totalmente o lugar em termos de funcionários.

Para um planeta sob ameaça total, talvez não haja questão mais urgente do que a sustentabilidade. À medida que as previsões da mudança climática se tornam realidade, as empresas estão empregando novas tecnologias para se saírem melhor do que atores menos responsáveis e para satisfazer as expectativas cada vez mais altas de clientes, parceiros e da sociedade mais ampla. No Capítulo 9, encontraremos empresas em setores que vão do automobilístico ao têxtil e à mineração, e mais, que estão colocando a sustentabilidade em primeiro lugar e no centro, usando tecnologias inteligentes e sistemas vivos que destacam a arquitetura nuvem/borda para ajudá-las a cumprir suas promessas.

No futuro radicalmente humano do comércio e da tecnologia, as empresas que se sobressaem nesses diferenciadores fundamentais se destacarão da multidão. Algumas já o fizeram, como você verá nas próximas páginas, nas quais também aprenderá como sua empresa pode fazer o mesmo.

6

TALENTO

Humanos + Tecnologia Radicalmente Humana

por Christie Smith

Poucos dias após as restrições do lockdown devido à covid-19 serem aplicadas, as redes da Deutsche Telekom (DT) enfrentaram um tráfego massacrante. O número de conferências digitais aumentou 322%. O número de pessoas assistindo à Netflix subiu 3.074%. Contudo, as redes de comunicação da DT permaneceram estáveis e seguras, e a empresa pôde transferir 16 mil funcionários de call centers e de serviços para o home office em pouquíssimo tempo.

Por quê?

Porque em 2016, a empresa havia decidido modernizar seus ativos de TI e investir em inovação tecnológica e cultural.[1] A iniciativa visava, entre outras coisas, abrir acesso à tecnologia em todo o empreendimento, melhorar as habilidades digitais de seus funcionários e criar uma organização flexível e resiliente que acabou estando pronta para o trabalho remoto quando a necessidade surgiu.

As empresas que prosperaram — e não que meramente sobreviveram — durante a pandemia sabem que manter uma divisão rígida entre tecnólogos e pessoas não técnicas subutiliza o recurso mais radicalmente humano e prontamente disponível de todos: seus talentos. Ao colocar a estrutura IDEAS para funcionar de diversas maneiras, elas deram três passos ousados para desbloquear o potencial pleno de pessoas + tecnologia radicalmente humana, levando a diferenciação de talentos para um novo nível de distinção: (1) elas democratizaram a tecnologia ao colocá-la nas mãos de funcionários de todos os tipos e em todos os níveis, (2) elas investiram em programas inovadores de habilitação tecnológica para levar seu pessoal além da alfabetização digital para a fluência digital e (3) elas aproveitam a combinação de tecnologia democratizada e uma cultura de fluência digital para permitir a produtividade a partir de qualquer lugar em uma época em que como e onde o trabalho é feito está passando por uma mudança gigantesca.

Democratizando a Tecnologia

A igualdade entre os funcionários trata sobre a diversidade, a inclusão e o acesso igualitário a oportunidades, incluindo a tecnologia, para que as empresas realizem melhor seu trabalho e inovem. Em uma pesquisa com mais de 30 mil funcionários, descobrimos que a "mentalidade de inovação" (a disposição e a habilidade de uma pessoa para ser inovadora no trabalho) é seis vezes mais alta nas culturas mais igualitárias do que nas menos.[2]

O acesso desigual à tecnologia pode ter um efeito corrosivo no moral e no desempenho profissional. Em muitas empresas, descobrimos uma divisão crescente entre equipes com pronto acesso a tecnologias inteligentes e as equipes sem acesso. Essas últimas se encontram em uma sinuca de bico em termos de desenvolvimento de produtividade e habilidades. Considere a disparidade entre os programadores de software. Alguns podem passar 60% de seu dia realizando tarefas automatizáveis. Os programadores que aproveitam as ferramentas de IA para tais atividades conseguem escrever código mais rápido. Eles também se tornam especialistas em colaborar com os sistemas de IA e menos propensos a erros. Essa divisão se torna crucial, visto que o mercado atual não tolera ciclos lentos de entrega de engenharia. Ele demanda práticas mais modernas de engenharia com ciclos rápidos de criar-medir-aprender do que aqueles sem a tecnologia não conseguem produzir.

A democratização da tecnologia garante que o máximo possível de seu pessoal seja empoderado para se tornar condutor da mudança, provocando uma inovação de base ao equipar cada funcionário com as ferramentas e as habilidades para desenvolver soluções tecnológicas à medida que as necessidades surgem.

O processamento de linguagem natural, as plataformas de low-code e a automação robótica de processos (RPA) são apenas alguns dos recursos e dos serviços que tornam a tecnologia mais acessível. Cada um tem aplicações diferentes e singulares, mas todos estão colocando poder de inovação nas mãos de não especialistas com o mínimo possível de fricção, permitindo que as pessoas otimizem seu trabalho ou consertem pontos problemáticos por conta própria.

A Takeda, líder global em biofarmácia, está empoderando seu pessoal para focar atividades de valor mais alto, apoiando melhores resultados de pacientes ao escalar a automação em toda a empresa. Na data de publicação deste livro, a companhia havia treinado mais de 2,2 mil pessoas e democratizado o desenvolvimento de mais de 500 robôs.[3] Na LexisNexis Risk Solutions, um gerente de projetos usou uma ferramenta de gestão de RPA da UiPath para abrigar e gerenciar ideias de inovação, reutilizar robôs quando possível e demonstrar o ROI para a liderança.[4] Em certa ocasião, seu trabalho revelou um backlog de registros que precisava ser limpo. Sua equipe usou 11 robôs para limpar 31 mil registros em um único dia. Esses sucessos também ajudaram a propagar a RPA entre outros colegas, escalando a automação e a criação de valor para além do gerente de projetos e de sua própria equipe.

A democratização da tecnologia não poderia chegar em um momento mais crucial para as empresas. Conforme buscam compactar a transformação digital em um intervalo rápido de tempo e se reorientar para novas circunstâncias, elas não podem se dar o luxo de esperar e contratar alguém amanhã para desenvolver a solução de que precisam hoje. Nos primeiros meses da pandemia, a Geisinger, rede de assistência médica, teve um declínio de 50% em atendimentos ambulatoriais e uma sobrecarga de necessidades de internação e de UTI.[5] A empresa enfrentou um grande desafio ao tentar alocar os profissionais de saúde certos nos lugares certos e na hora certa. Ao usar um desenvolvimento de low-code na Quickbase, a companhia conseguiu criar um aplicativo para ajudar a coordenar e a direcionar os milhares de profissionais da saúde para sua rede em apenas dois dias.

Com a imensa mudança para a nuvem em andamento, muitas empresas às quais a democratização é uma novidade já podem ter acesso a essas ferramentas por meio de soluções existentes de nuvem. O Honeycode da Amazon, por exemplo, é um serviço na AWS que permite às pessoas criar aplicativos móveis e web sem escrever uma única linha de código.[6] O Lightning App Builder da Salesforce é uma ferramenta point-and-click [de apontar e clicar] para a criação de páginas customizadas no aplicativo da Salesforce.[7] Para as muitas organizações que estão migrando seu pessoal para o Microsoft Teams, o Power Apps pode ser incorporado diretamente.[8] Essas e muitas outras ferramentas oferecem uma oportunidade para reduzir a distância entre a tecnologia complexa e os funcionários em todos os níveis da organização.

Quando o acesso a uma tecnologia poderosa se espalha por uma organização, todos os funcionários podem ser uma parte ativa e vital da transformação digital. As pessoas podem decidir por si sós o que automatizar, permitindo que foquem as coisas que fazem melhor — e que gostam de fazer. Elas podem ajudar a melhorar tanto a experiência do consumidor como a do funcionário, não ao coletar feedback e enviar para uma equipe de especialistas em tecnologia para consideração, mas ao colocar, por si mesmas, a tecnologia para trabalhar.

A Schneider Electric é uma empresa que está demonstrando uma visão desse futuro. A organização tornou a RPA uma parte significativa de seu esforço de transformação digital, empregando mais de 220 robôs como parte do processo.[9] Mas a empresa teve a visão de perceber que os robôs talvez criassem silos, quebrassem outras partes do sistema ou não conseguissem atingir as expectativas. A fim de combater isso, ela estabeleceu uma equipe global de RPA para avaliar os casos de uso enviados por líderes empresariais e agir como um suporte para garantir que os casos de uso sejam estratégicos e parte da estratégia de transformação end-to-end. Até agora, houve mais robôs rejeitados do que aprovados pelo grupo, mas o processo extra ajuda a garantir que os aprovados permaneçam úteis por muito tempo.

No Google, os funcionários podem usar novas ferramentas tecnológicas — mesmo sem o apoio da organização — caso tenham uma forte necessidade comercial.[10] Isso não lhes dá a liberdade de usar o que quiserem a hora que for. As equipes que adotam novas ferramentas devem se esforçar para dar suporte ao seu novo stack tecnológico e estar conscientes dos possíveis problemas, como: dificuldade de comunicação e colaboração entre equipes. O Google reconheceu o valor de oferecer a liberdade para as pessoas mais próximas ao trabalho em questão, então, em vez de criar políticas sobre qual tecnologia não usar, a empresa adotou uma estrutura mais inclusiva para como os funcionários podem escolher seu próprio stack tecnológico.

A Democracia Exige a Diversidade

Democratização também significa democratizar o talento. Não é suficiente colocar tecnologias inteligentes nas mãos de uma mão de obra que não seja diversa e inclusiva. Muitas organizações estão deixando a desejar, em parte porque apenas 28% da mão de obra em ciências e engenharia é composta por mulheres e apenas 2,5% é composta por negras.[11] Isso não é apenas um problema de equidade: US$2 trilhões estão em jogo apenas no produto interno bruto (PIB) dos EUA, visto que as mulheres estão deixando o trabalho em números históricos. Além disso, haverá um custo antecipado de US$11 milhões para os países do G20 ao longo da década se não conseguirmos aplicar a democratização das habilidades.[12]

Para melhorar o desempenho com relação à diversidade e ao gênero, muitas empresas se voltaram à IA, obtendo resultados diversos. Esperava-se que as aplicações de IA para a contratação ajudariam a eliminar os vieses humanos nas decisões dessa área. Porém, como veremos no capítulo sobre confiança, tais aplicações, em geral, reproduziram os vieses de seus criadores humanos. Por outro lado, a IA também pode ser uma ferramenta poderosa para a eliminação de vieses. O Textio, o editor inteligente de textos, revisa as descrições de vagas para atrair mais os grupos sub-representados. A empresa Atlassian fez uso do Textio e aumentou a porcentagem de mulheres contratadas de 10% para 57%.[13] A Unilever usou um jogo interativo baseado em IA da Pymetrics, uma empresa sobre a qual também falaremos no próximo capítulo. A ferramenta ajudou a Unilever a dobrar o número de candidatos contratados após a rodada final de entrevistas, a aumentar as receitas por contratar funcionários mais qualificados e a expandir a diversidade geral de seu quadro de candidatos.[14]

Certamente, os insights gerados por IA agora têm o poder de revelar em tempo real comportamentos ou linguagens enviesados e corrigi-los, ao mesmo tempo em que potencializam a equidade e os resultados da empresa. A Pipeline Equity é uma startup baseada em IA que usa uma plataforma de análises orientada a dados para avaliar, abordar e agir contra os vieses de gênero, que custam aos EUA cerca de US$2 trilhões por ano. E, ainda melhor, essa tecnologia calcula um crescimento das receitas para cada desempenho de equidade localizado e corrigido.

Outro fenômeno revolucionário é o distanciamento de antigos modelos de recrutamento e de contratação e a aproximação àqueles que ajudam o desenvolvimento de uma economia baseada em habilidades. O Walmart e a Unilever estão criando mais oportunidades equânimes de qualificação ao fazerem uso de uma startup de IA chamada SkyHive. A tecnologia usa análise quântica de trabalho para determinar a oferta e a demanda no mercado de trabalho. A SkyHive considera trabalhos em declínio e em ascensão como coleções de habilidades individuais e analisa o quanto tais habilidades se sobrepõem entre os trabalhos, ao mesmo tempo em que destaca as habilidades específicas de que uma pessoa precisa para sair de uma função em declínio e ir para uma que está em ascenção.[15] (Revelação de segredo: a Accenture investe na SkyHive e na Pipeline Equity, uma startup cuja plataforma de SaaS usa IA para resolver a disparidade entre gêneros, e nós usamos os serviços de ambas as empresas extensivamente.)

Antes da SkyHive, as pessoas faziam uma autoidentificação de, em média, onze habilidades de que precisavam para completar seus trabalhos. Pesquisas nos mostraram que as mulheres a as pessoas não brancas têm muito mais chances de subestimar suas habilidades, especialmente nas áreas de ciência, tecnologia, engenharia e matemática.[16] Após a solução de IA ser introduzida, esse número médio de habilidades saltou para 34. Os dados também mostram que uma pessoa pode precisar adquirir apenas algumas habilidades a mais para mudar de área — o que não teria sido possível caso a IA não tivesse identificado as habilidades que as pessoas não perceberam que já tinham.

Tornando a Cultura Segura para Ideias

Para que a democratização da tecnologia e do talento produza resultados — em inovação, em competitividade, em uma marca superior de funcionário —, os líderes devem criar um ambiente que seja aberto a novas ideias de todos, mesmo que algumas ideias não deem certo. A fim de que as pessoas se sintam livres para tomar a iniciativa, expressar sua opinião e forçar os limites do possível, elas devem se sentir psicologicamente seguras. A noção de segurança psicológica entre os funcionários resulta da pesquisa pioneira da especialista em comportamento organizacional Amy Edmondson, de Harvard, que a definiu como "uma crença compartilhada sustentada pelos seus membros de que a equipe é segura para alguém tomar riscos interpessoais".[17] Um ambiente psicologicamente seguro e igualitário significa necessariamente permitir que *todos* executem e criem um valor duradouro a partir das oportunidades abundantes que a combinação de humanos + tecnologia radicalmente humana pode oferecer.

Após anos de pesquisas extensivas sobre os fatores presentes em equipes de alto desempenho, o Google concluiu que o preditor mais significativo do sucesso da equipe é o quanto seus integrantes se sentiam seguros com seus colegas.[18] Curiosamente, nem a mesma localização ou a senioridade foram motivos de eficácia da equipe. O alto desempenho só pode ser obtido se as pessoas se sentirem livres para: se abrir umas com as outras, trocar ideias, assumir riscos e aprender com os erros.

A fim de ajudar a estabelecer a segurança psicológica, as empresas estão se voltando cada vez mais à IA e à análise de pessoas [people analytics]. Uma das três principais empresas químicas do mundo estava enfrentando um problema conhecido: tentativas anteriores de transformação e de reestruturação levaram a uma diminuição de confiança, motivação e engajamento entre os funcionários. Usando a InsightScan, uma plataforma de people analytics que mensura a segurança psicológica, a liderança descobriu que os integrantes das equipes estavam preocupados com consequências negativas por se manifestarem. Com base nos insights obtidos pela plataforma, os líderes foram orientados sobre comportamentos que levariam a ambientes mais psicologicamente seguros. E o resultado? O engajamento dos funcionários saltou 10% até o fim do ano.

As pesquisas mostram que, quando os funcionários se sentem psicologicamente seguros e podem agir sem medo no trabalho, a produtividade aumenta até 50%, a rotatividade diminui 27%, há 40% a menos de chances de os funcionários sofrerem burnout e as empresas se tornam 11 vezes mais inovadoras, quando comparadas às suas iguais.[19] Para as empresas que entenderam as implicações da democratização, a pergunta não é mais "quem posso contratar?", mas "quem posso empoderar?"

Da Alfabetização à Fluência Digital

As mudanças tecnológicas cada vez mais velozes fazem com que os trabalhos e as funções se tornem obsoletos mais rápido do que nunca. Como observamos, os participantes de nosso estudo pré-pandemia (abrangendo mais de 8,3 mil empresas) disseram que, na ausência de retreinar seus funcionários, 52% das habilidades de seu pessoal de TI e quase metade — 47% — das habilidades do pessoal que não era de TI ficariam obsoletas em três anos.[20] Em resposta, como descobrimos em nosso segundo estudo, as líderes estavam usando o aprendizado experimental três vezes mais do que as retardatárias (73% *versus* 24%); as líderes lançaram quase o dobro de programas de aprendiz do que as retardatárias (79% *versus* 36%); e 87% das líderes estavam usando IA e análise avançada para personalizar o aprendizado, prever necessidades de habilidades e associar as necessidades de habilidades dos funcionários com o treinamento adequado, *versus* 35% das retardatárias.[21] A pandemia colocou o treinamento das líderes em marcha ainda mais rápida:

70% se voltaram a aumentar agressivamente o investimento em treinamento, *versus* 52% das retardatárias.

De startups esperando se estabelecer rapidamente entre as concorrentes mais experientes a organizações obsoletas se esforçando para completar suas transformações digitais, as empresas inteligentes estão estabelecendo programas que deixam o déficit de habilidades para trás. O que sempre foi visto como uma responsabilidade apenas do RH fica agora sobre os ombros de toda a diretoria. Os CEOs sentem o peso dessa responsabilidade para reabilitar seus funcionários: 54% classificaram a falta de habilidade da mão de obra como a principal barreira os impedindo de alcançar valor com os esforços de transformação digital.[22]

Em um nível básico, os funcionários precisam da alfabetização digital — uma compreensão elementar sobre quais tecnologias estão à sua disposição e como podem trabalhar. Tipicamente, as empresas se contentavam com a alfabetização digital por meio de treinamentos tradicionais presenciais ou online. Mas promover apenas a alfabetização básica resultou na desigualdade de adoção, compreensão e utilização dos recursos digitais. Além disso, o impacto da pandemia forçou uma mudança na demanda: de uma alfabetização digital para a fluência digital — imersão na linguagem, nas técnicas e na aplicação de tecnologias inteligentes. Pense nisso como a diferença entre alguém que decorou algumas frases de um guia de conversação de um idioma estrangeiro e alguém que consegue se comunicar confiantemente com um falante nativo. Quando os funcionários mais próximos dos consumidores, dos clientes ou dos problemas internos estiverem digitalmente fluentes, poderão entregar respostas e ofertas mais customizadas, com mais agilidade do que nunca.

Nossa empresa criou o que chamamos de programa de Quociente de Tecnologia (QT), uma iniciativa global de aprendizado para ajudar todos os funcionários de uma empresa a aumentar seu "QT" por meio de treinamentos e competições. Pensamos no QT em termos do entusiasmo de um funcionário com relação a uma tecnologia, sua competência para trabalhar com ela e o valor por ela agregado ao trabalho de acordo com sua percepção. O programa ajuda os funcionários a entender e a articular conceitos tecnológicos importantes, assim como seus valores e suas aplicações comerciais.

O programa abrange tudo, desde estratégias maduras como DevOps e nuvem a tecnologias de ponta, como blockchains e IA, e é desenvolvido para qualquer função ou nível de habilidade. O objetivo é fazer com que cada funcionário ganhe fluência tecnológica e a veja como parte da solução às necessidades mais urgentes do cliente.

A IOOF, uma empresa australiana de gestão de riquezas, criou um programa de imersão para seus funcionários de desenvolvimento em low-code. A empresa queria explorar as novas oportunidades de inovação digital, mas a maioria de seus desenvolvedores altamente habilitados estava ocupada trabalhando em um projeto multicamadas.[23] Então, o diretor de TI lançou uma competição de low-code, colocou desenvolvedores com colegas menos técnicos no mesmo grupo e deu aos participantes duas semanas de folga para testar a OutSystems, plataforma escolhida de low-code. De acordo com a empresa, o experimento já deu certo. Os funcionários com habilidades defasadas não precisaram passar anos em retreinamentos, e os aplicativos de low-code que criaram estão satisfazendo necessidades cruciais à missão da empresa. Um acabou até virando um sistema de produção em escala total.

Diversas companhias estão descobrindo que há modos criativos de conceder aos especialistas um conhecimento funcional de IA para aplicar em suas áreas. Na Morningstar, uma empresa global de serviços financeiros, equipes de funcionários criaram miniaturas de carros autônomos para competir em uma liga da DeepRacer da Amazon. A liga foi criada pela Amazon Web Services (AWS) para ensinar aos participantes as habilidades de aprendizado por reforço. Ao usar o software SageMaker da Amazon, eles criam e treinam algoritmos para fazer os carros da DeepRacer da AWS em escala de 1/18 disputarem em uma pista de 43cm x 66cm. Os competidores disputam prêmios em eventos da AWS no mundo todo e em eventos e torneios virtuais ao registrar os tempos das classificatórias em pistas especiais no simulador DeepRacer da AWS.

“A Liga DeepRacer lhes dá a oportunidade de descobrir o aprendizado por reforço por meio da imersão que os faz criar, treinar e reforçar os modelos de aprendizado por reforço e empregá-los em seus carros autônomos de corrida”, explicou Swami Sivasubramanian, vice-presidente da Amazon Machine Learning no início do programa.[24]

Começando em janeiro de 2019, mais de 450 analistas de equity, pesquisadores quantitativos e desenvolvedores de software formaram quase 100 equipes de corrida em 10 países. Além de usarem as pistas virtuais dentro do simulador DeepRacer da AWS, as equipes podiam usar pistas físicas disponíveis em todos os escritórios da Morningstar de Chicago a Mumbai. Em poucos meses, uma das equipes desenvolveu a ideia para uma ferramenta com base em aprendizado por reforço que buscaria padrões em documentos regulatórios de modo a identificar com precisão informações relevantes. Outra equipe enxergou uma maneira de usar o aprendizado por reforço para encontrar e consertar automaticamente links quebrados a sites de instituições financeiras. A expectativa da empresa era ter dezenas de tais projetos funcionando até o fim de 2020.[25] Nas palavras de James Rhodes, diretor de tecnologia da Morningstar: "Isso nos oferece um treinamento imersivo em toda a companhia e acelera a aplicação prática do aprendizado de máquina em nossos produtos, serviços e processos de investimentos."[26]

Fluência Digital e a Lógica do Radicalmente Humano

Alcançar a fluência digital demanda uma crença genuína nas habilidades dos funcionários e disponibilidade de investimento. A Nationwide Insurance anunciou que gastaria US$160 milhões durante 5 anos para oferecer um treinamento de "habilidades futuras" para seus 28 mil funcionários nos Estados Unidos. Se aplicada corretamente, a propagação da fluência digital em toda a organização pode transformar o que os funcionários — e a empresa como um todo — podem fazer.

Considere a Capital One. Quando se tornou totalmente orientada à inovação, a empresa realizou uma transformação complementar em sua abordagem ao talento e à cultura. A companhia buscava não apenas substituir o stack tecnológico, mas também inculcar a fluência digital na mão de obra. Por exemplo, quando embarcou em sua estratégia de "nuvem primeiro", a empresa também instituiu um programa de treinamento sobre computação na nuvem. A Tech College da Capital One oferece um programa de aprendizado criado por engenheiros para engenheiros. A fim de garantir que todos sejam fluentes em nuvem, cursos online e workshops presenciais são oferecidos aos funcionários — tanto da área tecnológica como de outras — sobre mais de uma dúzia de disciplinas.

Em 2017, a empresa lançou a Capital One Developer Academy (CODA), a fim de abrir as portas da tecnologia para cientistas de outras áreas e com diversas formações. No programa intensivo de seis meses, os funcionários que não são da área tecnológica aprendem a escrever códigos de software trabalhando ao lado de engenheiros. Após completar o programa, os participantes começam um Programa de Desenvolvimento Tecnológico rotativo como engenheiros de software em tempo integral. Ao mesmo tempo, a Capital One lançou programas separados de tecnologia, análises e design thinking para oferecer oportunidades para seus associados atualizarem e melhorarem suas habilidades em funções além da área financeira, mas que são cruciais para a criação de uma cultura multidisciplinar de experimentação tecnológica.

Ao mesmo tempo, o Capital One Lab, uma extensão inovadora que leva uma mentalidade de startup à cultura, promove o design thinking centrado no consumidor em novos processos, produtos e serviços. Por meio da Capital One Ventures, o banco fica a par da inovação em startups e a explora com a colaboração. Hoje, o banco se engaja em exercícios avançados de tecnologia como teste de caos, resiliência e agilidade — atividades que tradicionalmente estavam sob o domínio das grandes empresas de tecnologia.

Tal cultura de tecnologia primeiro, em que a fluência digital é uma altíssima prioridade, também ajuda a atrair os melhores talentos. "Engenheiros talentosos de software querem trabalhar ao lado de outros grandes engenheiros de software", afirma o diretor de TI Rob Alexander. "Eles querem trabalhar com tecnologias modernas, e não com plataformas de aplicações legadas ou com estruturas burocráticas lentas, que geralmente são encontradas em grandes bancos ou em outras grandes instituições. Enfrentamos estes dois desafios: como criar uma equipe, uma massa crítica de grandes engenheiros de software que atraiam outros; e como mudar nosso modelo de operações tecnológicas de modo que possamos evoluir como as melhores empresas de tecnologia."[27]

Não por acaso, a Capital One vem sendo classificada consistentemente como um dos melhores lugares para se trabalhar.[28] Sem os prósperos programas de treinamento e de desenvolvimento da companhia, a motivação para a experimentação e o trabalho em todas as unidades da empresa, é muito provável que, paradoxalmente, a tecnologia sozinha não teria transformado o banco em uma empresa de tecnologia. Essa é a lógica do radicalmente humano. É também uma lição sobre como diferenciar genuinamente uma organização na dimensão de talentos em uma era de tecnologia radicalmente humana.

Produtividade em Qualquer Lugar

Testemunhamos em 2020 a maior transformação na mão de obra e no ambiente de trabalho de que conseguimos nos lembrar. Para manter os funcionários seguros durante a pandemia, as empresas permitiram que legiões de seu pessoal fizessem home office. Para manter a empresa operando e os funcionários ativos, as companhias dobraram as apostas em soluções tecnológicas. Quase da noite para o dia, bilhões de pessoas no mundo todo mudaram sua forma de trabalho. Em 2019, apenas 5,4% dos funcionários nos 27 países-membros da União Europeia trabalhavam de casa — uma porcentagem que havia permanecido constante por quase uma década. Com o surto pandêmico, o número saltou para 40%.[29] Uma pesquisa conduzida pela Universidade Stanford em maio de 2020 descobriu quase o dobro de pessoas, só nos EUA, trabalhando de casa, e não na empresa — representando mais de dois terços da atividade econômica.[30]

Inicialmente, muitas empresas consideraram essa mudança radical como uma solução de curto prazo para um problema temporário. Mas os funcionários logo passaram a gostar de trabalhar de casa. Consideremos a Fujitsu.[31] Logo antes do início da pandemia, 74% dos funcionários da empresa indicaram em uma pesquisa que consideravam o escritório o melhor lugar para trabalhar. Em março, 80 mil funcionários da Fujitsu que viviam no Japão faziam home office; em maio, apenas 15% preferiram o escritório.

Quase um ano após o estudo da Stanford, 90% dos funcionários de escritórios localizados nas partes do sul e do centro de Manhattan, os dois maiores centros empresariais dos Estados Unidos, continuavam a trabalhar remotamente.[32] Outra pesquisa nacional sobre locatários comerciais conduzida na mesma época por uma plataforma tecnológica de imóveis descobriu que apenas 18% dos participantes anteviam um retorno para o modelo tradicional de trabalho — presencial e de cinco dias por semana.[33] Enquanto isso, o surgimento da variante Delta da covid, mais contagiosa, prolongou a necessidade do trabalho remoto. Diversas empresas dos setores de tecnologia, finanças e mídia indicaram que continuariam com o home office de seus funcionários parcial ou totalmente, mas o mesmo se deu com empresas como Novartis, Ford e Siemens.[34]

Embora muitos trabalhadores prefiram a liberdade do trabalho remoto, pesquisas indicam que encontrar um equilíbrio ideal entre o que funciona bem presencial *e* remotamente é o que as pessoas realmente querem. Ou seja, um ambiente que lhes seja o mais adequado. Para algumas, isso significa voltar ao escritório; para outras, é trabalhar 100% remotamente; outras, ainda, preferem uma mescla.

Com a possibilidade de trabalhar de qualquer lugar, as pessoas podem realizar seus trabalhos de modos diferentes ou mesmo totalmente novos e que sobreviverão à pandemia. Por exemplo, na Universidade de Liverpool, os cientistas trabalharam com um robô químico para continuar suas pesquisas durante o lockdown.[35] O robô descobriu maneiras de acelerar reações dentro de células solares e conseguiu executar experimentos de forma autônoma, mesmo quando não havia ninguém presente. Os pesquisadores não deixarão de usar esses robôs só porque podem voltar ao laboratório. Eles expandirão o que os robôs podem fazer, como executar experimentos ininterruptamente ou manusear substâncias tóxicas.

As empresas devem acomodar essa nova realidade, e não a combater. Elas precisam deixar as convenções de lado e reimaginar como seu modelo de mão de obra pode dar suporte e permitir, da melhor forma possível, que seu pessoal seja mais produtivo — como funcionários remotos e presenciais podem colaborar, qual trabalho é desempenhado melhor em que modalidade e qual será o propósito dos escritórios físicos.

Para serem eficazes, as pessoas precisam ter um sentimento de autonomia. Na década de 1970, os psicólogos do trabalho descobriram que dar às pessoas um sentido de autonomia nas tarefas do trabalho resultava em níveis mais altos de responsabilidade e de desempenho. Menos controle essencialmente gera mais valor. O novo programa da Fujitsu, "Work Life Shift", busca maximizar a criatividade e a eficiência ao permitir que seus funcionários escolham a melhor situação profissional para si mesmos.[36] Todos os funcionários poderão trabalhar de casa permanentemente e com um horário flexível. Mas enquanto a Fujitsu está cortando pela metade seus espaços de escritórios no Japão, a empresa está, na verdade, expandindo os escritórios-satélites em partes diferentes do país. O novo modelo concede aos funcionários a liberdade de escolher onde querem trabalhar — em suas casas ou em um desses escritórios menores.

As companhias também devem mudar o modo como gerenciam e avaliam os funcionários. Muito embora as pesquisas certamente tenham mostrado que a maioria das pessoas produtivas faz intervalos para alcançar níveis mais altos de desempenho, muitas culturas de trabalho são desenvolvidas sobre uma mentalidade de correria [busyness mindset].[37] Porém, com a mão de obra partindo de qualquer lugar, a questão não é mais se manter ocupado, na correria e visível, mas entregar resultados valiosos.

Considere uma empresa global de biotecnologia. Com uma abordagem flexível em relação a como, onde e quando o trabalho acontece, a companhia criou uma cultura focada no resultado, para conceder mais liberdade às pessoas em relação a como alcançam os resultados. Um kit de ferramentas para o funcionário digital centrado em uma plataforma colaborativa permitiu que a comunicação assíncrona fluísse mais facilmente. Orientações comportamentais levaram a uma etiqueta melhor nas reuniões e empoderaram os funcionários a gerenciar seu tempo. O resultado: a empresa mudou exitosamente de uma cultura de "presenteísmo", em que as reuniões são a principal forma de os funcionários mostrarem seu valor. A pressão para estar sempre "disponível" diminuiu, graças à confiança e à flexibilidade aumentadas. A solução prioriza os resultados, apoia a colaboração, permite a flexibilidade em todas as equipes e estabelece os limites necessários para os intervalos das pessoas, permitindo conexões e reflexões significativas ao longo do dia. Não é surpresa que a consequência foi um maior desempenho da organização.

Tecnologias de plataforma como a Microsoft Viva estão tornando o foco nos resultados ainda mais acessível às empresas atualmente. A plataforma alimentada com IA ajuda a criar uma experiência centralizada independentemente de onde as pessoas trabalham. Um sistema digital de compreensão e conexão compartilhadas fica visível na plataforma para garantir que todos estejam em sincronia sobre o que os outros estão fazendo, obtenham acesso a conhecimentos valiosos em tempo real e ganhem insights sobre por que estão realizando determinadas coisas.

Com mais pessoas fazendo home office, a Humana, uma proeminente prestadora de serviços de saúde, usou a plataforma de experiência de funcionário Microsoft Viva para ajudar a transicionar 26 mil funcionários rapidamente.[38] A empresa usa os insights da Viva "para ajudar a companhia a obter insights privados e protegidos sobre padrões de trabalho, sobrecarga de colaboração, efetividade de gerenciamento e resiliência organizacional". Esses insights empoderam a Humana para trabalhar de forma mais inteligente e ajudam a equilibrar a produtividade e o bem-estar em um modelo híbrido.

A produtividade a partir de qualquer lugar também permite que as empresas repensem como contratam novos funcionários. Quase todas as principais empresas já têm unidades em todas as partes do mundo, mas ainda se percebem vinculadas às localizações geográficas. Abrir a mente à ideia de funcionários geograficamente distribuídos por fim dará às empresas acesso a um pool de talentos verdadeiramente global e diverso. E isso dará aos funcionários a liberdade de viver onde quiserem e evitará o deslocamento de suas famílias para buscar oportunidades profissionais. O Facebook, por exemplo, está fazendo a transição de mais funcionários para o trabalho remoto como uma forma de expandir e de diversificar seu pool de talentos. Mark Zuckerberg mencionou essa habilidade recém-descoberta para recrutar pessoas vindas de mais localizações e reter aquelas que podem sair da empresa porque querem se mudar para uma área diferente.[39]

As empresas também devem gerenciar a potencial desconexão entre os profissionais remotos e presenciais. Funcionários de diversas funções se beneficiarão do melhor ambiente profissional para suas necessidades específicas, mas, sem uma implementação cuidadosa, os profissionais presenciais e remotos podem ter dificuldades em colaborar, podem perder o moral ou se sentir desamparados. O Quora, por exemplo, está adotando uma abordagem "remoto primeiro" ao mesmo tempo em que mantém sua sede na Califórnia aberta como um espaço de coworking. Para evitar que as vozes dos funcionários remotos sejam minimizadas em favor daquelas que estão nos espaços físicos, todos os funcionários que participam das reuniões deverão aparecer em suas próprias telinhas.[40]

As organizações também estão lidando com a nova e complicada questão de como infundir suas missões e seus valores nos novos contratados, que nunca tiveram a experiência de trabalhar em um ambiente presencial. A Verizon, que fez a transição de 90% de seus funcionários para um modelo de home office em meados de março de 2020, estava contratando 950 novos funcionários para a função remota de atendimento ao cliente.[41] Usando como base sua experiência de ter feito a transição dos funcionários existentes para um modelo remoto no começo da pandemia, a empresa redesenhou seu programa de treinamento a novos contratados para que fosse digital, autoguiado e em vídeo, e que incluísse um treinamento específico para o home office, assim como um treinamento com os funcionários atuais.

O Twitter, que esteve entre as primeiras grandes organizações a anunciar o trabalho remoto permanente, está transformando sua cultura profissional de ainda mais formas.[42] Embora o trabalho remoto vá ajudar a companhia a cumprir seu objetivo de contratar funcionários mais diversos de todas as partes dos EUA, os líderes também identificaram áreas em que a melhoria é necessária. Para evitar a fatiga de reuniões, os executivos reduziram formalmente as videochamadas. Eles também decidiram repensar seu sistema de avaliação de desempenho para evitar o viés contra os funcionários remotos e estão buscando formas de recriar as conexões e o engajamento social durante "o cafezinho".

Os benefícios da produtividade a partir de qualquer lugar para suas operações e sua marca de empregador são diversas: um acesso genuinamente global a talentos diversos; ter uma mão de obra que esteja constantemente "disponível" em virtude da cobertura ao longo dos fusos horários; resiliência contra disrupções futuras; e até a entrega de objetivos de sustentabilidade ao deixar o espaço de trabalho do tamanho certo e reduzir a necessidade de se deslocar ao trabalho, criando poluição e consumindo energia. E, o mais importante, abraçar a produtividade a partir de qualquer lugar é uma oportunidade de reinventar o que você faz e o que pode oferecer aos funcionários que o ajudam a entregar isso — transformar os recursos humanos em recursos radicalmente humanos —, diferenciando sua empresa daquelas que ainda estão engajadas na antiquada guerra por talentos.

Os benefícios concretos para a empresa com a produtividade da mão de obra a partir de qualquer lugar estão bem documentados. Uma pesquisa da Accenture revelou que 63% das organizações com alto crescimento permitiram a produtividade a partir de qualquer lugar para sua mão de obra. Por outro lado, 69% das organizações com projeções negativas — ou nulas — de crescimento ainda estão focadas em onde as pessoas deveriam trabalhar — favorecendo completamente o modelo de trabalho presencial ou o modelo remoto. E 85% das pessoas que sentem que podem ser produtivas a partir de qualquer lugar também planejam trabalhar para sua organização corrente por um longo tempo.[43]

Dando o Primeiro Passo

Capitalizar com a combinação humanos + tecnologias radicalmente humanas para diferenciar sua organização na dimensão de talento é um alvo móvel. As melhores práticas ainda estão se desenvolvendo. Mas uma coisa é certa: esperar para agir não é uma opção. Você precisará testar constantemente as novas soluções, pensando além das categorias tradicionais de RH e dando alguns passos concretos para democratizar a tecnologia, criar uma cultura digitalmente fluente e alcançar a produtividade a partir de qualquer lugar.

Para começar a democratizar a tecnologia, avalie seu acesso atual a ela. Identifique a quais ferramentas talvez já tenha acesso ou quais investimentos adicionais precisam ser feitos para alimentar uma inovação de base. Depois, escolha uma área do empreendimento e faça testes. Por exemplo, dê aos representantes de vendas as ferramentas necessárias para criar seus próprios aplicativos ou aos agentes de serviços ao cliente a habilidade de automatizar o fluxo de trabalho.

A fim de democratizar o talento, use a promessa de aprimoramento de carreira proveniente da tecnologia democratizada e da flexibilidade da produtividade a partir de qualquer lugar para criar uma marca de empregador poderosamente diferenciada que atraia funcionários diversos. Aproveite o poder da tecnologia de contratação sem vieses para ajudar a garantir a diversidade genuína e a criar a segurança psicológica para mantê-la e colher seus benefícios na inovação.

Para aproveitar totalmente a lógica poderosa da tecnologia radicalmente humana — os humanos que concedem a liderança tecnológica —, invista em programas de fluência digital em toda sua organização. Faça com que seus funcionários tenham uma imersão nas tecnologias disponíveis. Ensine-os a usar tais tecnologias para criar soluções sempre que necessário.

Para a nascente era da produtividade a partir de qualquer lugar, identifique onde você realizou transformações rápidas e causadas pela pandemia, resolva quaisquer preocupações com segurança e considere como pode fazer com que os modelos híbridos sejam contínuos e sustentáveis. Lembre-se, você está realizando um dos experimentos mais massivos de mão de obra desde o alvorecer da era industrial. Avalie como está se saindo. Invista em ferramentas de análises do ambiente de trabalho e desenvolva um conjunto de indicadores-chave de desempenho (KPIs) para ganhar uma compreensão mais profunda sobre como os funcionários estão reagindo ao trabalho remoto.

Reinvente o modo como o espaço físico de sua empresa será utilizado. Planeje-se para ter um contingente remoto cada vez maior devido à otimização dos escritórios e imagine como o empreendimento pode transformar esses lugares. Você também deve explorar a criação de recursos e de ambientes que promovam a colaboração digital imersiva e unam os funcionários presenciais e os remotos em experiências compartilhadas, garantindo que as vantagens informais dos ambientes de trabalho sejam também virtualizadas.

O que a democratização da tecnologia, o treinamento em fluência digital e a produtividade a partir de qualquer lugar têm em comum é uma confiança profunda nas possibilidades radicalmente humanas dos funcionários. A questão da confiança nunca foi tão proeminente para os indivíduos nem tão problemática para as organizações. Ela não é apenas o motor invisível do comércio, mas também a base de nossos instintos mais radicalmente humanos, determinando como reagimos a tudo, desde a outras pessoas até a empresas grandes e pequenas. Como veremos no próximo capítulo, como sua empresa e sua tecnologia incorporam e interagem com essa reação mais fundamental dos humanos desempenhará um papel central em sua habilidade de competir.

7

CONFIANÇA

Apelando ao Nosso Instinto Mais Radicalmente Humano

As pessoas nunca estiveram tão alertas — de um modo pessoal e mais profundo — com relação à confiança. Ao longo da pandemia do coronavírus, basicamente todo mundo teve de avaliar o quanto confiava em todas as outras pessoas com quem tinha contato, incluindo os membros de sua própria família. As máscaras — e a falta delas — tornaram-se sinais visíveis do quanto era possível confiar nos outros com relação ao seu próprio bem-estar.

A partir desse centro humano, as preocupações se propagaram às empresas e às instituições. Quanta confiança poderia ser conferida às práticas relacionadas à covid em restaurantes, lojas, cinemas, hotéis, companhias aéreas, museus e escolas? E às vacinas e suas fabricantes? Enquanto isso, a confiança se corroía pelo discurso público que desconsiderava rotineiramente os fatos, as evidências e a própria ciência, enfraquecendo a noção em si da verdade. E, no mundo comercial, uma maré crescente de desconfiança vinha se formando havia anos, motivada por uma sucessão de escândalos e de prevaricações, incluindo o colapso financeiro mundial de 2008, os vazamentos massivos de dados de consumidores em inúmeras empresas, a negociação de informações privilegiadas e mais.

O capitalismo funciona à base de confiança — denominada de "aperto de mão invisível" —, ponto este levantado vigorosamente há 250 anos por Adam Smith (e muitas vezes deixado de lado por seus simplificadores). Quando a confiança diminui, os custos das transações sobem, seja na forma de medidas que devemos tomar para nos proteger contra comportamentos antiéticos ou prejudiciais, seja por medidas que os governos devem tomar para regular tal comportamento.[1]

Além disso, julgamos as empresas assim como julgamos os seres humanos. Ao longo das últimas décadas, os psicólogos sociais deduziram que nossos ancestrais, para sobreviver, desenvolveram uma habilidade inconsciente para fazer dois julgamentos importantes muito rapidamente sobre as outras pessoas.[2] Primeiro, quais são as intenções delas comigo — querem me ajudar ou me prejudicar? Segundo, qual é a capacidade dessa pessoa para executar a intenção percebida? Os pesquisadores denominam essas duas dimensões como *receptividade* e *competência*, respectivamente. Hoje, julgamos instantaneamente as outras pessoas dessa forma, com confiança e admiração àquelas que percebemos como receptivas e competentes. A professora de Princeton Susan T. Fiske, uma das fundadoras dessa pesquisa, e o especialista de marca Chris Malone juntaram seus esforços para determinar se — e até que ponto — julgamos as empresas da mesma maneira. Em uma série de 10 estudos separados abrangendo 45 de algumas das empresas mais conhecidas do mundo, eles descobriram que "as empresas e as marcas eram julgadas com tanta veemência, que esses julgamentos explicavam quase 50% de todas as intenções de compra, a lealdade à marca e a probabilidade de recomendar uma marca ou um produto".[3] Resumindo, a confiança é uma das diferenciadoras mais radicais de todas — no sentido de estar profundamente arraigada.

Cinco Fundamentos da Confiança para a Era Digital

Grande parte da desconfiança atual tem origem nas tecnologias que discutimos neste livro. Os algoritmos podem levar os visitantes de um site confiável a um caminho nefasto de ódio, desinformação e teorias bizarras de conspiração. O aprendizado de máquina reforça os vieses nas contratações, no policiamento e no acesso ao crédito. Os dados que possibilitam à IA trazer avanços para a saúde e o bem-estar humanos podem ser usados para discriminar os enfermos. As plataformas de redes sociais foram transformadas em armas por interferências malignas de governos nas eleições de outros países. As gigantes e as anunciantes da internet se engajam em um monitoramento online incansável — alguns observadores chamam isso de vigilância[4] — buscando formas de minar e de monetizar as quantidades massivas de dados que coletam de bilhões de pessoas diariamente.

As empresas em que não se pode confiar sofrem consequências em termos financeiros reais. Em 2018, a *The Economist* analisou oito das mais notáveis crises corporativas desde 2010. Todas as oito empresas sofreram uma queda no preço de suas ações após uma crise, com o preço médio por ação tendo caído 33% no ponto mais baixo. Embora a maioria das empresas tenha compensado suas perdas ao longo do tempo, a comparação com o desempenho de suas concorrentes conta uma história de enormes valores perdidos. Nessa linha, a empresa média valia 30% a menos do que valeria caso a crise não tivesse ocorrido. A *The Economist* estimou que as oito empresas perderam um total de US$300 bilhões.[5]

Por contraste, as empresas líderes estão aproveitando a oportunidade ao transformar esse momento da verdade em um "momento da confiança", abraçando o poder da mudança tecnológica exponencial para reinventar e recriar completamente o futuro das empresas e da experiência humana pós-covid.[6] Essas organizações estão fazendo da confiança um atributo fundamental de suas ofertas. Elas estão adotando e adaptando elementos da estrutura IDEAS, todos baseados na confiança. Elas sabem, e muito bem, que devem conseguir confiar nos algoritmos que propulsionam a inteligência, nos dados que alimentam suas tecnologias, na expertise que orienta o aprendizado de máquina e na segurança da arquitetura constantemente adaptável. E, então, elas unem todos esses elementos em uma estratégia que faz da confiança um dos diferenciadores mais poderosos de todos. No processo, estão transformando em algo forte aquilo que historicamente sempre foi um risco, ou então minimizando o risco para que se torne uma vantagem a ser orgulhosamente aproveitada no mercado — abordando os cinco fundamentos da confiança em nossa era digital: humanidade, equidade, transparência, privacidade e segurança.

Humanidade: A Experiência da Confiança

Em nossas atividades diárias totalmente digitalizadas, temos todos diferentes graus de confiança ou desconfiança com plataformas, dispositivos, sites, sistemas empresariais e processos governamentais online, todos alimentados pela IA. Um dos grandes potencializadores da confiança nas entidades alimentadas por IA é a sua conexão com o elemento humano.

Como vimos no caso da seguradora online Lemonade, o elemento humano pode ser direto e simples. Os clientes que estão fazendo um pedido de acionamento de seguro apenas olham para a câmera, contam sua história sobre a perda e a resolvem instantaneamente ou são transferidos na hora para uma assistência humana. No caso da Etsy, a sensibilidade estética dos seres humanos ajuda a potencializar as escolhas de produtos que a IA seleciona para os consumidores. Nos casos das muitas empresas em que os humanos ensinam às máquinas — a "Expertise" em IDEAS —, o elemento humano pode às vezes ser menos visível, mas não menos importante para o sucesso das empresas que o aplicam para ganhar confiança.

A próxima fronteira na criação da confiança experiencial é ensinar as máquinas a *cooperar* com humanos e com outras máquinas. Em um comentário inovador feito na revista *Nature* em 2021 sobre o campo emergente da "IA cooperativa", os principais especialistas de IA descreveram o desafio da seguinte forma:

> A IA precisa de compreensão social e de inteligência cooperativa para se integrar bem na sociedade. Os próximos anos podem fazer surgir diversas ecologias de sistemas de IA que interagem de formas rápidas e complexas uns com os outros e com humanos: em ruas e estradas, em mercados de consumo e financeiros, em comunicações por e-mail e nas redes sociais, na cibersegurança e na segurança física. Os veículos autônomos ou as cidades inteligentes que não se engajam bem

com os humanos não conseguirão entregar seus benefícios, e podem até causar disrupção nos relacionamentos humanos estáveis.[7]

De acordo com os autores, os pesquisadores precisarão focar três áreas para promover a IA cooperativa:

- **Cooperação entre IA e IA.** Ensinar à IA como aprender a jogar jogos cooperativos de tabuleiro, como Diplomacia, do mesmo modo que os humanos, com todas suas parcerias e coalizões confusas, negociações e barganhas, mentiras e criação de confiança, e trabalho em equipe e comunicações específicas.
- **Cooperação entre Humanos e IA.** Ensinar aos robôs como trabalhar com humanos em fábricas e hospitais e como lograr um alinhamento com outros cujos interesses são conflitantes. Os assistentes de IA complementariam a inteligência e humana e dependeriam dos humanos nas habilidades em que as pessoas têm uma vantagem comparativa. As pessoas, por sua vez, aumentariam sua confiança no fato de que as máquinas não substituirão os humanos após eles as treinarem: "A IA não substituirá os radiologistas, mas os radiologistas que usam IA substituirão aqueles que não usam a IA para a colaboração humana", expressa o radiologista da Universidade Stanford Curtis Langlotz.[8]
- **IA para a colaboração entre humanos.** Ensinar à IA a promover a cooperação, e não o conflito, entre os humanos em áreas como pesquisa científica, mídias sociais e algoritmos de recomendações. Esse recurso promove comunidades saudáveis e valores duradouros.

A cooperação entre humanos e IA, e especificamente a ampliação das capacidades humanas pela IA, foram, é claro, o teor de nosso livro anterior *Humano + Máquina*. Argumentamos que o julgamento humano é uma parte crucial para a geração de confiança na IA, caso consigamos aproveitar suas capacidades totais em um mundo no qual há uma "aversão algorítmica" difundida.[9] O oposto da aversão algorítmica é a "apreciação algorítmica", para usar um termo recentemente cunhado.[10] A apreciação pela IA nasce quando elementos radicalmente humanos chegam à superfície. Por sua vez, as estratégias que promovem um nível mais natural e humano de interação com a IA têm o potencial de infundir novos níveis de confiança entre consumidores, funcionários e muitos outros.

Por exemplo, a "IA conversacional", os sistemas que aprendem a partir da interação com o usuário, oferece um modo de aumentar a confiança no mundo impessoal dos robôs alimentados por IA. A Amazon anunciou, no fim de 2020, que sua assistente de voz passou a conseguir decifrar pedidos que não havia sido treinada para entender.[11] A maioria dos sistemas existentes de IA conversacional tendem a travar quando se deparam com situações novas.

Além da IA conversacional, "personas digitais" totalmente imersivas e com aparência humana estão sendo moldadas — hologramas 3D que parecem ser uma pessoa real e podem responder a perguntas que não estão no script, feitas por usuários. Essas personas acrescentam ou subtraem confiança com base nas percepções das pessoas sobre o quão "real" elas são. Por exemplo, o Accentur Labs criou um holograma 3D do famoso artista indiano M. F. Husain para o Museu de Arte e Fotografia em Bangalore, Índia.[12] A figura histórica faleceu em 2011, então o rosto do artista foi sobreposto em arquivos de vídeos de entrevista das quais participou. Os especialistas garantiram que as respostas simuladas seriam percebidas como confiáveis, e a persona recebeu a aprovação dos membros de sua família e da associação. Tecnologias de síntese de fala, de IA e de aprendizado profundo treinaram a persona para falar como o artista, assim como para detectar e reagir às emoções dos usuários. Tais interações realistas fortalecem a confiança, especialmente quando a persona reflete a pessoa real em tantas dimensões.

Curiosamente, uma apreciação maior pela imperfeição humana também é crucial. Maia, um programa de IA que joga xadrez, baseado em tecnologia desenvolvida originalmente pela unidade DeepMind da Alphabet, não almeja ser um super-humano. Pelo contrário, ele leva em consideração todos os modos em que os humanos erram no xadrez e cria sistemas tendo em mente a falibilidade humana.[13] Ele consegue antecipar as ações *e* os erros humanos, assim como as jogadas mais *prováveis* de alguém especificamente, e não apenas todas as jogadas *possíveis*, como faz o sistema Deep Blue da IBM, que derrotou campeões de xadrez.

Um foco na imperfeição humana dá a Maia uma habilidade melhor de interagir com os humanos: às vezes, ela pode ensinar às pessoas, outras, pode ajudá-las ou, então, pode negociar com elas. Por exemplo, ela poderia treinar médicos para ler imagens de exames de forma mais precisa, ao entender como os próprios médicos discordam quando analisam a mesma imagem.

O cérebro humano de modo algum é completamente confiável. As pessoas às vezes não podem nem mesmo confiar no que veem — e, graças à IA, estamos começando a aprender por quê. Um cérebro artificial chamado MotionNet pode simular a percepção humana de movimento, um processo altamente complexo que é notoriamente difícil de observar no mundo real.[14] Usando um modelo virtual de percepção humana, os pesquisadores conseguem demostrar como as pessoas subestimam a velocidade em que estão dirigindo durante condições de pouca visibilidade, como neblina. O sistema modela como os neurônios em nosso cérebro fazem com que os objetos pareçam estar se movendo de forma mais lenta do que realmente estão nessas situações — um erro que pode ter consequências fatais na estrada.

Esses toques radicalmente humanos de inteligência de máquina têm muito mais chance de infundir confiança nos humanos de que os sistemas estão turbinando suas habilidades, e não as substituindo. E que a decência humana básica pode produzir melhorias visíveis na confiança.

Equidade: Tirando o Viés da IA

Em uma quinta-feira de janeiro de 2020, Robert Williams, de Farmington Hills, Michigan, recebeu um golpe histórico da IA. Ele se tornou o primeiro exemplo documentado nos EUA de uma pessoa ser presa equivocadamente com base em um falso alarme produzido pela tecnologia de reconhecimento facial.[15]

Com a esposa e suas duas filhas, de 5 e de 2 anos, em desespero, a polícia o prendeu por ter supostamente furtado o equivalente a US$3.800 em relógios de uma loja de luxo em Detroit. Ele ficou detido por trinta horas e passou a noite no chão de uma cela na cadeia. A tecnologia havia associado, equivocadamente, as imagens da gravação do furto na loja feitas pela câmera de segurança com a foto de Williams, de sua habilitação, que estava no arquivo do estado.

Já foi muito bem documentado o fato de que diversos sistemas de reconhecimento visual, cujo treinamento se deu principalmente com exemplos de pessoas brancas, têm dificuldades de distinguir pessoas com tom mais escuro de pele, e uma dificuldade ainda maior caso seja uma mulher negra.[16] Pesquisadores do Instituto de Tecnologia da Geórgia também descobriram que os sistemas de detecção de objetos, como aqueles usados em veículos autônomos, detectam melhor as pessoas com tons mais claros de pele.[17] Os carros autônomos talvez registrem menos a presença de pedestres com tom mais escuro de pele e, como resultado, acabem batendo neles.

Ou, então, considere o viés de gênero. Um programa online de tradução que, quando solicitado a traduzir "Ela é médica e ele é babá" para turco e depois de volta para inglês, apresenta "Ele é médico e ela é babá". Os sistemas de diagnósticos médicos por imagem, treinados com uma preponderância de dados masculinos, podem levar a tratamentos inadequados para as mulheres.

Pesquisadores da Microsoft e da Universidade de Boston descobriram que algoritmos de incorporação de palavras aprenderam os vieses sociais vagando nas enormes quantidades de texto com as quais foram alimentados a partir do Google News, da Wikipédia e de outras fontes online.[18] O algoritmo de IA GPT-3, criado pela Open AI em São Francisco e treinado com cerca de 200 bilhões de palavras, é excelente para escrever poesia e notícias melhor que qualquer outra IA até o momento, mas também é ótimo para criar textos que são pura besteira e muito radicais, que se sobressaem àqueles escritos pelos reais nazistas, teóricos de conspiração e supremacistas brancos. A IA fundamentalmente não "entende" o que está dizendo.[19]

O viés nos dados de treinamento ou no algoritmo pode ter sérias consequências comerciais. Por exemplo, um banco instalou um sistema de IA para ajudar na subscrição de financiamentos imobiliários e descobriu que o programa havia criado uma regra para negar empréstimos a moradores de áreas de baixa renda — uma violação das regulações de "redlining".

Antes, quando a IA se concentrava apenas em aplicações administrativas, o viés poderia certamente se infiltrar, mas o dano possível nem de longe era tão extenso. Agora a IA está sendo usada extensivamente tanto para dar suporte à decisão gerencial como nas aplicações de interação com o consumidor. Com o clique de um botão, a tomada automatizada de decisão algorítmica pode ter um impacto em populações enormes, piorando muito o risco da IA com viés.

Na presença de uma IA com viés, as empresas correm o risco de tomar decisões estratégicas equivocadas, ofendendo consumidores, alienando funcionários e prejudicando reputações. E, pior, a IA com viés é moralmente errada. Em junho de 2020, quase no mesmo horário em que a história da prisão equivocada de Robert Williams viralizou no país, a Amazon, a Microsoft e a IBM anunciaram que suspenderiam ou encerrariam seus produtos de reconhecimento facial para o setor de segurança. Enquanto isso, diversas empresas estão enfrentando o problema do viés.[20]

Considere o viés na contratação automatizada. Ao longo das últimas décadas, as empresas vêm usando algoritmos para pesquisar os milhares de currículos de modo a encontrar o candidato certo, fazendo uma contratação sem viés. Porém, muitos desses algoritmos infelizmente têm perpetuado injustiças no processo de contratação.

É aqui que a Pymetrics entra em cena. A startup de IA com sede em Manhattan é uma das startups de tecnologia que tentam reformular o processo de contratação com a ajuda de IA. Cofundada em 2013 por Frida Polli, cientista cognitiva que fez pós-doutorado em Harvard e no Instituo de Tecnologia de Massachusetts, a Pymetrics explora uma combinação de testes baseados em neurociência e de aprendizado de máquina para alinhar os candidatos com as vagas certas.

Uma das maneiras pelas quais as Pymetrics faz isso é por meio de uma série de testes online. As empresas que fazem parceria com a startup pedem que seus funcionários atuais façam uma avaliação que mede atributos como memória, capacidade de atenção, altruísmo, ceticismo e apetite pelo risco. A Pymetrics, então, destaca padrões entre os que se saíram melhor em diversos cargos. Por exemplo, talvez um vendedor possa estar mais inclinado para um perfil de alto risco/alta recompensa, enquanto um desenvolvedor de software seja mais orientado a processos e a detalhes. Todas essas informações alimentam o algoritmo da Pymetrics para que avalie os candidatos que fazem o mesmo teste quando disputam vagas diferentes dentro da empresa. Certa ocasião, uma empresa contratou um ex-cabeleireiro para uma vaga de vendas, sem ter qualquer experiência prévia, e ele acabou tendo um dos melhores resultados. "São como diamantes brutos, ou pessoas que de outra forma não consideraríamos", afirma Polli.[21]

O teste da Pymetrics envolve uma série de jogos rápidos de computador que foram desenvolvidos com base na literatura da ciência cognitiva. Em um deles, por exemplo, os candidatos tentam inflar um balão sem o estourar. Mas esses não são realmente *testes*. Como a empresa destaca, não há respostas certas ou erradas. Se os resultados sugerem que um candidato não é necessariamente um planejador natural, a conclusão não é de que a pessoa é "desorganizada", mas de que ela é "improvisacional". O objetivo não é classificar os candidatos, mas determinar os traços cognitivos e comportamentais que os tornam adequados à vaga. Os candidatos não podem ver como se saíram em comparação ao que os possíveis empregadores estão buscando, mas podem ver seus resultados dentro do espectro de cada traço. O teste está disponível em vinte idiomas e oferece diversas versões para pessoas com dislexia, TDAH e daltonismo, por exemplo.[22] Companhias como Nielsen, LinkedIn, Kraft Heinz, Mastercard, McDonald's e Accenture já implementaram a Pymetrics como parte de seu processo de contratação.

Mas os algoritmos, no fim das contas, são escritos por pessoas, e às vezes essas pessoas podem ter vieses, estejam ou não conscientes do fato. É por isso que a Pymetrics desenvolveu uma ferramenta de detecção de viés chamada Audit AI, que detecta o viés em algoritmos. Ela foi originalmente desenvolvida para eliminar o viés nos próprios algoritmos da empresa, que, em última análise, são usados para determinar se um candidato é uma boa escolha para uma vaga. Recentemente, porém, a Pymetrics disponibilizou o código da ferramenta para ajudar outros a auditar o resultado de basicamente qualquer técnica de aprendizado de máquina. A Audit AI determina se uma estatística específica ou se um traço que alimentou o algoritmo está sendo favorecido ou desfavorecido em uma taxa estatisticamente significante e sistemática, levando a impactos adversos para as pessoas sub-representadas no conjunto de dados.

Como qualquer executivo responsável pela diversidade e pela inclusão pode atestar, eliminar o viés e a desigualdade pode ser terrivelmente difícil. O viés é insidioso, em geral inconsciente e, às vezes, está tão profundamente incorporado nos processos, que se torna invisível. Embora a crença inicial de que a IA poderia resolver facilmente o problema tenha se mostrado ingênua, desenvolvimentos mais recentes na detecção de viés sugerem que a solução está em usar mais IA — veja só — para chegar à equidade que é essencial à confiança.

Transparência: Espiando a Caixa-preta

A essência do desafio de transparência é a explicabilidade — o famoso problema da "caixa-preta" que atormenta o aprendizado de máquina. Os sistemas que empregam o aprendizado profundo são especialmente opacos. Como vimos no Capítulo 1, é quase impossível explicar como seus algoritmos, trabalhando com enormes números de parâmetros e de camadas de abstração, chegam a suas conclusões. E, como também observamos, tais sistemas não desaparecerão, apesar das bem-vindas novas abordagens à inteligência e aos dados que estamos analisando.

Executivos de todos os setores clamam por mais explicabilidade. Quando possível, eles querem que tanto seus gerentes não técnicos como seus cientistas de dados consigam entender todos os processos e os raciocínios por trás de uma decisão algorítmica. Saber "por que" e "como" pode ser extraordinariamente útil para evitar falhas éticas e regulatórias e para justificar decisões aos stakeholders, especialmente quando os algoritmos de IA presentes em toda a empresa se tornam difundidos.[23]

Saber "por que" e "como" também pode ajudar a mitigar problemas de equidade. A Apple foi alvo de críticas em 2019 quando um desenvolvedor de software publicou no Twitter sobre os diferentes limites de crédito que a empresa ofereceu para o cartão de crédito dele e de sua esposa. "Minha esposa e eu fazemos a declaração conjunta de imposto de renda, temos comunhão de bens e estamos casados há muito tempo", tuitou ele. "Mas o algoritmo de caixa-preta da Apple acha que eu mereço vinte vezes mais o limite de crédito que ela merece."[24] Os reguladores de serviços financeiros no estado de Nova York ficaram de olho e prometeram investigar. Caso a Apple tivesse entendido totalmente o comportamento do algoritmo, o problema talvez pudesse ter sido evitado.

A explicabilidade não é algo fácil. O poder do aprendizado de máquina está em fazer o que as pessoas não conseguem — detectar padrões que às vezes desafiam a lógica e a intuição humanas. Como podemos começar a entender, quem dirá explicar, o que está realmente acontecendo com o aprendizado de máquina no nível granular? Mesmo se fosse possível explicar como um modelo está funcionando por meio de termos que um cientista de dados pudesse compreender, explicar isso para os tomadores não técnicos de decisão em linguajar simples pode parecer uma tarefa impossível.

Ainda assim, algumas organizações e alguns setores estão enfrentando de frente o problema da caixa-preta, investindo pesado no desenvolvimento de novos recursos para auditar e explicar os sistemas de aprendizado de máquina. A IA explicável — xAI [explainable artificial intelligence] — compreende sistemas emergentes com a habilidade de explicar seu raciocínio para as decisões, caracterizar as forças e as fraquezas de seu processo de tomada de decisão e transmitir uma compreensão de como se comportarão no futuro.

A NVIDIA é uma das empresas que está tentando expandir os limites da xAI. A fabricante de chips recentemente desenvolveu um carro que pode ser controlado totalmente por um algoritmo de aprendizado profundo. A empresa não forneceu regras ou instruções; ela programou o computador do veículo para associar diversas imagens de câmeras com o comportamento de um condutor humano e ensinar a si mesmo como dirigir. O computador aprendeu observando. Mas uma questão incomodou a NVIDIA. Como o computador estava fazendo isso? E por quê?

Para responder a essas perguntas, os engenheiros da NVIDIA tentaram fazer com que o veículo explicasse seu estilo de condução — visualmente. Os pesquisadores da empresa desenvolveram uma arquitetura de rede neural para permitir que o sistema destacasse as partes de um vídeo que contribuíram mais fortemente com o comportamento da rede neural profunda do carro.[25] Os resultados mostraram que a rede se concentrava nas extremidades das estradas, nas marcações de faixa e nos carros estacionados — as mesmas coisas em que um bom motorista humano prestaria atenção.[26] Curiosamente, a NVIDIA nunca disse diretamente à rede para que se importasse com essas coisas.

"Pense em por que você reconhece um rosto em uma foto e, depois, tente classificar isso em um conjunto de regras específicas que você pode programar — é impossível", explica Urs Muller, arquiteto-chefe de carros autônomos na NVIDIA.[27] "A pergunta, portanto, se torna: 'Queremos limitar nossas soluções para apenas as coisas que podemos definir com regras?'"

Ao mesmo tempo, outras grandes empresas, incluindo Google e IBM, estão investindo em capacidades de auditar e de explicar os sistemas de aprendizado de máquina. A IBM desenvolveu uma ferramenta de IA baseada na nuvem que mostra aos usuários quais principais fatores determinaram uma recomendação feita pela IA e, no processo, espera identificar em tempo real os problemas, como o viés inerente.[28]

Um esforço para criar a IA Explicável está acontecendo em nível de governo nos EUA: a DARPA (Agência de Projetos Avançados de Pesquisa de Defesa) está atualmente financiando um programa cujo objetivo é interpretar o aprendizado profundo que alimenta drones e operações de mineração de inteligência.

A xAI da DARPA busca resolver dois problemas discretos. O primeiro é entender melhor por que os modelos de aprendizado de máquina às vezes se comportam de modos imprevistos. O segundo é determinar como os sistemas de IA podem comunicar melhor aos humanos o que fazem.

De acordo com Dave Gunning, gerente do programa na iniciativa da DARPA, eles esperam que os métodos de IA Explicável consigam ajudar a gerar explicações tanto "locais" como "globais". As "locais" exporiam as decisões individuais tomadas por um sistema de IA, enquanto as "globais" detalhariam a lógica geral por trás do comportamento do modelo de IA.[29]

Uma parte da solução é "mais aprendizado profundo", afirma Gunning.[30] Haveria um sistema de aprendizado profundo treinado para tomar decisões, e um segundo, para gerar a explicação. Independentemente da abordagem, a IA Explicável será vitalmente importante para a criação de confiança em uma tecnologia que está revolucionando tudo, das farmacêuticas às operações industriais.

Privacidade: "Um Direito Humano Fundamental"

Em 2015, o CEO da Apple, Tim Cook, disse celebremente: "A privacidade é um direito humano fundamental."[31] Com o lançamento de novos produtos — cartão de crédito, serviço de notícias, TV premium ou um novo aplicativo na App Store —, a Apple enfatiza como cada produto foi feito tendo, o tempo todo, a privacidade do consumidor em mente. Além disso, a empresa associa explicitamente a manutenção da privacidade com a inovação.

Por exemplo, os recursos de privacidade dos dispositivos da Apple são um modelo virtual da estratégia de inovação tecnológica que se baseia em elementos essenciais da abordagem IDEAS. Considere o aplicativo de fotos. Muitos desses aplicativos e serviços processam e organizam suas fotos na nuvem. O aplicativo de foto da Apple usa aprendizado de máquina para organizar as imagens em seu Mac, iPhone ou iPad, não sendo necessário compartilhar as fotos com a Apple. Tal abordagem à arquitetura traz o poder da nuvem para a borda por meio do Mecanismo Neural da Apple em um chip no dispositivo. O chip realiza 100 bilhões de operações por foto para reconhecer rostos e lugares sem jamais sair de seu dispositivo.

O iPhone é um dos dispositivos de coleta e retenção de dados mais eficientes do mundo. Os smartphones têm o poder de coletar quantidades gigantescas de dados sobre os usuários — de onde estiveram e os caminhos escolhidos a quais sites foram acessados e quais aplicativos foram usados (e provavelmente serão visitados e usados no futuro). Mas, com cada novo lançamento do iOS da Apple, os desenvolvedores da empresa tornam mais difícil para que terceiros coletem dados dos usuários e lucrem com isso. O Safari, navegador da Apple, por exemplo, foi o primeiro navegador a bloquear cookies de terceiros por padrão. O Safari também permite que você gerencie se os sites podem ter acesso à sua câmera e ao seu microfone, um recurso singular.

Para o iOS 11 e o MacOS High Sierra, a Apple apresentou a Prevenção de Rastreamento Inteligente, um recurso projetado para impedir que os anunciantes rastreiem os cliques e as buscas dos usuários. Para o iOS 12, a Apple levou a proteção de privacidade a outro nível, excluindo do software de rastreamento dos anunciantes as características singulares de seus dispositivos.[32] No todo, o iPhone tem recursos embutidos de privacidade que outros navegadores não oferecem. Além dos recursos avançados de segurança, como o autopreenchimento do código de segurança, a auditoria de reutilização de senha e a geração automática de senhas, o iOS 13 oferece uma nova configuração de privacidade que mostra ao usuário quais aplicativos estão usando seus dados Bluetooth e lhes dá a habilidade de desligar o acesso desses aplicativos à sua conexão Bluetooth.[33]

Por garantia, a Apple ainda coleta os dados do usuário. Como muitas empresas de tecnologia, a Apple usa IA para coletar detalhes pessoais sobre os usuários conforme eles se engajam com os dispositivos e os softwares da empresa. O objetivo é melhorar a experiência do usuário. Mas, para evitar a coleta irrestrita dos dados do usuário, a Apple emprega o que é chamado de privacidade diferencial local,[34] entre outras técnicas de aprendizado de máquina com preservação da privacidade (PPML — privacy-preserving machine-learning) que abordamos no Capítulo 4. Para mascarar a identidade do usuário, ruído estatístico é inserido nos dados antes que saiam do dispositivo. Mas, se muitas pessoas estão enviando os mesmos dados, o ruído estatístico que foi acrescentado calcula a média de grandes números de pontos de dados, e a Apple pode captar informações significavas, porém anônimas. A empresa aprende o que um grande número de usuários está fazendo sem descobrir nada sobre os indivíduos.

A Apple mantém a privacidade em todo o processo de coleta e análise de dados. Os identificadores de dispositivos são removidos dos dados, que são transmitidos por um canal criptografado. O sistema de análise da empresa recebe as contribuições diferencialmente privadas, deixando de fora os endereços de IP e outros metadados. Os registros privatizados mostram apenas as estatísticas relevantes, e só então as estatísticas agregadas são compartilhadas com equipes relevantes da Apple.

Sendo uma empresa que vende produtos físicos com um alto premium, a Apple pode se dar ao luxo de ter um *ethos* de proteção da privacidade. Seu modelo de negócio não depende da coleta e da monetização dos dados dos consumidores. Mas estamos começando a ver outras empresas tomarem posições ousadas com relação a seus consumidores.

Considere o caso da Sonos. Nossos lares se tornaram a última fronteira em segurança. Na era das caixas de som inteligentes equipadas com assistentes de voz, termostatos ativados por aplicativo e dispositivos domésticos conectados à internet, as empresas estão coletando cada vez mais dados que poderiam se tornar valiosos para designers de produtos, anunciantes, governos e autoridades policiais. Diversos grupos de interesse, de organizações das liberdades civis aos defensores dos consumidores e aos guardiões da privacidade infantil, levantaram questões sobre essa possível erosão da privacidade.

Com isso em mente, a Sonos apresentou, em 2019, um novo dispositivo com caixa de som conectado à internet — o Sonos One SL — que não tem um microfone interno. O dispositivo não pode ler comandos de voz como outros dispositivos inteligentes conseguem, tampouco pode ouvir o que as pessoas estão dizendo na privacidade de seus lares. "Há um grupo de pessoas que simplesmente não quer microfones em suas casas", explicou Patrick Spence, CEO da Sonos. "Pensamos que seria uma boa oportunidade para... levar paz de espírito às pessoas que querem isso."[35]

Também há o caso do Simcam, um sistema residencial interno que usa uma abordagem de "borda inteligente" à IA para garantir privacidade. Um ponto essencial de valor para um sistema de segurança residencial é a habilidade de suas câmeras em detectar eventos ou objetos e disparar um alerta de segurança. A câmera do Simcam aplica todo o reconhecimento facial no próprio dispositivo, em vez de enviar os dados à nuvem para serem analisados. As câmeras do sistema usam a unidade de processamento visual Movidius (VPU — Visual Processing Unit) da Intel, e a análise é executada localmente no hardware da Intel. Isso dá aos consumidores controle e privacidade — e promove a confiança.

Será que as pessoas consideram a privacidade relacionada à tecnologia um assunto sério? Uma pesquisa conduzida pelo instituto Future of Humanity, sediado na Universidade de Oxford, pesquisou mais de 2 mil norte-americanos sobre suas atitudes com a IA. Entre treze questões de governança de IA, duas das quatro principais preocupações dos pesquisados foram "evitar que os sistemas de monitoramento assistidos por IA violassem a privacidade e os direitos civis" e "proteger a privacidade dos dados".[36]

Segurança: Tão Frágil Quanto a Própria Confiança

No dia 24 de novembro de 2014, hackers — provavelmente patrocinados pelo governo da Coreia do Norte — começaram a publicar diversas informações confidenciais sobre a Sony Pictures, incluindo informações pessoais sobre funcionários e suas famílias, e-mails internos constrangedores, salários dos executivos, cópias de filmes até então não lançados e mais.[37] O malware inutilizou os computadores de muitos funcionários e destruiu a infraestrutura informática da empresa. Em dezembro, os hackers exigiram que a Sony cancelasse o lançamento do filme *A Entrevista*, uma comédia estrelando James Franco e Seth Rogen sobre uma conspiração para assassinar o líder norte-coreano Kim Jong-un, e ameaçaram realizar ataques terroristas nos cinemas que o exibissem. A Sony reduziu o lançamento do filme. Diversos ex-funcionários processaram a empresa por não ter protegido suas informações pessoais.

Durante a crise, a Sony contratou a FireEye, uma das principais empresas de cibersegurança do mundo. Após hackers russos terem invadido diversas agências federais dos EUA em 2015, o governo também se voltou à FireEye. O mesmo fez a Equifax, empresa de proteção ao crédito do consumidor, quando informações sobre quase 150 milhões de pessoas ficaram comprometidas em 2017. Mas no fim de 2020, em uma das grandes ironias da era da internet, a própria FireEye foi hackeada. Uma "nação com os mais avançados recursos ofensivos" roubou as ferramentas de cibersegurança da empresa.[38] As ferramentas que a FireEye usa para buscar vulnerabilidades nos sistemas de seus clientes imitam as ferramentas mais sofisticadas de hackeamento do mundo.

O fato é que a internet é tão frágil quanto a própria confiança. O número de links externos que uma organização tem com outras e o volume e as fontes de dados que fluem por tais conexões continuam crescendo exponencialmente. O número de vulnerabilidades acompanha esse crescimento.

Isso inclui tanques de peixes. Um cassino na América do Norte tinha um tanque de peixes conectado à internet que alimentava os peixes automaticamente e monitorava seu ambiente. Os hackers utilizaram a conexão de internet do tanque para invadir o monitor de alimentação e usaram isso como um ponto de entrada para os sistemas da empresa. Os dados foram, então, enviados para hackers na Finlândia.[39]

Esses ataques acabam com a confiança e ameaçam toda a economia digital possibilitada pela internet. Em 2007, havia 1,2 bilhão de usuários de internet; em 2020, eram quase 5 bilhões — mais de 63% da população mundial.[40] Projeta-se que a base total de dispositivos instalados e conectados à IoT chegue a 21,5 bilhões de unidades no mundo todo até 2025.[41] E esse número inclui apenas os nós, dispositivos ou gateways ativos que concentram os sensores na ponta (end-sensors), e não os dispositivos dos consumidores, como computadores e celulares. Todos os dispositivos conectados, ou o "endpoint", são uma vulnerabilidade potencial.

E quando as vulnerabilidades são exploradas, os resultados podem ser desastrosos. Por exemplo, o ciberataque NotPetya em 2017 custou à operadora logística Maersk mais de US$300 milhões, e os danos a outras empresas afetadas totalizou mais de US$10 bilhões.[42] Naquele mesmo ano, o ataque cibernético WannaCry ao Serviço Nacional de Saúde do Reino Unido, o NHS, acabou custando £100 milhões.[43] Em um ataque recente, que acredita-se ter sido patrocinado pela Rússia, os hackers conseguiram instalar um malware em uma atualização do software Orion, que monitora a rede da SolarWind, e que foi, então, baixado por milhares de clientes — comprometendo as principais agências federais, bem como centenas de empresas privadas.

A covid-19 acelerou essas tendências. Conforme as medidas de distanciamento social tomaram efeito, os ciberataques aumentaram globalmente motivados pelo trabalho remoto, pelo sobrecarregamento nos departamentos de TI e pela falta de treinamento de milhões de usuários na tecnologia do home office.[44] Além disso, algumas organizações, enfrentando disrupções em suas cadeias de suprimentos, recorreram a fornecedores alternativos cujas práticas de cibersegurança vulnerável abriam novas avenidas de ataque.

O crescimento continuado da economia digital depende da habilidade das empresas de proteger suas operações e as informações digitais de seus consumidores. A segurança não pode ser um recurso "add-on" para produtos e serviços. Felizmente, algumas tecnologias promissoras de IA permitiram às empresas tornar a segurança uma parte proeminente de suas propostas de valor.

Considere o uso da análise preditiva feito pela startup CYFIRMA, sediada no Goldman Sachs, que usa esse tipo de análise para a cibersegurança. Liderada por Kumar Ritesh, ex-membro do serviço de inteligência britânico, a CYFIRMA usa agentes virtuais para coletar informações sobre potenciais ciberataques que estão sendo coordenados em fóruns clandestinos antes de ocorrerem. Os feeds de inteligência de ameaça digital podem incluir dados como listas de bloqueio de IP, hashes e assinaturas de malwares, URLs maliciosas e de phishing, listas de vulnerabilidade, indicadores de comprometimento (IOCs) como endereços de IP que sugiram a ocorrência de uma invasão, e os domínios de comando e controle (C2) que são usados para orquestrar ataques.[45] Porém, para Ritesh, a maior parte da inteligência de ataque é reativa demais. "Se a inteligência não é preditiva, não é inteligência", disse ele à TechTarget.[46]

Com o mercado de cibersegurança crescendo a uma taxa de 10% ao ano,[47] Ritesh viu uma oportunidade de entrar na disputa com uma oferta altamente diferenciada. Ele e sua equipe criaram centenas de agentes virtuais com IA para ouvirem, de modo silencioso e secreto, conversas entre cibercriminosos na deep web e na dark web, nos fóruns de hackers, nos grupos peer-to-peer e em outras comunidades clandestinas. O trabalho do agente é ouvir qualquer menção a nomes de clientes, indústrias ou geolocalizações.

Quando há uma ocorrência, os agentes virtuais captam esses dados e os direcionam para a plataforma na nuvem alimentada por IA.

Especialistas humanos em cibersegurança treinam os modelos e também leem e reagem a situações de ameaças cibernéticas quando elas ocorrem. Em vez das abordagens sedentas por dados à inteligência que orientam o aprendizado de máquina, a CYFIRMA está buscando uma abordagem com eficiência de dados e altamente contextualizada, que se parece mais com a inteligência humana. Em vez de depender cada vez de mais dados para criar sistemas de IA, a startup está aproveitando conjuntos de dados menores, altamente focados e limitados.

As pessoas perdem a confiança na segurança de dados de uma empresa por miríades de motivos. Por exemplo, muitas companhias se acham diversas vezes em um modo defensivo e reativo, que, em geral, chega atrasado quando há ataques. A abordagem adotada pela CYFIRMA muda radicalmente a abordagem à inteligência de ameaças e traz uma característica mais ofensiva, agressiva e preventiva aos crimes cibernéticos, usando as mesmas tecnologias que constituem a integridade dos dados das empresas.

Operacionalizando a Confiança

Humanidade, equidade, transparência, privacidade e segurança — são esses cinco atributos que as empresas precisam colocar em prática na era digital, quando as tecnologias inteligentes têm a capacidade de fazer tanto o bem como o mal em uma vasta escala. Não é mais uma questão de fazer promessas de confiança nas comunicações corporativas ou de insistir para que os funcionários não façam nada que poderia comprometer a boa reputação da empresa. A explosão de tecnologias inteligentes fez com que resolver o problema da confiança fosse uma questão de operacionalizá-la em toda a organização. Com essas tecnologias profundamente entrelaçadas nos processos, produtos e serviços de sua empresa, a confiança não é apenas uma preocupação ética, mas um desafio técnico. Para se sobressair ao cimentar a confiança com stakeholders, você pode começar garantindo que os fundamentos radicalmente humanos da confiança permeiem cada elemento da estrutura IDEAS à medida que você adota e emprega estas novas abordagens à tecnologia:

- **Inteligência.** A IA que imita as maneiras humanas de pensar e de sentir deixa os funcionários confortáveis para usá-la e faz com que os consumidores se sintam à vontade quando se deparam diretamente com ela. Além disso, algoritmos comprovadamente sem viés e os resultados explicáveis se reforçam mutuamente, inspirando um grau maior de confiança entre funcionários, clientes, reguladores e cidadãos.
- **Dados.** Assim como no caso dos algoritmos sem viés e dos resultados explicáveis, o modo como você trata os dados dos stakeholders é outra oportunidade para unir confiança e tecnologia. Quanto mais os stakeholders confiarem que você guardará suas informações de forma segura e privada, maior serão as chances de que compartilhem tais informações com você, fortalecendo o vínculo com sua organização.
- **Expertise.** Quando pessoas e funcionários não técnicos em todos os níveis da organização têm o poder de impor diretamente seus conhecimentos à IA e a outros sistemas inteligentes, eles não apenas passam a confiar na tecnologia, mas também confiam que a empresa valoriza suas habilidades singulares.
- **Arquitetura.** A arquitetura do sistema que foi projetada para ser adaptável e acessível em todas as funções empresariais garante mais equidade entre os funcionários. Para consumidores e membros de seu ecossistema comercial mais amplo, a segurança é primordial. À medida que os ciberataques continuam e ficam cada vez mais sofisticados, a segurança permanece um desafio para muitas organizações. Aquelas que dominarem o assunto terão a oportunidade de se diferenciar poderosamente nessa indispensável dimensão de confiança.
- **Estratégia.** As estratégias que empregam tecnologias inteligentes para entregar valor de modos inovadores, como Forever Beta,

MVI e Co-lab, podem aumentar exponencialmente seu apelo ao tornar a confiança um atributo fundamental da oferta.

O fio condutor comum nessas práticas é a dinâmica mutualmente reforçadora entre confiança e tecnologia, humanos e máquinas, valores e valor. Quanto mais confiável a tecnologia, mais ela será abraçada entusiasticamente, criando um círculo virtuoso de adoção e inovação entre funcionários e parceiros, de compra e lealdade entre consumidores e de apoio e confiança entre investidores.

Ignorar a confiança ou tratá-la como algo bom para ter futuramente não é uma opção na era digital. Novas tecnologias fazem emergir questões de confiança como nunca antes, e a plataformização colocou a tecnologia no centro das operações empresariais. Para realmente se diferenciar em confiança, você precisa entregá-la. Talvez você proclame o valor da confiabilidade, mas, para os stakeholders, ela é uma experiência enraizada em nossos instintos mais radicalmente humanos, e é essa experiência — e não o que você diz — que determinará se eles confiam em você.

No Capítulo 8, ampliaremos as lentes para analisarmos uma vasta gama de experiências que as tecnologias inteligentes possibilitaram para indivíduos, consumidores e funcionários. As organizações líderes estão redesenhando as experiências digitais com novos modelos que amplificam a agência pessoal, tornam públicos passivos participantes ativos e transformam as experiências de uma via só em verdadeiras colaborações. Mas as pessoas não querem que suas experiências sejam designadas excessivamente para elas sem seu conhecimento. Elas estão pedindo às empresas para serem suas parceiras — para trabalharem juntas e criarem experiências, ajudá-las a alcançar seus objetivos e lhes dar a opção de mudar a experiência quando uma companhia não a fizer certo. Como veremos, é um novo modelo que vai além da customização tradicional e passa a compartilhar o poder e o controle do relacionamento, oferecendo possibilidades quase infinitas de diferenciação.

8

EXPERIÊNCIAS

A Diferença que Faz o Design Centrado no Radicalmente Humano

Em 2015, a NASA anunciou uma xícara para ser usada em gravidade zero, de modo que os astronautas pudessem sentir o cheiro do café que estavam tomando, e não apenas bebê-lo diretamente de uma bolsa com um canudinho. O novo design é um recipiente plástico transparente que se parece um pouco com uma bota com um bico, que não forma um tubo completo para que fique aberto no topo. Assim, quando um astronauta bebe do bico, o café se adere às bordas da xícara e é puxado para a sua boca, ficando exposto ao ar para que as moléculas voláteis que carregam aquele cheirinho de despertar passem perto o suficiente do nariz para que possam ser sentidas.[1]

A diferença entre a bolsa sem cheiro e a xícara rica em aroma é a diferença entre a engenharia voltada à eficiência e o design centrado no radicalmente humano. A engenharia voltada à eficiência não deve ser desprezada. Ela é a base do progresso tecnológico há séculos. Mas, muitas vezes, deixa o humano fora do jogo, produzindo experiências que podem parecer desalmadas ou, até pior, alienantes. Como dissemos, os sistemas rígidos do passado forçaram os humanos a se adaptar à tecnologia. Em contraste, os sistemas vivos atuais, usando a IA pesadamente, *se adaptam aos humanos*.

O design centrado no radicalmente humano nos dá a habilidade de "parar e cheirar o café" (literalmente, no caso da NASA), oferecendo experiências ricamente humanas. Como no caso do talento e da confiança, a conjunção de premissas sobre inteligências, dados, expertise e arquitetura — e sua convergência em estratégia — abriu possibilidades drasticamente novas para experiências tanto para consumidores como para funcionários.

As empresas estão entendendo o recado, como indica uma pesquisa recente conduzida pela Accenture. Abrangendo mais de 1.550 dos principais executivos do mundo todo, 25% dos quais eram CEOs, e abarcando 21 países e 22 setores, a pesquisa tinha o objetivo de estudar o modo como os líderes empresariais consideravam as experiências de seus clientes e como os recursos de suas empresas contribuíam para as experiências e os resultados da companhia. Desses CEOs, 77% disseram que suas empresas mudaram fundamentalmente o modo de se engajar e de interagir com seus clientes.[2]

Dando o Primeiro Passo

Ao desenvolverem experiências radicalmente humanas que fazem uso da estrutura IDEAS, as empresas estão deixando para trás as noções mais tradicionais de experiência do consumidor e abraçando noções mais expansivas de experiências que incluem funcionários e que diferenciam totalmente a empresa da concorrência. Isso vai muito além dos familiares pontos de contato com o consumidor. A diferença aparece nos resultados: nossos pesquisadores descobriram que, em média, as empresas que adotaram uma abordagem mais expansiva às experiências aumentaram em pelo menos seis vezes sua rentabilidade de ano para ano, comparadas a outras empresas do mesmo setor.[3]

A jornada começa com uma nova plataforma, uma nova estrutura e um novo alcance.

A *nova plataforma* significa um comprometimento integral à nuvem — e não apenas mudar o ambiente de algumas de suas funções de TI. De jogos a veículos autônomos, interações de consumidores e muito mais, o poder computacional e a flexibilidade da nuvem possibilitam a entrega de experiências em escala, além de melhorar continuamente a qualidade e a profundidade dessas experiências. As arquiteturas de nuvem/borda disponibilizam a habilidade crucial de unir esse poder computacional com dispositivos de borda como smartphones, assistentes virtuais inteligentes e veículos inteligentes por meio dos quais as pessoas podem acessar as experiências. Nossos pesquisadores descobriram que 58% das atuais companhias líderes dizem que podem definir e entregar novos recursos digitais com agilidade (contra apenas 25% de outras empresas), um feito que seria quase impossível sem os tipos certos de plataformas.[4]

Uma *nova estrutura* exige mudar a mentalidade de sua organização quanto à tecnologia. A tecnologia não deve ser vista como uma mera facilitadora de transações mais eficientes e de pontos de contato mais suaves, mas como a condutora da inovação. Por exemplo, os recursos oferecidos pelas hiperescaladoras em nuvem incluem programas que funcionários não técnicos podem usar para criar experiências inovadoras de consumidor, assim como processos internos inovadores, ao mesmo tempo em que aumentam sua própria experiência de agência e seu empoderamento. Como descobrimos em nossas pesquisas sobre tecnologia, as líderes direcionam uma porcentagem maior de seu orçamento de TI para a inovação e aceleram seus investimentos em inovação mais rapidamente do que outras organizações. Assim também fazem as leapfroggers, as empresas previamente medianas que deram saltos gigantescos durante a pandemia.

Um *novo alcance* representa ir além das prioridades tradicionais da empresa rumo às experiências excepcionais para consumidores e funcionários e às novas proposições de valor. As empresas que se diferenciam nas experiências não pensam apenas em termos de suavizar a tradicional "jornada do consumidor", do interesse inicial à conversão e à lealdade. Elas também buscam fazer mais ao entregar experiências engajadoras e significativas dentro e fora da organização. Novas plataformas e estruturas são os pré-requisitos para a diferenciação nas experiências, mas é o alcance — mover-se decididamente além da experiência do consumidor para uma noção mais inclusiva e expandida de experiências tanto para consumidores como para funcionários — que conduzirá as empresas mais bem-sucedidas que escolhem competir nessa arena.

Quatro Tipos de Experiências Radicalmente Humanas na Era Digital

As experiências possibilitadas pelo design centrado no humano e habilitadas pela estrutura IDEAS podem ser tão variadas quanto os setores em que se encontram. Uma grande experiência não é definida pelo que você oferece, mas pela forma como permite às pessoas alcançarem os resultados mais importantes para elas. Quatro tipos dessas experiências sugerem uma ampla variedade de possibilidades:

- *Experiências empoderadoras* dão às pessoas acesso a atividades que podem, de outro modo, estar fora de alcance.
- *Experiências recompensadoras* promovem o crescimento pessoal, entregam diversão e geralmente são satisfatoriamente colaborativas.
- *Experiências sintonizadas* são engajadoras e ocorrem sem esforço. Parecem ser "naturais", sintonizadas às necessidades, às atitudes ou às sensibilidades do indivíduo.
- *Experiências responsáveis* apontam além do indivíduo, para o que é melhor para a comunidade e para o mundo.

Sozinhos ou em combinação, esses tipos de experiências exploram alguns de nossos interesses e de nossas aspirações mais humanas: desejos de domínio, de crescimento, de engajamento sem esforço e de conexão com algo maior que nós mesmos. Também pode haver sobreposições dessas experiências possibilitadas pela tecnologia. Uma experiência tecnológica *sintonizada* com, por exemplo, um chatbot que sabe exatamente o que dizer também pode ser *empoderadora* porque permite uma atividade que talvez não fosse possível de outro modo, e é *responsável*, pois respeita a privacidade do indivíduo.

Experiências Empoderadoras

O meio-fio rebaixado — a rampa feita nas calçadas — ilustra o potencial do design centrado no humano para democratizar o acesso a atividades e a oportunidades que, de outro modo, poderiam estar fora do alcance de muitas pessoas. Obrigatório de acordo com a Lei de Norte-americanos com Deficiência (ADA, da sigla em inglês), ele facilita às pessoas que usam cadeira de rodas passar da calçada à rua. E como em geral ocorre com os designs centrados no humano, os benefícios do meio-fio rebaixado logo ficaram aparentes para pais com carrinhos de bebê e pessoas com carrinhos de supermercado ou bagagem. Quando a determinação de empoderar pessoas se une com a inovação baseada na estrutura IDEAS, os resultados podem ser verdadeiramente inspiradores e, como no caso do meio-fio rebaixado, se mostrar úteis para pessoas para as quais não foram originalmente pensados.

Dirigindo Mais Longe e de Modo Mais Seguro

Demograficamente, o Japão é um dos países mais antigos. Trinta por cento de sua população têm mais de 65 anos. Antes da pandemia, o país testemunhou uma onda de acidentes automobilísticos envolvendo condutores mais velhos. Subsequentemente, muitos motoristas mais velhos não renovaram suas habilitações. Centenas de milhares fizeram isso, considerando apenas 2019. Mas quando a pandemia chegou e o transporte público deixou de ser uma opção segura de locomoção, muitos desses ex-condutores se viram repentina e verdadeiramente isolados.

Felizmente, as empresas estão agora considerando formas pelas quais os próprios carros podem manter os motoristas mais velhos conduzindo por mais tempo — empoderando-os a manter sua mobilidade geográfica. A Toyota, por exemplo, está oferecendo uma atualização à sua tecnologia Safety Sense projetada para minimizar ou evitar colisões frontais e manter os condutores em suas faixas. Ela usa câmeras de alta resolução localizadas no para-choque e no para-brisa para detectar carros, pedestres e ciclistas vindos na direção do carro ao longo do dia. A IA de reconhecimento de imagem dá alertas visuais e de áudio caso haja perigo. Não responder ao alerta faz com que os freios sejam automaticamente acionados.

"Uma sociedade em que os mais velhos podem dirigir com segurança é crucial para sua participação ativa e para que tenham uma vida mais saudável e plena", diz a Toyota. "Nosso objetivo máximo é, claro, ter zero mortes causadas por acidentes de trânsito."[5]

Internet para Todos

Em 2019, a Apple lançou um seriado chamado *See*, um drama de ficção científica ambientado em um futuro em que quase todos os humanos são cegos. O trailer online para o filme destaca audiodescrições dos elementos visuais.[6] Na cena de abertura, você não apenas ouvirá uma música dramática, mas também uma descrição da cena, conforme ela se desenrola. A audiodescrição é um recurso disponível para conteúdos com suporte em quase todos os produtos da Apple, empoderando os usuários cegos ou com visão reduzida a desfrutar de uma experiência mais robusta de áudio dos conteúdos visuais como filmes, séries e comerciais.

Para alguém com visão reduzida, é quase sempre um desafio surfar na internet para coisas básicas, quem dirá para desfrutar de filmes ou outros entretenimentos. Mas, como as audiodescrições ilustram, os meios existem para facilitar as coisas. Graças a ativistas de pessoas com deficiência, mais empresas começaram a prestar atenção de modo a tornar a internet mais acessível. Quando a lei norte-americana para pessoas com deficiência foi aprovada em 1990, ela não abordava explicitamente a esfera digital. Mas processos recentes desafiaram companhias a tornar sites acessíveis a pessoas cegas e que usam leitores de tela, bem como aquelas com deficiência motora que usam um teclado simplificado. Uma internet mais acessível significa que os leitores de tela podem ler e converter conteúdo em áudio, empoderando pessoas com deficiência a, por exemplo, escutar o que há em um menu ou explorar uma loja online e fazer seu pedido.

A missão da startup Evinced é ajudar as empresas a modernizar seus sites para que sejam acessíveis a pessoas com deficiência.[7] Esse processo já foi feito anteriormente de forma manual, em geral com a ajuda de consultores usando uma miscelânea de ferramentas — uma abordagem que não escala. Enquanto isso, muitas ferramentas de teste de acessibilidade automatizada são terrivelmente inadequadas, retornando notas altas de acessibilidade quando, na verdade, muitos problemas principais permanecem.[8]

A Evinced criou um novo tipo de mecanismo de teste e de validações automáticas que usa IA e visão de computador para considerar como um site de fato aparece, em vez de avaliar apenas seu código subjacente. Por exemplo, alguém com visão reduzida talvez nem consiga saber quando há um menu disponível em um botão na tela. As ferramentas tecnológicas da empresa criam um modelo semântico estrutural de uma página parcialmente com base em seu design visual, em vez de usar apenas JavaScript para avaliar a sintaxe e a funcionalidade do código processado no navegador.[9] Com o apoio do fundo de risco M12 da Microsoft e da Capital One Ventures, a Evinced pode licenciar seus produtos para criar novas plataformas ou avaliar as existentes em busca de compliance.

As empresas que encontram e consertam problemas nas arquiteturas da internet que não foram projetadas para todos podem não apenas entregar uma experiência empoderadora, mas também obter uma recompensa substancial. De acordo com a Forrester, pessoas com deficiência representam coletivamente US$1 trilhão de rendimentos disponíveis anuais no mundo todo.[10] E quando consideramos que a pesquisa mostra que amigos e familiares das pessoas com deficiência geralmente preferem fazer negócios com marcas que se importam com acessibilidade, essa quantia chega a US$8 trilhões.

Conceder Agência aos Funcionários

A experiência do funcionário é tão crucial quanto a do consumidor. O McDonald's sabe muito bem disso, e é por isso que a gigante de fast-food está dando aos funcionários mais controle sobre suas experiências no ambiente de trabalho. A empresa está lançando quiosques com pedidos digitais em drive-thru em todos os Estados Unidos, destacando menus personalizados e recomendações com base no clima, na hora do dia, nos itens mais vendidos e nas compras anteriores do consumidor. Mas a empresa está usando os funcionários para tornar a tecnologia melhor para os consumidores.

Em vez de a empresa indicar o menu com base em dados centralizados, os funcionários têm a liberdade de mudar apresentações de menus com base em circunstâncias locais. Eles podem usar dados em tempo real de tráfego e insights observacionais para identificar horários de pico e alterar as recomendações do menu para promover itens mais simples, aliviando a sobrecarga nos funcionários e nas operações do restaurante. Em um primeiro olhar, isso pode parecer uma customização típica. Mas o que o McDonald's faz de diferente é tornar o individual — o funcionário, nesse caso — um contribuidor ativo e necessário à experiência.

Essa é uma estratégia importante, considerando o medo de perder o emprego que circunda os investimentos em IA. O McDonald's disse repetidamente, de fato, que acrescentar quiosques alimentados por IA não resultará em demissões em massa, mas que, pelo contrário, transformará as funções internas em papéis de atendimento ao cliente, como "concierges" e até serviço de mesa.

O passo dado pelo McDonald's representa uma mudança poderosa da norma. Ao longo da era digital, as empresas criam customização e serviços de tecnologia como um extra às suas ofertas, acrescentando valor à experiência do consumidor. No entanto, isso tem comprometido cada vez mais as empresas ao mesmo caminho limitado: tirar inadvertidamente o controle das pessoas em nome de uma curadoria maior. Mas empresas como o McDonald's sabem que concorrer em termo de experiências se trata tanto dos funcionários quanto dos consumidores.

A Munters é outra organização que reinventou a experiência do funcionário.[11] A fabricante de sistemas de tratamento e de esfriamento de ar com eficiência energética para aplicações industriais e agrícolas descobriu que as visitas físicas a clientes ficaram difíceis durante a pandemia. Então a empresa permitiu que os engenheiros usassem uma realidade mista, alimentada por Óculos Inteligentes Vuzix, para colaborar remotamente com clientes via vídeo, imagens, gestos, objetos reais e outras coisas em tempo real. Os óculos podem se conectar aos sistemas de ERP e de gestão de ativos da empresa por meio da parceria tecnológica com a IFS Cloud, alimentada pela Azure. Hoje, essa experiência é usada por mais de duzentos engenheiros da Munters no mundo todo.

A Companhia de Habitação e Financiamento Imobiliário do Canadá (Canada Mortgage and Housing Corporation — CMHC), agência nacional de moradia daquele país, é outro caso a ser considerado.[12] Acreditando que os lares fornecem a fundação e a estabilidade para que as pessoas participem mais plenamente da sociedade, a CMHC tem como objetivo que até 2030, todos no Canadá tenham uma casa pela qual possam pagar e que se adeque às suas necessidades. Porém, sistemas desatualizados — incluindo quase mil aplicações de software — estavam impedindo a agência de se adaptar à era digital e limitando a eficácia de seus funcionários. A transformação empresarial e tecnológica subsequente da empresa (realizada com a ajuda de nossa empresa) ilustra como uma nova plataforma e uma nova estrutura levam não apenas a experiências melhoradas dos clientes, mas a experiências mais recompensadoras para os funcionários.

Por exemplo, a eliminação de silos — incluindo aqueles entre operações comerciais e não comerciais — permitiu que mais funcionários acompanhassem e dimensionassem os relacionamentos com os clientes no geral. Como resultado, os funcionários podem agora avaliar se um cliente pode ser mais bem servido por outro produto ou serviço do que aquele pelo qual se aproximou originalmente da CMHC. Novos processos substituíram o trabalho manual, como o de subscrição de seguro de financiamento, ao mesmo tempo em que a mão de obra da empresa se tornou mais colaborativa e totalmente móvel. Os funcionários também receberam mais autonomia e flexibilidade para inovar e ser produtivos. E um novo conjunto de tecnologias criadas em uma plataforma na nuvem disponibiliza insights em tempo real sobre clientes e o mercado imobiliário.

As iniciativas multifuncionais da CMHC também deram suporte ao lançamento de treze novos programas de moradia como parte da primeira Estratégia Nacional de Moradia do país. Tal esforço para fortalecer a classe média e cortar pela metade a falta crônica de moradia oferece uma experiência não apenas empoderadora para os funcionários, mas também recompensadora, ilustrando a natureza normalmente sobreposta de experiências significativas facilitadas pela tecnologia atual.

Experiências Recompensadoras

Você não precisa ser um músico formalmente treinado para escrever e produzir uma música. O MuseNet, da OpenAI, é uma IA que colabora com pessoas para criar músicas. Funciona assim: você dá ao software uma amostra inicial, um estilo-alvo e preferências de instrumentos. O MuseNet, então, usa o que aprendeu com milhares de arquivos de músicas para fazer sugestões sobre o que deveria vir em seguida na música. Você dá seu feedback, e o processo continua até que uma nova composição musical tenha sido criada.

Colaborar com a IA (e, por extensão, com músicos cujas composições treinaram a IA) pode ser uma experiência recompensadora para jovens músicos — pode levar os novatos a aumentar suas capacidades e a produzir um produto final que não teria sido possível de outro modo. É divertido, colaborativo e promove o crescimento pessoal.

Mundos Híbridos

Em março de 2020, as vendas do popular console Switch da Nintendo quase dobraram, em comparação às vendas do ano anterior.[13] Esse crescimento fenomenal foi causado, em parte, pelo lançamento do jogo *Animal Crossing: New Horizons*, extremamente popular e relaxante. O jogo de exploração do mundo se tornou um bálsamo instantâneo para muitos que sentiram que o mundo real estava se tornando cada vez mais perigoso. Em meio a uma pandemia global, o *Animal Crossing* ofereceu um local de controle e calmo onde concentrar a atenção. Do mesmo modo, a Peloton, empresa que oferece aulas online de academia, teve um aumento de 172% nas vendas durante 2020, quando mais de 1 milhão de pessoas assinaram o serviço.[14]

Mundos digitais criativos, como o *Animal Crossing*, e os mundos com realidade mista, como aqueles de uma academia em casa com instruções de especialistas online, fornecem experiências recompensadoras. A Peloton, por exemplo, reconheceu a importância de integrar elementos sociais com suas rotinas de exercícios do mundo digital e real: você pode ver outros usuários em aulas ao vivo e assistir a amigos em competições.[15] A Obé Fitness, outra plataforma de streaming de exercícios domésticos, também teve um boom em seu quadro de membros ao longo dos últimos dois anos, com usuários "congregando-se" para conversar antes e depois das aulas e, em alguns casos, até ficando depois de treinar, em *happy hours* virtuais.[16]

Essas três empresas estão aproveitando a arquitetura para oferecer experiências digitais ou híbridas escaláveis e simultâneas a seus clientes. Nos casos da Peloton e da Obé Fitness, especialistas trabalham em tempo real para promover a comunidade entre os consumidores, assim como para instruí-los. No início de 2021, a Peloton também adquiriu três empresas de IA, ganhando a capacidade de aprimorar ainda mais os treinos de seus clientes e as experiências diárias por meio de smart wearables (tecnologias vestíveis inteligentes), assistentes de voz e tapetes interativos de treino.[17]

A Epic Games, criadora do popular jogo *Fortnite*, é outra líder muito conhecida por usar arquitetura avançada para promover experiências online ininterruptas aos clientes. A estrutura de software da empresa, chamada de Unreal Engine, tem suporte para mais de 8 milhões de usuários únicos simultaneamente. Além disso, o pipeline analítico da companhia transmite gigabytes de dados à nuvem, fazendo uso de ferramentas como Amazon Kinesis, Apache Spark e Tableau para captar (e dar sentido a) até quarenta gigabytes de dados de jogos por minuto. Esses dados alimentam as bases de dados da Epic Games com muitíssimos terabytes, a partir dos quais os desenvolvedores observam insights fundamentais sobre comportamentos dos consumidores, engajamento e satisfação.

O Unreal Engine é uma ferramenta poderosa que também é útil além do setor de jogos — uma parte fundamental da estratégia da Epic Games. A empresa de arquitetura HOK usa o Unreal Engine para demonstrar designs interativos a clientes, oferecendo um ambiente dinâmico e imersivo que integra elementos de diversas fontes para fazer com que o mundo pareça mais real. A companhia aérea finlandesa Finnair usou a estrutura do software para criar um gêmeo digital do Aeroporto de Helsinki. A empresa usou a renderização precisa para criar experiências de realidade virtual, como treinamentos de consciência situacional para tripulações, e para familiarizá-las com os layouts de cabines das aeronaves e suas funções principais.[18]

Seguindo essa linha de realidades mistas, as varejistas estão começando a oferecer provadores virtuais. A empresa de vestuário Men's Wearhouse revelou as localizações das lojas "Next-Gen", em Shenandoah, Texas, e em Buford, Geórgia.

Essas lojas têm um sistema de IA que tira fotos para determinar o tamanho do cliente e permite que ele visualize tecidos e uma variedade de combinações de estilos. As lojas também estão equipadas com touchscreens interativas que permitem aos consumidores escolher estilo, tamanho e cor a partir do estoque da loja física e online, acrescentando facilmente mais roupas ao "provador virtual", e os funcionários da loja levam os itens para eles provarem.

"Sabemos que as lojas de roupas masculinas estão mudando rapidamente por causa de clientes que estão digitalmente conectados, no controle e esperando atrito zero conforme se engajam em ambientes digitais e físicos — em geral, de forma simultânea", diz a diretora de atendimento ao cliente da empresa, Carrie Ask.[19]

Hoje, você pode até criar seu próprio mundo de realidade aumentada (RA) que se adeque às suas necessidades — mesmo sem ter habilidades de programação. Plataformas de desenvolvimento sem código — interfaces de "arrastar e soltar" que qualquer um, com ou sem habilidades técnicas, pode usar para criar aplicativos customizados — podem turbinar a produtividade dentro de organizações, permitindo que mais pessoas em sua empresa criem os grandes volumes de conteúdo necessários para oferecer aos consumidores mais opções para customizar suas experiências. E essas plataformas podem ajudar os consumidores a criar e a personalizar aplicativos e experiências por conta própria. O Amazon Sumerian permite que as pessoas criem seus próprios aplicativos de RA, realidade virtual ou 3D sem qualquer expertise de programação ou de gráficos 3D. Qualquer um com acesso ao Sumerian pode criar experiências e ambientes imersivos, como salas de aula ou passeios turísticos, e pode povoá-los com objetos 3D e personagens animados.[20] Tanto para funcionários como para consumidores, essas ferramentas permitem que os usuários imponham diretamente sua expertise — o E na estrutura IDEAS — a fim de criar experiências altamente personalizadas e recompensadoras.

Experiências Sintonizadas

Desde o alvorecer das ferramentas, os humanos buscam criá-las para que sejam o mais úteis possível, compatíveis com nosso corpo, nossas necessidades e nossos desejos. Quase três milênios atrás, na *Odisseia*, Homero descreveu embarcações marítimas que eram controladas por algum tipo de sistema centralizado com acesso a um enorme arquivo de dados com mapas "virtuais" e cartas de navegação do mundo antigo inteiro. Os navios eram inafundáveis, inquebrantáveis e poderiam enfrentar qualquer tempestade. Autônomos, porém conectados aos humanos que os usavam, esses navios, de acordo com o rei Alcínoo, "entendem o que estamos pensando e o que queremos".[21]

É uma premonição fascinante das coisas que viriam. Agora temos sistemas de GPS embutidos em carros, bem como recursos autônomos que mantêm as pessoas mais seguras e permitem jornadas mais longas. "Embarcações" avançadas como essas são uma bênção, mas elas também criam desafios de design orientado ao humano, como a cinetose. A autonomia de veículos permite que condutores e passageiros mudem sua atenção para atividades como a leitura, mas é bem sabido que se nossa atenção se desvia da movimentação e das curvas da estrada, temos mais chances de sentir náusea e até de vomitar. Na Volvo, os engenheiros estão testando sinais auditivos que chegam aos ouvidos dos passageiros cerca de um segundo antes de o veículo fazer uma curva ou acelerar. Diferente de uma voz intrusiva, o sinal se parece com o som feito por um motor de carro. Ele tem o propósito de preparar sutilmente os passageiros para as mudanças no movimento, indicando que mudem de postura. Os testes demonstraram que, quando os sinais auditivos foram usados, os passageiros se sentiram menos enjoados.[22]

Os veículos autônomos ainda são uma tecnologia nascente, e a cinetose pode parecer um probleminha menor. Mas a Volvo sabe que as tecnologias como os carros autônomos normalmente enfrentam uma forte resistência, então considerar pequenos confortos pode fazer muito para avançar a adoção. As tecnologias que decolarão no futuro serão aquelas projetadas para estar sintonizadas com seus usuários.

Eles Simplesmente Sabem

Já se perguntou como o TikTok explodiu em popularidade? Seu sistema de recomendação desempenha um papel importantíssimo. A ByteDance, companhia organizadora da plataforma de vídeos curtos, desenvolveu algoritmos de recomendação que se alinham com quase todos os aplicativos que cria. Seu recomendador é criado com base nas atividades de dezenas de milhões de usuários do Toutiao, um aplicativo de notícias popular na China anos antes de a versão chinesa do TikTok, chamada Douyin, estar disponível. O sistema também é atualizado continuamente.

O recomendador da empresa nunca diminui o ritmo. Os vídeos do TikTok têm entre 15 e 60 segundos de duração, permitindo que o usuário assista a entre 60 a 240 vídeos por hora. Compare isso com o YouTube, plataforma em que os vídeos têm duração média entre 5 a 8 minutos, permitindo que o usuário assista a cerca de 10 vídeos por hora. Basicamente, o recomendador do TikTok obtém mais dados mais rápido, então pode recomendar vídeos mais sintonizados para refinar ainda mais seus algoritmos. Os vídeos, com sua marca d'água, também são projetados para ter um fácil compartilhamento e para trazer as pessoas de volta à plataforma quando os vídeos são compartilhados em outros canais de rede social, como Instagram e Twitter.[23]

Os algoritmos recomendadores que "simplesmente sabem" são uma das muitas maneiras como as tecnologias baseadas na estrutura IDEAS estão sendo usadas para criar experiências sintonizadas. Chatbots que oferecem conversas de qualidade são outra. As pesquisas sugerem que criar esses robôs inteligentes demais aliena os usuários, mas, se eles forem muito vagos, as pessoas não terão muito interesse em usá-los.[24] Em outras palavras, os usuários julgam os chatbots em termos de receptividade e de competência (exatamente do mesmo modo que julgam pessoas e empresas, como vimos no Capítulo 7). Os designers devem, portanto, caminhar sobre ovos ao determinar a configuração exatamente certa de um chatbot. As pesquisas também sugerem que as equipes de design deveriam incluir pessoas de contextos muito mais variados para ensinar aos robôs — escritores ou atores, por exemplo, que têm experiência em reconhecer mudanças sutis de tom e como o estilo conversacional revela traços de personalidade. Mais cedo ou mais tarde, os próprios usuários poderão conseguir modificar o nível de conversa do robô ao escolher uma preferência no início da interação.

Não É o Muzak do Seu Pai

Um compositor de mais de sessenta trilhas sonoras fez parceria com um cocriador da Siri, assistente pessoal da Apple, para desenvolver um software com IA que não apenas monitora as emoções, como faz a IA emocional, mas que as realça com música. Nos famosos estúdios Abbey Road, em Londres, o compositor Phil Sheppard trabalha com os melhores músicos para compor e gravar fundamentos musicais — não são sons gerados por computador, mas música tocada por músicos reais e instrumentos de verdade. Esses pedacinhos de frases musicais são, então, processados por uma plataforma de IA que gera uma trilha sonora pessoal que se adapta ao ambiente e às emoções do ouvinte — uma trilha sonora que é única a cada vez que você se engaja com ela.

Nas palavras do ex-executivo da Apple, Tom Gruber: "É cedo ainda para dizer como isso vai funcionar, mas estamos abrindo a possibilidade de que as músicas se adaptem a quaisquer sinais humanos. Estamos só começando a aprender, com os dados humanos, sobre como os humanos reagem. É parecido com os primeiros dias do biofeedback."[25]

Chamado LifeScore, o software e o banco de fundamentos musicais do sistema são gerenciados na nuvem. Isso permite que a empresa empregue o serviço dentro de qualquer espaço físico ou em qualquer computador, dispositivo móvel ou hardware. O objetivo é licenciá-lo para indústrias que poderiam realçar suas ofertas com músicas adaptativas — empresas de videogame, montadoras de automóveis, aplicativos de bem-estar e serviços de streaming. Por exemplo, os videogames normalmente destacam diversas sequências musicais que reaparecem ao longo do jogo e que acabam se tornando repetitivas. O LifeScore, em contraste, pode tocar milhares de horas de músicas emocionalmente apropriadas que não se repetem.

O LifeScore definitivamente não é o Muzak (agora chamado de Mood Media), o venerável serviço que produz canções melosas, versões com o menor denominador comum de músicas vagamente familiares e que as toca em elevadores, lojas e outras empresas. Mas enquanto o Muzak opera como música de fundo, ninando o ouvinte com uma playlist já montada, o LifeScore envolve engajamento com os ouvintes com música de frente que eles efetivamente criam por si mesmos por meio de suas emoções e de seu ambiente.

Uma de suas primeiras aplicações públicas se deu recentemente em *Artificial*, uma série de ficção científica ganhadora do Emmy e com audiência interagindo ao vivo no Twitch, a plataforma de serviço de streaming de vídeos ao vivo operada por uma subsidiária da Amazon. A série acompanha as aventuras de uma IA viva em busca de se tornar humana. O público interage diretamente com os personagens na série para transformar a história, participa ativamente dela por meio de sessões de perguntas e respostas e de pesquisas sobre a trama e até cria novos personagens em episódios especiais.

Na terceira temporada, que foi lançada em maio de 2020, o público ganhou a habilidade de mudar coletivamente a emoção e a intensidade da música por meio do LifeScore. Mas os telespectadores não se concentram diretamente para influenciar a música. Eles apenas se engajam no bate-papo ao vivo, como normalmente fazem. O LifeScore analisa a conversa em busca de palavras-chave que indicam como o público está se sentindo e, então, adapta a música para aquele sentimento coletivo. Conforme a história se desenrola e os sentimentos mudam, a música continua se adaptando.

Para trilhas sonoras pessoais, e não coletivas, a empresa vê o LifeScore se adaptando a informações sobre o ambiente físico e fazendo com que o usuário entre em um estado desejado de foco, relaxamento ou concentração. Ele também pode criar experiências musicais imersivas em qualquer espaço físico ou digital para qualquer produto que se adapte a entradas mensuráveis, como cor, sabor, cheiro ou toque. Ou então, em uma daquelas longas viagens de carro, em que as plaquinhas indicando o quilômetro da rodovia passam em sucessão entorpecente, ele pode oferecer uma experiência musical não repetitiva que mantém o condutor continuamente energizado.

Educação em Escala

Um dos cursos online mais populares de Stanford é chamado de Code in Place e, em um semestre recente, matriculou mais de 12 mil alunos de 148 países. Em um experimento, pesquisadores da universidade usaram uma IA bem treinada para analisar o trabalho de programação dos alunos. Até agora, as avaliações dos alunos têm sido extremamente positivas. "Empregamos isso no mundo real e funciona melhor do que esperávamos", disse Chelsea Finn, professora de Stanford e pesquisadora de IA que ajudou a criar o novo sistema, ao *New York Times*.[26]

Parte do sucesso do sistema depende de seus imensos registros de dados específicos ao curso. Por mais de uma década, as aulas são frequentadas por milhares de alunos que fazem uma prova no meio do semestre com inúmeros e diversos desafios de programação. Os registros digitais de Stanford com esses resultados, que incluem os códigos dos alunos, bem como a expertise humana na forma de correções dos instrutores, foram usados para treinar a IA, ao passo que problemas adicionais de programação e correções foram acrescentados para o semestre mais recente. No terceiro semestre de 2021, o sistema fez 16 mil análises e correções. Os alunos concordaram com o feedback em 97,9% das vezes, pouca coisa a mais do que a taxa de concordância dos alunos com as análises e correções humanas, com 96,7%.

Esse curso é um caso de sistemas inteligentes e dados sendo juntados para criar uma nova experiência para alunos e professores. Os alunos recebem um feedback mais direcionado do que normalmente receberiam em uma turma com tantos alunos, e os professores não ficam sobrecarregados com a tarefa de corrigir e dar nota a pilhas e pilhas de código. É improvável que os corretores automáticos substituirão completamente os instrutores, mas eles apontam a um futuro em que, com suficientes dados estruturados, os sistemas podem ser criados para dar um excelente e útil apoio a alunos em escalas cada vez maiores, ao mesmo tempo em que minimiza o burnout de professores.[27]

Enquanto o curso online de Stanford está inovando com feedback automatizado, a Coursera, fornecedora de educação online, está usando seus armazenamentos massivos de dados e IA para ajudar a ampliar as oportunidades educacionais. O software de educação da empresa explora a expertise com seu design de "humano no sistema" e com dados e inteligência a fim de criar caminhos individualizados de aprendizado para seus alunos. A empresa também expandiu seus recursos de autocriação de legendas e de tradução, ambos fatores de melhoria na acessibilidade para uma variedade de pessoas globalmente.[28]

Nas profundezas da pandemia, a educação no mundo todo passou a acontecer remotamente. A mudança repentina criou oportunidades para instrutores, instituições educacionais e fornecedores de tecnologia considerarem os recursos mais importantes e voltados aos humanos que queriam ver projetados em suas plataformas. Aqueles que reconheceram o poder de seus próprios dados, da expertise de seus instrutores e da flexibilidade da plataforma estão deixando a concorrência para trás e ficando mais bem posicionados para liderar o caminho rumo a modelos mais híbridos de educação no futuro.

Experiências Responsáveis

Os cientistas de alimentos da Impossible Burger realizaram, há apenas cinco anos, algo que poucos acreditavam ser possível: um hambúrguer à base de plantas que é essencialmente indistinguível daquele feito com carne. O segredo é a proteína que contém heme na raiz da soja. Os cientistas produzem a proteína ao inserir seu DNA em fermento geneticamente desenvolvido, fazendo com que ocorra a fermentação do hambúrguer. Mas para chegar à textura e ao sabor que realmente imitam a carne, os cientistas se voltaram à IA para vasculhar rapidamente inumeráveis combinações de ingredientes para as soluções mais viáveis.[29] Um cientista de alimentos comparou a abordagem de compor os sabores certos com a ajuda da IA a "tocar um piano com cinco mil teclas".[30]

Um grande impacto da criação de "carnes" à base de plantas, e que sejam mais palatáveis e amplamente disponíveis, é a redução das emissões globais de carbono. Um estudo de 2019 descobriu que a Impossible Burger tem uma pegada de carbono 89% menor do que a de um hambúrguer tradicional de carne. Ela também usa 87% menos água do que na produção daqueles feitos com carne, 96% menos terra e reduz a contaminação da água em 92%.[31]

O *ethos* sustentável da Impossible Burger demonstra o que pode acontecer quando inteligência, dados, expertise e estratégia são aproveitados não apenas para o bem individual, mas também para uma causa maior, como nossos ecossistemas compartilhados e interconectados. Experiências responsáveis são definidas por benefícios duradouros que trazem em si o potencial de direcionar indústrias em caminhos que fortaleçam os resultados, bem como as comunidades e o meio ambiente — experiências que muitas pessoas agora exigem das marcas atuais, com oito em cada dez consumidores dizendo que o propósito é pelo menos tão importante para eles quanto a experiência tradicional do consumidor.[32]

Incentivos para um Mundo Melhor

Por anos, as marcas fizeram testes com pequenas mudanças nos designs de seus portais digitais de modo a fornecer incentivos para o comportamento do usuário. Os denominados testes A/B experimentam diversas atualizações de fontes, por exemplo, para aumentar o engajamento e a satisfação do consumidor, entre outras métricas. Mais recentemente, algumas marcas também estão fazendo uso de incentivos projetados para o potencial bem social. O aplicativo do Google Maps usará seus extensivos dados geográficos (tipo de estrada, inclinação, condições de trânsito) para permitir que os usuários usem a rota mais amigável ao meio ambiente. Usuários em Nova York e Londres também começarão a ver rotas de sistemas coletivos de transporte e de ciclovias sendo exibidas mais proeminentemente.

"Isso beneficia o planeta e também ajuda os condutores a economizar dinheiro, visto que as rotas que demandam maior consumo de combustível também levam a custos mais altos", explica Russel Dicker, diretor de produtos de transporte no Google Maps.[33]

O Twitter testou um novo recurso chamado "lembretes de humanização", com o objetivo de melhorar a "saúde conversacional" na plataforma.

Durante o teste, cerca de 10% dos usuários de fala inglesa e com dispositivos Android viram os interesses compartilhados e os seguidores em comum das contas às quais estavam respondendo. A ideia é a de que, quanto mais você percebe o que tem em comum com alguém, mais respeitosamente o tratará.[34]

Em um passo rumo a uma melhor privacidade e transparência de dados, pesquisadores da Carnegie Mellon estão impulsionando uma estrutura de rotulagem tecnológica que é similar aos rótulos nutricionais nas embalagens de alimentos. Mas esses rótulos se aplicariam a refrigeradores inteligentes e a outros dispositivos que compõem a Internet das Coisas. Verificados por pesquisadores e especialistas em privacidade, os rótulos informariam aos consumidores como seus dados serão usados e por quem.

Eles seriam fornecidos gratuitamente aos fabricantes de dispositivos com IoT, às organizações de padronização e a outras, e apareceriam nas embalagens dos produtos e nos sites em que são vendidos. Se a ideia pegar, os consumidores poderão ter uma compreensão muito melhor sobre como o uso desses produtos gera dados e para onde os dados fluem, permitindo decisões de compras mais informadas.[35]

Porém, mesmo se você tiver todas as informações que pensa serem necessárias para uma compra, às vezes o item simplesmente não funciona. Grandes varejistas online, como Amazon, Walmart e outros, conhecem as dores de processar devoluções e estão sempre buscando formas de tornar o processo mais fácil para os consumidores e mais baratos para si mesmas. Ambas as empresas testaram um sistema que usa IA para determinar se faz ou não sentido processar uma devolução. Itens grandes ou pequenos demais talvez simplesmente não valham a pena. Permitir que os consumidores fiquem com o produto economiza dinheiro da loja e tempo do consumidor. Isso também reduz a pegada de carbono ao reduzir fretes e embalagens adicionais. E os consumidores são encorajados a doar itens que não querem e que podem ser usados.[36]

Aliviando a Solidão

Bem antes de a pandemia chegar, o isolamento social já era uma realidade para muitos no mundo todo. Dos *hikikomori* no Japão àqueles com doenças crônicas e a idosos em casas de repouso ou em seus próprios lares, a solidão está e sempre esteve prevalente no mundo moderno. Estudos recentes demonstraram que o isolamento social equivale a fumar, à obesidade e à atividade física para aumentar os riscos. De fato, ele está associado com cerca de 50% a mais de risco de demência e um risco quatro vezes maior de morte entre pacientes com problemas cardiovasculares.[37]

Um setor pequeno, mas cada vez mais internacional, agora oferece soluções tecnológicas para a solidão. É um desafio complexo. Alguns argumentam que os robôs de companhia como a foca interativa chamada Paro aliviam os deveres dos membros familiares e da comunidade para dar suporte às populações envelhecidas ou isoladas. Outros argumentam que, mesmo que as soluções mais tecnológicas não exterminem completamente o problema da solidão, elas vêm demonstrando ter efeitos positivos em seus usuários, fornecendo um tipo de conforto onde não havia nenhum antes.[38]

Um projeto que busca acabar com a solidão usa uma solução tecnológica em combinação com o objetivo de conectar a população mais velha com gerações mais novas, assim como aquelas distantes no futuro. A Memory Lane é a criação da maior fornecedora de energia na Suécia, a Stockholm Exergi, e da Accenture Interactive. Usando o assistente de voz do Google, a equipe criou uma IA conversacional que convida uma pessoa a compartilhar suas histórias, que o sistema, então, transforma em um livro físico e em um podcast a ser compartilhado com outros e com gerações futuras. Ao mesmo tempo, uma pessoa que recebe poucas visitas pode encontrar certo consolo nas conversas com uma IA surpreendentemente intuitiva.

A IA da Memory Lane foi desenvolvida ao longo de dois anos para um pequeno estudo-piloto em Estocolmo, onde mais de 250 mil residentes sofrem de solidão aguda.[39] A IA faz perguntas pessoais e entende a correlação entre respostas diferentes, disparando perguntas relevantes em seguida. Diariamente, o sistema analisa a conversa anterior para chegar ao âmago do assunto e para criar um gráfico da memória — uma versão virtual estruturada da memória de uma pessoa.

Essa é uma solução tecnológica que objetiva não apenas melhorar a saúde e a qualidade de vida de seus usuários, mas também ir além do indivíduo e conectar gerações futuras com as histórias que teriam sido perdidas de outro modo.[40]

A Jornada Humana

O projeto da Memory Lane abrange todas as quatro categorias experienciais que esboçamos neste capítulo. O projeto *empodera* seus usuários ao possibilitar que compartilhem suas histórias, que é algo *recompensador* para eles e para aqueles que as escutam ou leem. A IA conversacional é expressamente *sintonizada* para extrair histórias e detalhes pessoais e para oferecer uma sensação de interesse e de companheirismo. E, por fim, o sistema foi concebido e implementado *responsavelmente* como um modo de ajudar a manter a saúde de indivíduos e de criar comunidade.

Tais experiências mais expansivamente humanas apontam o caminho para o futuro. A revolução radicalmente humana na tecnologia que discutimos neste livro possibilita chegarmos lá.

Isso exigirá uma mudança simples, porém profunda, de mentalidade. As empresas líderes não pensarão apenas em termos de jornada do consumidor, mas também de jornadas de pessoas, incluindo funcionários, ao longo da vida. No curso dessa jornada, as pessoas estão buscando experiências que são empoderadoras, recompensadoras, sintonizadas, responsáveis e mais. Empresas que oferecerem as melhores e mais relevantes experiências nesse contexto maior se tornarão uma parte indispensável da vida de seus consumidores e funcionários, estabelecendo para si mesmas uma diferenciação significativa e um crescimento sustentável — e fazendo suas concorrentes menos imaginativas comer poeira.

Essa jornada humana está por si só situada em um contexto maior — a sustentabilidade —, que analisaremos no próximo capítulo. Visto que a sustentabilidade é universal, afetando a todos no planeta, talvez seja um dos diferenciadores mais consequenciais considerados aqui e — a boa notícia — é uma área em que a aplicação da estrutura IDEAS oferece grande esperança.

9

SUSTENTABILIDADE

Planeta IDEAS

A virada radicalmente humana representada pela estrutura IDEAS se junta com a virada mais radicalmente humana de todas: a sustentabilidade, a luta existencial para salvar nosso planeta e aqueles que nele habitam. O aprendizado de máquina e as tecnologias digitais relacionadas prometem muitíssimo para nos ajudar a superar nossos maiores desafios. Ao mesmo tempo, as tecnologias digitais têm um lado obscuro em termos de meio ambiente. Por exemplo, treinar um único modelo de IA pode emitir tanto carbono quando cinco carros comuns o fazem durante toda sua existência.[1] As empresas precisarão resolver essa realidade diretamente, de modo a evitar que os danos se sobressaiam aos ganhos. Elas devem adotar um foco duplo: usar a tecnologia como uma ferramenta poderosa para criar novas soluções que promovam a sustentabilidade ao mesmo tempo em que melhoram a sustentabilidade da própria tecnologia.

Sistemas Vivos para Nosso Planeta Vivo

O vasto poder computacional da nuvem e a ampla rede lançada pelas tecnologias de borda estão sendo colocados para trabalhar monitorando e analisando inúmeros fenômenos ambientais e climáticos: temperaturas de oceanos, padrões de chuva, o efeito causado nas nuvens pela fuligem e pelo sulfato de navios de carga e muito mais.[2] A AWS, por exemplo, está testemunhando mais organizações usando seus serviços de aprendizado de máquina em dezenas de projetos relacionados ao clima, que vão de análises de dados do solo e esforços de conservação de oceanos à preservação florestal.[3] E sua ferramenta Sage Maker está permitindo que especialistas de domínio, sem qualquer treinamento em IA, levem o poder do ensino de máquina a projetos de sustentabilidade altamente específicos. Sensores remotos e outras tecnologias de borda possibilitam rastrear a poluição aquática, o desmatamento e as "frotas sombrias" de embarcações cujas práticas pesqueiras quebram regulações ambientais.[4] Essas tecnologias estão sendo colocadas juntas em sistemas vivos — a abordagem sem fronteiras, adaptável e radicalmente humana ao extremo à arquitetura que detalhamos no Capítulo 4. Tais sistemas, com a participação integral dos humanos, estão sendo usados para enfrentar uma infinidade de desafios ambientais que ameaçam habitats, humanos e basicamente todas as empresas de todos os setores.

As marcas Porsche, Audi e Volkswagen estão usando um sistema inicial de aviso, alimentado por IA, para identificar riscos à sustentabilidade, como poluição ambiental, abusos dos direitos humanos e corrupção entre parceiros comerciais diretos e os níveis mais baixos da cadeia de suprimentos.[5] Um algoritmo criado pela startup austríaca Prewave identifica e analisa mídias e redes sociais publicamente disponíveis em mais de 50 idiomas e 150 países. As marcas são notificadas caso o sistema encontre indicações de risco à sustentabilidade em suas cadeias de suprimento. Elas, então, analisam a situação mais de perto e decidem quais medidas devem ser tomadas. Desde que o piloto começou, em outubro de 2020, as três marcas da VW analisaram mais de 5 mil palavras-chave e estão de olho em mais de 4 mil fornecedores. É difícil minimizar o potencial de tais sistemas, visto que a cadeia de suprimentos típica da multinacional gera 5,5 vezes mais emissões do que suas operações diretas.[6]

O World Mosquito Program (WMP), uma iniciativa sem fins lucrativos, usa a nuvem e a IA para proteger comunidades no mundo todo de doenças transmitidas por mosquitos, como dengue, zika, chikungunya e febre amarela. Iniciada pelos pesquisadores australianos na Universidade Monash, a técnica envolve introduzir uma bactéria natural chamada Wolbachia na população de mosquitos em áreas propensas a doenças, fazendo com que a disseminação seja interrompida.[7]

Mas decidir onde soltar os mosquitos que carregam a Wolbachia é um processo que exige muitos recursos. Sem os modelos apropriados, os pesquisadores correm o risco de deixar passar áreas de povoação humana e também de soltar os mosquitos em áreas protegidas. Então, a WMP usa o Azure e o aprendizado de máquina em uma parte essencial do processo.[8] O objetivo é selecionar pontos de soltura de alto impacto dentro de áreas com até 9m^2. A WMP coleta imagens com alta resolução vindas de satélites e, então, as envia para um pipeline criado no Microsoft Azure para treinar modelos, criar pegadas e gerar grades. As grades e os mapas são processados, e o pipeline fornece mapas que permitem aos especialistas da WMP identificar áreas de povoamento humano, observar áreas de construção e determinar relações espaciais. Um processo que costumava levar duas ou três semanas para ser terminado é realizado pelo modelo em apenas um dia e permite que a Wolbachia seja introduzida mais efetivamente em populações e com um custo menor.

A Dendra Systems ajuda empresas como a Glencore e a RioTinto a restaurar ecossistemas.[9] Os drones da Dendra, usando tecnologia de enxame, mapeiam cada centímetro quadrado da área a ser restaurada e coletam dados, incluindo tendências de erosão, que os ecologistas da empresa e a IA usam para determinar qual plano de semeadura traçar. Drones de semeadura, capazes de espalhar pelo menos 420 milhões de sementes por dia contendo até 53 espécies diferentes, passam a semear a área a ser restaurada. É muito mais rápido e preciso do que a semeadura manual e não há o risco de prejudicar o ecossistema com as botas ou as rodas de veículos sobre o solo.

Considere também o esforço concentrado de diversos stakeholders para combater o desmatamento nas maiores regiões de produção de cacau do mundo. O desmatamento de floresta primária causa aumentos significativos nos gases de efeito estufa. Um modo de evitar isso é ajudar os produtores a otimizar a produção nas terras existentes. A FarmGrow, estabelecida pela Rainforest Alliance e pela Grameen Foundation, apoia os produtores de cacau por meio de uma plataforma de tomada de decisão baseada em Android que os ajuda a melhorar a produtividade e a sustentabilidade de longo prazo de suas terras.

A Mars e a comerciante global de cacau Touton foram duas das primeiras empresas a abraçar a FarmGrow. A Mars, fabricante do M&M's, do Snickers, da barra Mars e de muitas outras marcas globais, declarou um compromisso para alcançar uma cadeia de suprimentos de cacau livre de desmatamento até 2025.[10] O objetivo da empresa é mapear 100% de sua cadeia de suprimentos até o nível do produtor e criar uma avaliação de risco e planos de ação para todos os países fornecedores da matéria-prima, incluindo Costa do Marfim, Gana, Indonésia, Brasil, Camarões e Equador.

Usando a FarmGrow, as equipes de campo dos fornecedores — os humanos no sistema — podem oferecer orientações customizadas sobre práticas produtivas, ajudar os produtores a priorizar investimentos, compartilhar informações sobre a gestão do cultivo e monitorar métodos de adoção para melhorar a produtividade dos produtores. Até o fim de 2019, a Mars havia mapeado quase 100% das áreas produtivas em Gana e 62% na Costa do Marfim, e havia feito um progresso significativo para rastrear o cacau utilizado. Enquanto isso, a Touton havia chegado a mais de 4.500 produtores em Gana, dos quais 1.650 adotaram, em efeito, um plano da FarmGrow.

A plataforma da FarmGrow usa informações fornecidas pela Satelligence, uma empresa sediada na Holanda cuja tecnologia combina sensores remotos, imagens de satélite e IA baseada na nuvem. A Satelligence foi fundada em 2016 com a missão de alcançar a produção agrícola sustentável e caminhar rumo ao desmatamento zero, à extinção zero e a zero emissões. Como seus satélites "veem" o desmatamento? Rens Masselink, diretor de operações da empresa, explica da seguinte forma:[11] os satélites podem criar imagens da superfície da Terra por meio das nuvens e transformá-las em sinais de radar. Os sinais que voltam das florestas são mais altos em altitude do que aqueles de áreas desmatadas. Então, um algoritmo desenvolvido em colaboração com a Universidade Wageningen calcula a probabilidade de que uma área está desmatada e "empilha" as probabilidades de forma iterativa para obter um grau maior de certeza sobre o evento de desmatamento.

A área que a empresa monitora em busca de desmatamento leve relacionado à produção de commodities cobre cerca de 3.000.000km^2. Cada pixel do satélite representa 100m^2. Isso quer dizer que mais de 3 bilhões de pixels precisam ser processados praticamente em tempo real, o que é feito em um dos maiores provedores de nuvem com um mecanismo de processamento desenvolvido pela Satelligence. O mecanismo processa eficientemente essas quantidades gigantescas de dados e produz informações acionáveis que permitem aos consumidores saber imediatamente o que está acontecendo em suas cadeias de suprimento, em qualquer lugar do planeta.

O mecanismo de processamento também é altamente flexível, uma das marcas registradas dos sistemas vivos. Quando um cliente quer acrescentar novas áreas de monitoramento, a Satelligence consegue fazê-lo instantaneamente. Além disso, as equipes de ciência de dados e de engenharia da empresa estão continuamente desenvolvendo novos algoritmos e os implementando no mecanismo de processamento, levando a novos serviços, como: idade de árvores, estoque de carbono, áreas queimadas e indicadores de desempenho das plantações.

Esses sistemas desbloquearão rios de informações sobre sustentabilidade e colocarão mais pressão nas empresas para que os usem de modo a divulgar de modo mais preciso e granular seu desempenho de sustentabilidade. No Reino Unido, a "Iniciativa de Financiamento Espacial" foi lançada em 2019 para encontrar maneiras de analisar dados geoespaciais e traduzi-los em tomadas de decisões financeiras para investidores de impacto. Satélites minúsculos, aprimorados por drones, serão usados para obter imagens de alta resolução de cada ponto do globo diariamente, e os dados resultantes serão escaneados e interpretados pela IA.[12] Os investidores poderão usar a tecnologia para ver com um nível inigualável de detalhes como as empresas estão afetando o ambiente, incluindo aquelas com grandes e complexas operações geográficas e cadeias de suprimento. À medida que a ameaça de catástrofe ecológica se torna cada vez mais clara, até os investidores com pouco apego emocional a questões do meio ambiente devem prestar uma atenção cuidadosa às métricas de sustentabilidade — e as empresas precisarão ter os sistemas vivos em operação para lhes fornecer um nível inédito de especificidade e de transparência.

Sustentabilidade *in Silico*

No momento de redação deste livro, faltavam menos de dez anos para cumprirmos a Agenda de 2030 para o Desenvolvimento Sustentável. A Agenda de 2030, adotada pelos Estados-membros da ONU em 2015, estabelece 17 objetivos de desenvolvimento sustentável (ODSs) e um chamado urgente para a ação em todos os países, desenvolvidos e em desenvolvimento, para enfrentar a pobreza, melhorar a saúde e a educação, reduzir a desigualdade e fomentar o crescimento econômico — ao mesmo tempo enfrentando a mudança climática e trabalhando para preservar os oceanos e as florestas do mundo.[13] Enquanto isso, a histórica Cúpula do Clima COP26, realizada em Glasgow em 2021, trouxe uma urgência renovada para alcançar os objetivos ainda não cumpridos de clima estabelecidos no Acordo de Paris.

A transformação necessária para alcançar as metas ambiciosas mundiais demandarão novas formas de criar economias circulares, gerenciar produtos e serviços durante todo seu ciclo de vida, criar cidades mais ecologicamente inteligentes e reparar e proteger ecossistemas complexos e interdependentes. Um modo de acelerar essa transformação é por meio de gêmeos digitais.

Os gêmeos digitais são usados para modelar sistemas complexos — de carros a cidades e a corações humanos — e simular seu funcionamento com uma precisão que permite ao usuário ir diretamente do modelo digital para a criação de uma solução ao problema em questão, sem levar os anos que normalmente seriam necessários para criar o protótipo e melhorar incrementalmente os designs e os sistemas.

Eles podem ajudar as empresas a reduzir seus custos, seus usos de recurso e sua pegada de carbono e podem dar suporte à inovação disruptiva e a modelos de negócio circulares centrados no consumidor e ágeis. Os gêmeos digitais podem ajudar os planejadores de cidades a coordenar complexos sistemas urbanos — do controle de tráfego à eliminação do lixo e aos parques públicos — para obter mais eficiência e sustentabilidade. Os climatologistas podem usar os gêmeos digitais a fim de entender como miríades de fatores interagem para produzir as mudanças climáticas e para identificar intervenções urgentemente necessárias.

Singapura criou a Singapura Virtual, uma gêmea digital da cidade, de alta fidelidade e em tempo real.[14] Alimentada por uma análise sofisticada de imagens e de dados coletados por agências e sensores públicos, a Singapura Virtual tem como objetivo associar virtualmente todas as partes móveis da cidade em tempo real. Isso permitirá aos planejadores da cidade testar diversas reações possíveis a tudo, desde o crescimento populacional e a gestão de recursos aos eventos públicos e à criação de padrões, para, então, implementar aqueles que criam as experiências mais seguras e positivas, incluindo iniciativas de sustentabilidade.[15]

Enquanto isso, a União Europeia está criando um gêmeo virtual da Terra. Chamado Destination Earth (DestinE), o projeto permitirá o modelamento dos recursos físicos do planeta.[16] O modelamento federado na nuvem e a plataforma de simulação do DestinE — que dá acesso a dados, infraestrutura avançada de computação, software, aplicações de IA e análises — integrará os gêmeos digitais de subsistemas planetários, como de clima e tempo, de segurança de alimentos e água, de circulação global dos oceanos e sua bioquímica. Os usuários terão acesso a informações temáticas, serviços, modelos, cenários, simulações, previsões e visualizações que podem ser usados para testar intervenções que permitiriam desenvolvimentos mais sustentáveis.

No mundo comercial, os gêmeos digitais podem entregar não apenas opções melhores de design e uma rápida criação de protótipos, mas também uma eficiência maior no processo produtivo, qualidade mais alta, melhor desempenho operacional, extensão de vida, desinvestimento em ativos e um cenário em que há planejamento e resiliência mais robustos de cadeias de suprimento — tudo isso podendo contribuir para uma economia mais circular. Cem por cento das principais montadoras de veículos elétricos (VE) e 90% dos principais laboratórios farmacêuticos usam soluções de gêmeos digitais. Mas a vasta maioria das organizações públicas e privadas do mundo ainda precisa pivotar e escalar tais soluções. Isso é uma pena, considerando a grande promessa oferecida por essa tecnologia em termos de um desempenho melhor dos negócios e da sustentabilidade.

Para descobrir precisamente quanta promessa existe, a Accenture fez uma parceria com a Dassault Systèmes, uma das maiores provedoras de gêmeos colaborativos do mundo real, de modo a explorar o potencial dessa tecnologia para criar e entregar novos produtos e sistemas de que precisamos para termos economias circulares e de carbono zero. Juntos, avaliamos quantitativamente cinco casos de uso específicos industriais com relação ao seu impacto de sustentabilidade até 2030, com foco na redução de emissões de gases de efeito estufa (GEE) e no aumento da sustentabilidade ambiental.[17]

A avaliação examinou os casos de uso dentro dos setores de construção, bens de consumo embalados, transporte, ciências biológicas e elétrico e eletrônico. A análise descobriu que apenas esses 5 casos poderiam entregar benefícios combinados de US$1,3 trilhão em valor econômico e o equivalente a 7,5 gigatons de redução de emissões de CO_2 até 2030. Por exemplo, imóveis comerciais e residenciais representam atualmente 40% da demanda de energia global (60% da eletricidade do mundo) e 25% de nosso uso global de água. Eles também são responsáveis por aproximadamente um terço das emissões de GEE.[18] O consumo de energia nesses imóveis pode ser reduzido entre 30% a 80% com o uso de tecnologias de gêmeos digitais comercialmente disponíveis e comprovadas, em geral, como parte de um planejamento mais amplo de cidades inteligentes. Essa avaliação descobriu que o potencial de implementar gêmeos digitais em novas construções globalmente entre 2020 e 2030 representa uma redução de US$288 bilhões em custos operacionais e o equivalente a uma redução de 6,9 gigatons de emissões de CO_2.

Combinados com a IA, os gêmeos digitais podem permitir níveis totalmente novos, inteligentes e resilientes de design de produtos. O desenvolvimento dos produtos pode ser levado mais próximo da cadeia de suprimentos e do consumidor. Os ciclos de design e de manufatura diminuem de anos para semanas conforme uma criatividade recém-descoberta desencadeia mais eficiência. Por exemplo, a Volkswagen usou os recursos de design generativo orientados por IA da Autodesk para desenvolver uma versão com conceito mais leve e verde de sua icônica Kombi — e completou o processo em questão de meses, comparado com um ciclo anterior de um ano e meio.[19] Tais experimentos explicam por que 44% dos CEOs globais que a Accenture pesquisou disseram que a tecnologia de gêmeos digitais causará um impacto importante na sustentabilidade de seus setores nos próximos cinco anos, mesmo com 53% deles tendo dito que lutam para entender quais tecnologias podem melhorar seu desempenho de sustentabilidade.

Mas, além desses benefícios e desafios, são os humanos que em última instância determinarão o destino da sustentabilidade. Outro projeto da Autodesk, esse realizado em parceria com o Instituto Smithsonian, destaca essa questão.[20] As duas organizações fizeram recentemente uma parceria para uma exibição no histórico Arts and Industries Building (AIB) do Smithsonian, o Museu Nacional original dos EUA, para demonstrar como um gêmeo digital pode ser usado para ajudar as comunidades a projetar cidades mais sustentáveis, algo muito parecido aos objetivos da Singapura Virtual.

Os visitantes da exibição interativa "Comunidades do Futuro" podem trabalhar uns com os outros para criar um quarteirão da cidade a partir do zero — com a ajuda de uma IA sofisticada. Os participantes, trabalhando em equipes, colocam manualmente modelos virtuais de prédios, parques e outras características urbanas diretamente no espaço de design. As mudanças que cada usuário faz nas pequenas telas de computador são refletidas em tempo real em uma tela maior compartilhada com um gêmeo virtual da cidade que o grupo está desenvolvendo. A IA considera o que o grupo faz e sugere outras possibilidades mais eficientes ou sustentáveis.

Mas há uma intensa pitada humana na experiência que também reflete o mundo real. Os membros das equipes desempenham o papel de diversas partes interessadas, que podem ter prioridades conflitantes. Uma pode estar focada no impacto ambiental, outra, na acessibilidade, e outra, no transporte público, por exemplo. Embora as sugestões da IA ajudem a diminuir as diferenças, a equipe deve chegar a um consenso final. Nas palavras de Brad MacDonald, diretor de mídia criativa do AIB: "Estamos buscando maneiras pelas quais a tecnologia pode nos dar o espaço para sermos melhores."[21]

Será a Explosão Final dos Motores?

A poluição do ar ambiente representa estimadas 4,2 milhões de mortes por ano devido a derrame, doenças cardiovasculares, câncer no pulmão e doenças respiratórias crônicas.[22] Cerca de 91% da população mundial vive em lugares em que os níveis de qualidade do ar estão fora dos limites estabelecidos pela Organização Mundial da Saúde. Uma das grandes fontes de poluição do ar são os motores de combustão interna (MCI), também conhecidos como motores a explosão. Fazer com que eles não sejam mais usados poderia ser uma das viradas mais radicalmente humanas, em termos de vidas salvas, que a indústria automotiva poderia realizar.

As montadoras vêm se interessando pelos VEs há décadas, e a Tesla, que fabrica exclusivamente VEs, existe desde 2003. Mas, no início de 2021, uma série extraordinária de anúncios por empresas como GM e Ford ofereceu a esperança de que a era dos MCI estava desaparecendo. Em janeiro, a General Motors informou que não fabricaria mais veículos que usam gasolina e venderia apenas veículos com zero emissões de escapamento até 2035 como parte de um plano maior para se tornar carbono neutra até 2040. No mês seguinte, a Ford anunciou que todos seus carros de passeio seriam totalmente elétricos até 2030. Em maio, a empresa revelou a caminhonete F-150 Lightning, uma versão totalmente elétrica da F-150, o veículo mais vendido nos EUA. A Volkswagen havia prometido previamente versões elétricas de todos seus modelos até 2030. E a Volvo planeja fabricar apenas veículos elétricos até o fim da década.

Embora os VEs sejam o segmento que cresce mais rapidamente na indústria automobilística, eles comandavam apenas 3% do mercado global em 2021. Um grande obstáculo à adoção difundida dos VEs é o desempenho da bateria: da velocidade de carregamento à autonomia, ao tempo de vida útil do veículo e ao custo de materiais. Apenas ultrapassando esses obstáculos os VEs terão uma paridade de preços com os veículos que funcionam com combustíveis fósseis.

A IA está sendo amplamente empregada para acelerar o desenvolvimento de baterias em uma grande variedade de áreas, incluindo o desenvolvimento de capacitores, materiais de bateria, ânodos, cátodos e eletrólitos.[23] De modo significativo, a IA está acelerando drasticamente as análises de desempenho de baterias. Por exemplo, pesquisadores da IBM vêm usando a IA para desenvolver uma bateria que carrega rapidamente e não tem metais pesados como níquel e cobalto, que são caros, difíceis de reciclar e trazem preocupações sobre direitos humanos nas áreas em que são minerados. Um conjunto de materiais que estão sendo considerados incluiu 20 mil potenciais compostos. Analisá-los com o uso de métodos tradicionais poderia levar cinco anos. O aprendizado de máquina terminou o trabalho em nove dias.[24] A bateria em desenvolvimento usa três novos materiais que nunca haviam sido combinados antes para esse propósito, sem haver quaisquer metais pesados ou outras substâncias que tragam preocupações de fornecimento. Os materiais podem ser extraídos da água do mar, estabelecendo uma base para técnicas de fornecimento menos prejudiciais do que os atuais métodos de mineração.[25] Essa velocidade e essa inovação são cruciais à medida que o mundo luta para evitar a catastrófica mudança climática.

Na saga por uma bateria melhor, a IBM Research adotou uma característica fundamental da estratégia da estrutura IDEA: investir no ecossistema do desenvolvedor e do setor, o que potencialmente leva a melhorias exponenciais em tecnologia. Pesquisadores da IBM colaboraram na exploração desse espaço com a Mercedes-Benz Research e a Development North America, com a Central Glass, uma das principais fornecedoras de baterias com eletrólitos do mundo, e com a Sidus, fabricante de baterias. A IBM diz que sua aspiração é "criar um ecossistema para trazer as baterias à realidade comercial".[26]

Uma equipe de pesquisadores de Stanford, do MIT e do Toyota Research Institute desenvolveu uma abordagem de aprendizado de máquina que corta em 98% o tempo necessário para avaliar baterias.[27] "Ao testar as baterias, é preciso tentar um número gigantesco de coisas, porque o desempenho obtido variará drasticamente", explica Stefano Ermon, professor assistente de ciência da computação que ajudou a liderar a equipe. "Com a IA, conseguimos identificar rapidamente as abordagens mais promissoras e eliminar diversos experimentos desnecessários."

Seu objetivo é conseguir carregar uma bateria de VE em dez minutos, ao mesmo tempo em que maximiza sua vida útil. No método tradicional de tentativa e erro, os pesquisadores devem esperar meses e até anos para coletar dados sobre como as mudanças na bateria afetam sua vida útil. Mas a IA da equipe de Stanford consegue prever o desempenho de vida útil com base em apenas alguns ciclos de carregamento. A equipe, então, prevê a vida útil do ciclo e envia a informação para um algoritmo de otimização bayesiana com eficiência de dados para testar o próximo protocolo de carregamento.

Ao aprender com experiências prévias, a IA conseguiu prever quais métodos de carregamento achariam o ponto exato entre carregamento certo e longa vida útil da bateria. A abordagem tradicional teria exigido 500 dias de carregamento e descarregamento, mas o algoritmo da equipe de Stanford identificou os melhores protocolos de carregamento entre os 224 candidatos em 16 dias.[28]

Para ajudar a estimular o ecossistema mais amplo da pesquisa de baterias, a equipe tornou todos seus dados publicamente disponíveis para que outros pesquisadores pudessem usá-los para treinar seus algoritmos de aprendizado de máquina. O Argonne National Laboratory, um centro de pesquisas multidisciplinar de ciência e engenharia do Departamento de Energia dos EUA, espera estimular o ecossistema ainda mais.[29] Uma equipe no Argonne está mobilizando instituições de pesquisa e empresas para compartilhar seus dados por meio de uma plataforma desenvolvida na Universidade de Chicago chamada Data Stations. A plataforma, usando uma arquitetura singular de aprendizado de máquina com preservação de privacidade (PPML), oferece o que seus desenvolvedores denominam uma "zona neutra", em que os dados são compartilhados, mas selados.[30] Os usuários não podem ver, acessar ou baixar os conjuntos de dados originais, vendo apenas um amplo catálogo dos dados disponíveis. Os usuários pesquisam os dados coletados — por exemplo, perguntando sobre a efetividade de compostos particulares na prolongação da vida útil da bateria. A Data Station encontra automaticamente os dados certos, combinando-os ou usando-os para treinar modelos de IA, e fornece ao usuário a resposta sem revelar os dados brutos subjacentes. Como vimos no Capítulo 4, o projeto MELLODY usa a IA e o aprendizado federado para acelerar a descoberta de remédios entre empresas farmacêuticas normalmente competitivas. Esforços semelhantes em sustentabilidade podem fazer muito para alcançarmos um futuro descarbonizado.

Liberando os Humanos para Fazerem Seu Melhor

Uma startup de biotecnologia da Área da Baía de São Francisco busca soluções inovadoras para alguns dos maiores desafios ambientais do mundo:

proteger plantações da seca, defender-se contra doenças transmitidas por mosquitos e reduzir o lixo plástico. Com o uso de softwares, IA, robótica e técnicas avançadas de engenharia genética, a empresa cria micróbios industriais para otimizar a produção de químicos ou criar compostos totalmente novos. Embora muitas abordagens existentes aos micróbios geneticamente criados envolvam produtos à base de petróleo, que prejudicam o ambiente, a companhia busca soluções menos prejudiciais baseadas na biologia.

Com um software patenteado de simulação, a startup pode prever digitalmente as propriedades de uma molécula. A partir daí, ela cria rapidamente protótipos de moléculas candidatas, avalia seus desempenhos e escolhe a mais bem preparada para enfrentar um problema. Uma vez identificada a biomolécula vencedora, os cientistas da empresa criam micro-organismos que podem produzi-la.

Normalmente, na otimização de micróbios, os cientistas usam a literatura científica existente, suas experiências e sua intuição para desenvolver hipóteses, criar experimentos e conduzir testes manuais. Embora tal abordagem não seja exatamente imprevisível, ela depende muito da "genialidade" do cientista — bem como de um pouco de sorte — e produz um número limitado de experimentos. Conduzir manualmente os experimentos também engaja funcionários com alto grau de instrução e de alto valor em tarefas normalmente de baixo valor.

Em vez de propor testes específicos, os cientistas da empresa criam estratégias para descobrir mudanças específicas que são geralmente aplicáveis. Em determinado projeto, eles usam seu conhecimento especializado para escolher uma estratégia entre todas as disponíveis e, então, autogeram um grande volume de mudanças para testar. Como vimos no Capítulo 3, a virada radicalmente humana na expertise não se trata de graus cada vez maiores de especialização, mas sim de trabalhar com a IA de modo que produza um aproveitamento máximo do conhecimento e da experiência de uma pessoa. Em vez de gerar laboriosamente um número necessariamente limitado de designs de experimento, os cientistas da empresa colocam sua expertise em ação em um nível estratégico mais alto, ao mesmo tempo em que permitem que a IA gere um número muito maior de experimentos promissores. Como resultado, os experimentos são simultaneamente mais direcionados e mais extensivos do que aqueles conduzidos pela abordagem antiquíssima de hipóteses ou pela força bruta da IA.

Até o momento, a empresa anunciou três produtos, dois dos quais resolvem a questão de proteção das plantações contra pestes. Segundo consta, todos os três produtos são moléculas totalmente inovadoras e que nunca foram usadas antes. Isso está em linha com o objetivo da empresa de criar novos produtos baseados em biologia, em vez de alternativas verdes a produtos existentes. E, para o planeta, o ganho poderia ser uma nova geração de produtos baseados em biologia que não apenas reduzem os danos ambientais, mas também resolvem diretamente questões de sustentabilidade.

Considere, ainda, o ensino de máquina na siderúrgica japonesa JFE. A empresa estava entre as dez principais fabricantes de bens pesados, como aço, cimento e vidro, que lideraram a lista de 2020 do *Wall Street Journal* por melhores práticas no enfrentamento dos riscos ambientais.[31] Além de usar a IA para monitorar a produção e evitar tempo ocioso e produtos defeituosos,[32] a empresa aproveitou os sistemas e as aplicações de IA para economizar energia e reduzir as emissões de CO_2 mais amplamente. A companhia estabeleceu um objetivo para 2030 de reduzir emissões de suas operações com aço em mais de 20% a partir dos níveis de 2013. Até 2050, a JFE quer ser carbono neutra — o mesmo objetivo estabelecido pelo governo japonês.[33]

Para acelerar a adoção da IA e do aprendizado de máquina em todo o empreendimento, a JFE usa a DotData, uma plataforma de IA e aprendizado de máquina que busca automatizar todo o ciclo de vida da ciência de dados.[34] Ao usar a DotData, a empresa pode completar os projetos de aprendizado de máquina em dias, em vez de meses. O mais importante, a DotData democratiza a ciência de dados. Analistas empresariais, sem habilidades de programação, podem executar os projetos de IA e de aprendizado de máquina com base em seu conhecimento próximo da empresa, transformando o aprendizado de máquina em ensino de máquina. Além disso, a DotData torna a IA transparente e explicável, produzindo automaticamente uma explicação "legível aos humanos" de cada recurso, assim como um diagrama que destaca visualmente a lógica usada para gerar recursos.

Roupas Conscientes

De acordo com a H&M, a segunda maior varejista de roupas do mundo, o setor de moda é um dos que mais poluem e usam água no planeta. Produzir uma camiseta consome 2.700 litros de água.[35] Estima-se que o tingimento e o acabamento de produtos na produção têxtil sejam responsáveis por cerca de 20% da poluição global de água. A lavagem de tecidos sintéticos representa 35% dos microplásticos liberados no ambiente. A produção de roupas e de calçados é responsável por 10% das emissões globais de gás. A fast fashion ou moda rápida — a constante provisão de novos estilos a preços baixos — aumentou muito a quantidade de roupas produzidas e jogadas fora. O consumidor médio agora compra 60% a mais de roupas do que há 15 anos, e mais de 80% das vestimentas acabam em lixões ou incineradores.[36] A produção geralmente ocorre em países com regulações irregulares, baixos salários e abusos de direitos humanos, como trabalho infantil.

Muitas organizações e empresas, incluindo algumas das marcas mais reconhecíveis, assim como novatas inovadoras, estão trabalhando para mudar esses números por meio da rastreabilidade da cadeia de suprimentos, de fibras mais amigáveis ao ambiente, de programas de reciclagem, do uso mais inteligente da terra e de uma gestão melhor da água.

A marca de roupas Stella McCartney colaborou com o Google Cloud para desenvolver uma ferramenta que usa análise de dados e aprendizado de máquina para dar às marcas uma visão mais expansiva de sua cadeia de suprimentos, especialmente no nível da produção de matérias-primas.[37] Inicialmente, seu foco é o algodão, que representa 25% de todas as fibras usadas na fabricação de roupas e envolve quantidades significativas de água e de pesticidas. Eles também estão de olho na viscose, um material semissintético derivado da polpa da madeira que está relacionado com o desmatamento. Ao trabalhar com marcas de roupa, especialistas, organizações não governamentais e órgãos setoriais, eles esperam criar uma ferramenta aberta para todo o setor que permitirá às empresas mensurar melhor o impacto de suas matérias-primas em áreas essenciais, como poluição do ar, emissões de gases de efeito estufa, uso da terra e escassez de água.

A Inditex, controladora da Zara, a maior varejista de roupas do mundo, desenvolveu uma plataforma com tecnologia patenteada para executar todas as operações digitais integradas da empresa. A plataforma é flexível e escalável, com uma arquitetura de microsserviços que viabiliza projetos customizados em resposta a necessidades empresariais específicas. Ela usa aprendizado de máquina para determinar os níveis ideais de estoque e um mecanismo analítico desenvolvido com o MIT para estimar a distribuição de novos produtos, sendo que isso tudo ajuda a evitar a superprodução que prejudica o ambiente. Com uma previsão de demanda muito mais precisa, 85% da produção da Zara é agora feita durante a estação atual.[38]

A Finesse, uma startup online lançada em janeiro de 2021, está derrubando o modelo operacional tradicional da moda rápida e lutando contra a superprodução dispendiosa no processo. Tradicionalmente, as marcas de fast fashion se baseiam nas equipes de designers para determinar o que fazer e nos compradores para determinar quanto produzir. A Finesse começa o processo criativo nas redes sociais. Usando algoritmos patenteados e combinando análises de séries temporais, de processamento de linguagem natural e de visão de computador, o sistema de aprendizado de máquina da empresa vasculha a internet em busca de pistas criativas sobre as tendências da moda entre os integrantes da geração Z (os nascidos após 1997). "O local de nascimento da moda saiu das passarelas de Nova York e de Paris e foi parar nas redes sociais", diz o fundador da empresa, Ramin Ahmari.[39]

Guiada pelas tendências detectadas nas redes sociais, a empresa cria três potenciais modelos de roupa e os publica no site da Finesse, no qual os compradores votam no seu preferido. O vencedor é colocado em produção. Mas, em vez de iterar as amostras físicas as fazendo ir e vir entre empresa e fábrica, a Finesse usa o protótipo virtual em 3D para chegar a seu design final. A empresa, então, usa seus dados para determinar quantas unidades produzir. O resultado é uma moda ainda mais rápida — o processo corta o lead time de 5 meses para apenas 25 dias[40] —, mas com menos desperdício.

Inteligência Amplificada na H&M

De sua parte, a H&M parece estar buscando um apelo profundo de sustentabilidade em primeiro lugar com os consumidores. Seu aplicativo não apenas reconhece as falhas do setor, mas também coloca a sustentabilidade em primeiro plano em cada canto, demonstrando produtos feitos de materiais ecologicamente corretos, como algodão orgânico, fibra de folha de abacaxi, poliéster reciclado e fibra polilática. Quando os compradores online clicam em um produto da H&M, eles podem descobrir quais foram os materiais usados para sua fabricação, os países envolvidos em sua produção, os fornecedores e as fábricas (incluindo o endereço) com as quais a H&M fez parceria para sua criação, e informações sobre como reciclar roupas. Nas lojas da H&M, os compradores podem abrir o aplicativo e escanear a etiqueta de um produto, e o aplicativo os levará para as informações sobre sustentabilidade disponíveis online. Os compradores também podem levar roupas ou tecidos que não queiram mais — de qualquer marca e em qualquer condição —, e estes serão reformulados, reutilizados ou reciclados.

Mas talvez o sinal mais forte de comprometimento com a sustentabilidade tenha ocorrido em 2020, quando a empresa nomeou Helena Helmersson como sua nova CEO. Helmersson havia sido a diretora de sustentabilidade da empresa de 2010 a 2014. Desde sua nomeação, a empresa anunciou que pretende, até 2025, usar 30% de materiais reciclados e reduzir as emissões de suas operações em 20%. A empresa também fez um piloto com tecnologia de blockchain para ter uma rastreabilidade maior em sua cadeia de suprimentos de mais de 1.600 fábricas primárias e quase 300 fornecedores secundários. Agora, mais de 65% de seus materiais são de fontes recicladas ou mais sustentáveis, e 100% de seu algodão é orgânico, reciclado ou obtido de forma mais sustentável. A companhia também expandiu seu uso de ferramentas 3D para o design de roupas de modo que minimize o desperdício.

Embora a H&M tenha chegado relativamente tarde ao uso da IA e do aprendizado de máquina — conduzindo seu primeiro projeto de proof of concept em 2016 —, a tecnologia se tornou rapidamente crucial para seus esforços de sustentabilidade. Em 2018, a empresa criou um departamento de IA com o propósito expresso de tomar decisões empresariais mais sustentáveis. Arti Zeighami, diretor global de análises avançadas e IA na H&M, vê a IA como o caminho a seguir de modo a usar menos recursos, criar menos emissões e reduzir o desperdício. O detalhe é que ele não denomina isso de inteligência artificial; para ele, é "inteligência amplificada", destacando a dependência que a IA tem dos humanos para ser totalmente eficaz. "Quando fazemos a combinação de IA e humanos, do sentimento instintivo e dos dados, da arte e da ciência, obtemos o máximo disso."[41] É por isso que, em vez de desenvolver casos de uso sem o envolvimento de usuários de negócios [business users], ele os levou para o processo de refinamento da aplicação da empresa. Ele descobriu que o algoritmo sozinho realizava poucos pontos percentuais a mais do que os humanos, mas, quando combinado com eles, os resultados eram duas vezes melhores do que os do algoritmo sozinho.[42]

A empresa adotou outros aspectos da virada radicalmente humana na tecnologia. Ela está democratizando a IA e o aprendizado de máquina ao criar bibliotecas de componentes em áreas como previsão de moda e logística, que podem ser empregadas em toda a organização. Ela também está criando uma nova plataforma de dados chamada Yggdrasil, em homenagem à árvore sagrada na mitologia nórdica, que permitirá que as equipes em toda a organização façam uso de ativos centrais de dados.[43] Para criar recursos mais flexíveis de modelagem preditiva, a empresa se desvinculou digitalmente de uma arquitetura legada inconveniente e passou a usar a nuvem do Microsoft Azure. Ela está estimulando o ecossistema do setor por meio de uma plataforma chamada Treadler, que dará a outras empresas acesso à cadeia global de suprimentos da H&M e até as ajudará com o desenvolvimento de produtos. O objetivo, diz Gustaf Asp, diretor-geral da Treadler, é aproveitar o "potencial total dos investimentos extensivos do Grupo H&M e de seu trabalho progressivo de sustentabilidade ao atender as necessidades dos clientes e contribuir para um crescimento de longo prazo do grupo, ao mesmo tempo em que motiva a mudança em nosso setor".[44]

Transformando a IA de Vermelha para Verde

Sem sombra de dúvidas, a IA será uma das — senão a única — forças tecnológicas impulsionadoras por trás da resposta coletiva do mundo à mudança climática. Mas os softwares avançados de IA, em alguns casos, pioram muitos dos problemas ambientais que buscam resolver.

Isso porque o modo como os softwares de IA são desenvolvidos pode consumir muitíssima energia. Considere um experimento conduzido pelos pesquisadores da Accenture. Eles treinaram um modelo de IA com um conjunto de dados pequeno e publicamente disponível sobre flores íris. Usando apenas 964 joules de energia, o modelo de IA alcançou uma precisão de 96,17% na classificação das diferentes espécies da flor. Alcançar um aumento de 1,74% adicional na precisão exigiu 2.815 joules de energia. Isso significa que um aumento na precisão de 0,08% necessitou de quase 400% a mais de energia do que a necessária para chegar a uma precisão de 96,17%.

Em outro experimento, usando um conjunto de dados médio e publicamente disponível de imagens, os pesquisadores mostraram que um subconjunto de dados de treinamento 70% menor poderia alcançar praticamente o mesmo nível de precisão com um custo energético significativamente menor. O modelo consumiu 47% a mais de energia quando foi treinado com o conjunto inteiro de dados, comparado com o subconjunto, mas alcançou menos de 1% a mais de precisão. Além disso, quanto maior e mais pesado o software de IA ficava, mais energia ele exigia das máquinas que o executavam, aumentando ainda mais sua pegada de carbono.

Em um estudo altamente influente, um grupo de pesquisadores liderados por Oren Etzioni, chefe-executivo do Allen Institute, propôs uma mudança rumo ao que eles denominam de "IA Verde", que definem como a pesquisa de IA que é mais benéfica ao meio ambiente, assim como mais inclusiva.[45]

Para ajudar a promover o desenvolvimento de softwares mais sustentáveis, a Accenture, a GitHub, a Microsoft e a ThoughtWorks lançaram, no fim de 2021, a Green Software Foundation (GSF), uma organização sem fins lucrativos, juntamente com a Linux Foundation e a Joint Development

Foundation. Nascida do desejo e da necessidade mútuos de colaborar em todo o setor de softwares, a GSF quer criar um ecossistema confiável de pessoas, padrões, ferramentas e práticas principais para a produção de softwares verdes. A fundação tem como objetivo ajudar o setor de softwares a contribuir com as metas mais amplas dos setores de informações e comunicações para a redução de emissões de gás de efeito estufa em 45% até 2030, em linha com o Acordo Climático de Paris. Afinal, os data centers e as redes de comunicação que alimentam os smartphones e outros dispositivos produzirão estimados 14% das emissões de gases de efeito estufa do mundo até 2040, de acordo com pesquisadores da Universidade McMaster, no Canadá.[46]

A IA Verde, dizem Etzioni e seus colegas, poderia de fato nos levar para uma "direção mais cognitivamente plausível". Por quê? Porque o cérebro é altamente eficiente. Diversos pesquisadores e empresas estão agora explorando o desenvolvimento de "chips neuromórficos" — chips de computador projetados para se parecer com o comportamento de circuito elétrico dos neurônios que compõem os cérebros biológicos. A maioria dos computadores atualmente é baseada no que é conhecido como a arquitetura de von Neumann, em que os dados viajam de e para um processador central e os chips de memória, de forma linear.

Os chips neuromórficos movimentam os dados para a frente e para trás, como o cérebro faz, em uma série de explosões elétricas. As sinapses nos cérebros biológicos reagem a estímulos e alteram suas conexões com base na experiência aprendida. Os chips neuromórficos visam a imitar isso ao gravar em silício as redes neurais do cérebro. Esses chips são altamente eficientes em termos energéticos, assim como o cérebro, pois seus neurônios não são constantemente acionados, como ocorre com a tecnologia tradicional de silício, mas são ativados apenas quando recebem um sinal de disparo.[47]

As tecnologias neuromórficas ajudarão a resolver desafios empresariais que exigem IA na borda, como o controle responsivo de voz para veículos, o reconhecimento de gestos do corpo inteiro para interfaces sem toque e a inteligência integrada para a robótica assistiva. Em uma colaboração recente com um cliente automotivo, nossa empresa demonstrou que disparar as redes neurais executadas em um processador neuromórfico pode reconhecer comandos de voz simples até 0,2 segundo mais rápido do que um acelerador comum incorporado de GPU, ao mesmo tempo em que usa até mil vezes menos energia. Isso traz interações realmente inteligentes e com baixa latência ao jogo, para a borda, mesmo dentro das restrições energéticas de um veículo estacionado.

À medida que os chips neuromórficos avançam, também há esperança na substituição de CPUs (Central Processing Units — unidades centrais de processamento) mais velhas, por GPUs (Graphics Processing Units — unidades de processamento gráfico) e FPGAs (Field Programmable Gate Array — arranjo de portas programáveis em campo).[48] As GPUs têm diversas vantagens sobre as CPUs. As segundas processam menos fluxos de dados de alto volume simultaneamente. As GPUs, por sua vez, têm mais eficiência energética, pois especializam sua arquitetura de memória para suportar streaming de dados em alta velocidade para aplicações intensivas. As GPUs são criadas especificamente para a renderização e outras aplicações de gráficos que suportam processamentos paralelos extensivos.

As FPGAs são baseadas em uma matriz de blocos configuráveis e interconectados que as torna mais eficientes energeticamente. A tecnologia da FPGA está testemunhando uma adoção notável em diversos setores — aeroespacial e de defesa, automotivo e eletrônica de consumo, por exemplo — com uma expectativa do mercado global de ter uma taxa composta de crescimento anual de 8,6% entre 2019 e 2024.[49]

A Graphcore, uma startup do Reino Unido, produziu uma IPU (Intelligence Processing Unit — unidade de processamento de inteligência) que é ainda mais eficiente em termos energéticos do que as GPUs. A empresa informou que sua IPU processa dados entre dez e cinquenta vezes mais rápido do que as GPUs, economizando grandes quantidades de energia.[50]

Como a IPU funciona? Para processar dados mais rapidamente, ela emprega o processamento de memória embutido, que reduz a quantidade de dados enviados entre os chips. As IPUs também aumentam o throughput (a quantidade de dados entregues durante qualquer período) em cerca de 300%, ao mesmo tempo em que reduz a latência (o tempo necessário para os dados serem entregues) em 20%, quando comparadas com as GPUs.[51]

Além disso, as IPUs são projetadas para tornar o cérebro de computadores mais parecidos com o dos humanos. Para tanto, as IPUs abrem mão do processamento numérico mais lento e pesado, típico das GPUs, em favor de um processo mais rápido que usa uma matemática menos precisa. O resultado: as IPUs conseguiram treinar o modelo de processamento de linguagem natural do Google, com o tamanho do BERT, em 36,3 horas, o que é 25% mais rápido do que o tempo-padrão que a GPU levaria para a tarefa.[52]

As emissões de carbono também podem ser reduzidas pela migração à nuvem pública — chegando a 59 milhões de toneladas por ano, de acordo com nossa análise.[53] Isso representa uma redução de 5,9% nas emissões totais de TI e equivale a tirar 22 milhões de carros de circulação. Tal magnitude de redução pode fazer muito em prol dos compromissos sobre as mudanças climáticas, especialmente para empresas que consomem muitos dados.

O primeiro passo rumo a uma jornada tendo a nuvem em primeiro plano começa com a seleção de um provedor sensível quanto ao carbono. Os provedores de nuvem estabelecem compromissos corporativos diferentes para a sustentabilidade, que, por sua vez, determinam como planejam, criam, alimentam, operam e aposentam seus data centers. A infraestrutura expansiva da AWS é 3,6 vezes mais eficiente energeticamente em comparação aos data centers médios das empresas dos EUA, em grande parte devido aos servidores eficientes e às taxas de alta capacidade de utilização.[54] As unidades refrigeradas com água medem ativamente a eficiência da água e selecionam opções de conservação no contexto de padrões climáticos regionais e de recursos locais.[55] O Google utiliza atualmente uma plataforma de computação feita de carbono inteligente que muda os horários de cargas de trabalho não urgentes no data center para quando as fontes de energia de baixo carbono são mais abundantes. A empresa fez um compromisso sério para operar seus data centers sem a utilização de qualquer carbono até 2030. A Microsoft, carbono neutra desde 2012, comprometeu-se em mudar seus data centers para que usem 100% de energia renovável até 2025 por meio de PPAs (Power Purchase Agreements — acordo de compra de energia). Os clientes do Microsoft Azure podem até ter acesso a uma calculadora de carbono que rastreia as emissões associadas com sua própria carga de trabalho na nuvem.[56]

Nossa análise dos maiores provedores de serviço público de nuvem mostra que a migração de empresas médias para a nuvem pode levar a uma impressionante redução energética de 65% e a 85% de redução de carbono.[57] As empresas levam a reduções de carbono ainda maiores por meio das arquiteturas e das implementações nativas na nuvem. Nossa análise mostra que a customização de aplicações para que sejam nativas na nuvem pode aumentar a redução de emissões de carbono para até 98%, outro exemplo da enorme promessa ambiental da IA Verde.

O Diferenciador Mais Importante de Todos

O mundo precisará desse tipo de cooperação e de colaboração humanas em escala se quisermos impedir os efeitos da mudança climática. Em agosto de 2021, a ONU emitiu um novo relatório devastador sobre nosso futuro climático.[58] Aprovado por 195 governos e baseado em mais de 14 mil estudos, o relatório concluiu que o aquecimento global continuará se intensificando ao longo dos próximos 20 anos, mesmo se as nações começarem a reduzir as emissões de carbono imediatamente. Ondas mortais de calor, secas severas, climas e inundações violentos, extinções de plantas e de animais e a morte de recifes de corais que dão suporte à indústria pesqueira no mundo todo terão cada vez mais intensidade e frequência. Esses não são cenários especulativos. Muitas das tecnologias que estamos discutindo neste livro — especialmente os sistemas de monitoramento nuvem/borda e a modelagem orientada por IA — deram uma precisão inédita a essas previsões climáticas.

À medida que os efeitos da mudança climática se tornam mais imediatos, a sustentabilidade será a prioridade número um na cabeça de bilhões de pessoas. Para empresas, isso significa que a sustentabilidade será um dos diferenciadores mais convincentes de todos. Enquanto os governos, os políticos e outros oficiais continuam estabelecendo, em geral, objetivos ambiciosos ineficazes, as companhias podem realizar ações concretas e consequenciais agora, como as montadoras fizeram ao mudar a produção para veículos elétricos. Talento, consumidores e investidores — todos extremamente cientes do que está em jogo como nunca estiveram — buscarão, em número cada vez maior, as empresas excelentes em termos de sustentabilidade.

E essa vantagem influenciará diretamente os resultados. Nossa pesquisa mostra que a sustentabilidade se correlaciona fortemente com o desempenho financeiro superior. Entre 2013 e 2019, as empresas com classificações consistentemente altas de desempenho de ESG (Environment, Social, Governance — ambiente, social, governança) desfrutaram de margens operacionais 4,7 vezes maiores do que aquelas com baixo desempenho de ESG durante o mesmo período. Aquelas com alto desempenho geraram um retorno anual 2,3 vezes maior aos acionistas do que as concorrentes. Mesmo quando os mercados globais enfrentaram pressões e volatilidade enormes, as empresas com altas pontuações de ESG continuaram se sobressaindo, enfrentando menos volatilidade e gerando um retorno relativo cumulativo 6,3% maior do que aquelas com baixo desempenho.[59]

Durante as próximas duas décadas, à medida que fique impossível até para o observador mais casual ignorar as mudanças climáticas, há grandes chances de que veremos essa lacuna de desempenho se expandir, favorecendo as empresas que priorizaram a sustentabilidade. Mas, para manter sua liderança, elas devem começar a abraçar imediatamente os imperativos gêmeos que destacamos no início deste capítulo, usando a tecnologia como um catalisador de sustentabilidade ao mesmo tempo em que a tornam mais sustentável. De todos os diferenciadores que uma empresa pode buscar, a sustentabilidade é um que pode gerar o maior impulso ao desempenho radicalmente humano — ao mesmo tempo em que oferece o caminho mais radicalmente humano para proteger o planeta.

CONCLUSÃO

Três Verdades e uma Nova Oportunidade

Ao longo dos últimos cinco anos, três verdades emergiram com uma clareza inegável:

Primeira, todas as empresas são agora de tecnologia. Foi o início desse desenvolvimento, quando a IA começou a refazer um processo empresarial após o outro, que nos levou a escrever *Humano + Máquina*. Entre o medo difundido da perda do emprego causado pela IA, o desconforto dos funcionários trabalhando com máquinas inteligentes e as complexidades técnicas e éticas do aprendizado de máquina e sua implementação, estabelecemos um guia que as organizações pudessem usar para unir responsavelmente humanos e máquinas, formando novos tipos de trabalho e de experiências profissionais e alcançando melhorias significativas no desempenho.

Entrementes, tecnologias se tornaram a força motivadora em muitas organizações líderes. Essas tecnologias, agora onipresentes, não apenas estão refazendo os processos, mas também abrindo novas fontes de valor, sustentando novos negócios e modelos de operações, lidando com alguns dos piores desafios empresariais e sociais e levando os líderes a verem a tecnologia e a estratégia como inseparáveis. Tal expansão exponencial — de processos a produtos, de algoritmos à arquitetura, de sistemas a plataformas, de estratégia à sustentabilidade — é a nova realidade para todas as organizações, não importa em que setor estejam.

Segunda, as empresas provaram que podem dominar a tecnologia para inovar e mudar em uma velocidade inédita. Antes da pandemia, muitas empresas, confrontadas com a realidade de estarem cada vez mais para trás no desempenho digital, já haviam começado a acelerar suas agendas de transformação. A crise da covid acelerou muito esses planos. As líderes focaram intensamente a criação de um núcleo digital para transformar simultaneamente diversas partes de suas organizações e reorientar rapidamente seu talento para as demandas das tecnologias inteligentes. Grandes mudanças que eram previstas para se materializar em anos aconteceram em meses: convergência setorial, cadeias de suprimento localizadas e virtualização em massa — tudo isso perante um cenário de expectativas do cliente mudando de modo contínuo e rápido. Empresas em todos os lugares se moveram mais rápido do que acreditavam ser possível e demonstraram a adaptabilidade, a inovação e a agilidade que muitas achavam erroneamente que já haviam alcançado. A pandemia também despertou algumas gigantes adormecidas, à medida que ex-retardatárias deram saltos adiante, deixaram concorrentes para trás e transformaram um desempenho medíocre em bom praticamente da noite para o dia.

Que o ritmo da mudança está aumentando é, obviamente, um clichê da literatura de negócios em todas as eras. Mas desta vez há uma grande diferença. Não apenas tecnologias potencialmente inovadoras continuarão surgindo ao que parece ser uma taxa mais rápida, mas diversas empresas agora sabem que podem mudar muito mais rápido do que elas mesmas, ou qualquer um, acreditavam ser possível. Até que Roger Bannister corresse pela primeira vez uma milha em menos de quatro minutos em 1954, tal velocidade era inalcançável.[1] Mas após 46 dias dessa quebra de barreira, outro corredor também conseguiu. Um ano depois, três atletas fizeram o mesmo na mesma corrida. Desde então, mais de mil corredores realizaram o feito, incluindo onze alunos de ensino médio. Algo como isso ocorreu nos negócios ao longo dos últimos dois anos. As diversas empresas que realizaram transformações rapidíssimas estabeleceram um novo padrão de velocidade que mais e mais organizações verão que também podem obter agora. O antigo clichê carrega um novo peso: o ritmo da mudança está acelerando duplamente.

Terceira, no eixo humano-tecnologia, o humano está no topo. A estrutura IDEAS oferece novas abordagens aos fundamentos da transformação digital abrangente. O principal diferenciador dessas abordagens não é apenas que elas pressionam as fronteiras técnicas, mas que fazem isso ao mesmo tempo em que assumem um caráter distintamente humano. A inteligência artificial que se assemelha mais de perto à forma como os humanos raciocinam e sentem promete maior explicabilidade, transparência e conforto em nossas interações com as máquinas. A nova utilidade do small data, incluindo a habilidade de criar dados onde eles não existem, significa democratizar a IA, levando-a para dentro do alcance de organizações e de pesquisadores anteriormente distantes dela por causa do custo e da escala de poder computacional. A nuvem está, de igual modo, nivelando o campo de jogo com o big data. Colocar as expertises profissional, social e pessoal no assento do motorista por meio do ensino de máquina significará uma tecnologia muito mais centrada no humano e acessível. A tecnologia radicalmente humana está transformando os diferenciadores como talento, confiança, experiências e sustentabilidade, desafiando as empresas a levá-los a um novo nível de distinção.

Dessas três verdades, a terceira talvez seja a menos bem compreendida, e é o motivo pelo qual escrevemos este livro. Suas implicações totais ainda estão se desdobrando. À medida que as habilidades, as experiências e, em alguns sentidos, a humanidade das pessoas evoluem em tom com as novas tecnologias, as tecnologias e seu design precisarão, é claro, se adaptar ainda mais. Conforme se adaptam, capacidades e perspectivas individuais e coletivas evoluirão mais profundamente. Na realidade, essa sempre foi a natureza da simbiose humanos-ferramentas. O diferente agora é que isso está acontecendo muito mais rápido e com um alcance muito mais amplo.

Em conjunto, essas três verdades e a história recente nos trouxeram um novo ponto de inflexão. Estamos perante um novo conjunto de circunstâncias globais que nunca vimos antes. A tecnologia radicalmente humana e a habilidade de transformá-la com uma velocidade espantosa nos deram o poder de quebrar muitas das restrições tradicionais das empresas e de criar quase tudo que possamos imaginar. Por outro lado, a jornada da reinvenção só começou. Essencialmente, todos os setores permanecem como uma folha em branco esperando definições. É o tipo de oportunidade que aparece uma vez em toda uma geração para moldar ativamente nosso futuro de baixo para cima. Para, por fim, operacionalizar valores em definitivo. Para irmos mais rápido e *consertarmos* as coisas. Neste momento da verdade para a tecnologia e as pessoas, as empresas que abraçarem totalmente seu poder recém-descoberto para reinventar tudo, de seus talentos a dados, arquitetura e estratégia, liderarão o caminho no desempenho empresarial e para um futuro que funciona melhor para todos.

Os riscos não poderiam ser mais altos; a oportunidade não poderia ser maior. Todos os fenômenos que examinamos ao longo deste livro — inteligência artificial mais natural, small data gerenciável, ensino de máquina, sistemas vivos, IA confiável, liberação de talentos — tornam as tecnologias mais reconhecidamente humanas. À medida que esses novos termos de nosso relacionamento com a tecnologia se desdobram, veremos a nós mesmos refletindo de forma cada vez mais profunda sobre o que nos faz verdadeiramente humanos. Na análise final, isso pode oferecer a esperança mais radicalmente humana para o futuro.

POSFÁCIO DOS AUTORES

Nosso Compromisso em Disponibilizar as Habilidades para um Futuro Radicalmente Humano para Todos

Em nosso livro *Humano + Máquina*, fizemos o compromisso de doar os lucros para organizações que ajudam as pessoas a desenvolver as habilidades de que precisam para ter sucesso na Era da IA. E por meio do apoio de muitos leitores do mundo todo, que tornaram o livro um sucesso, conseguimos causar um impacto significativo em diversas organizações, a exemplo da LaunchCode, uma empresa sem fins lucrativos nos EUA que cria caminhos por meio de treinamentos profissionais e de programas de aprendizes para pessoas que buscam carreiras em tecnologia; da East London Business Alliance (ELBA), uma instituição de caridade britânica que leva mudanças positivas para East London e a muitos outros lugares ao conectar os setores público, privado e voluntário de modo a resolver problemas de mobilidade social e de bem-estar na comunidade; da La Cruz Roja, o braço humanitário espanhol da Cruz Vermelha Internacional, que se concentra em ajuda, inclusão social, saúde, educação e no emprego de pessoas vulneráveis; e da New

Profit, uma organização norte-americana de filantropia de risco criada por e para empreendedores sociais e que está por trás do prêmio Rapid Reskilling da XPRIZE e do programa de empregos do MIT, Solve Reimagining Pathways to Employment in the US Challenge.

Agora, com a publicação de *Radicalmente Humana*, temos a satisfação de estender esse compromisso. Doaremos nossos royalties líquidos das vendas deste livro para ajudar a financiar programas de educação e de treinamento focados em indivíduos em meio de carreira que precisam de suporte extra à medida que desenvolvem novas habilidades que lhes permitirão ter sucesso no futuro radicalmente humano à nossa frente.

NOTAS

Introdução

1. Bhaskar Ghosh, Adam Burden e James Wilson, "Full Value. Full Stop. How to Scale Innovation and Achieve Full Value with Future Systems", Accenture, 2019, https://www.accenture.com/us-en/insights/future-systems/future-ready-enterprise-systems.
2. Paul Daugherty, Bhaskar Ghosh, Annette Rippert, Ramnath Venkataraman e H. James Wilson, "Make the Leap, Take the Lead", Accenture, 28 de abril de 2021, https://www.accenture.com/us-en/insights/technology/scaling-enterprise-digital-transformation.
3. Aqui estamos, é claro, parafraseando a observação de Marshall McLuhan, https://mcluhangalaxy.wordpress.com/2013/04/01/we-shape-our-tools-and-thereafter-our-tools-shape-us/.

Capítulo 1

1. Alan Turing, "Computing Machinery and Intelligence", *Mind*, LIX (236): 433–460, outubro de 1950, https://doi.org/10.1093/mind/LIX.236.433.
2. Alison Gopnik, "The Ultimate Learning Machines", *Wall Street Journal*, 11 de outubro de 2019, https://www.wsj.com/articles/the-ultimate-learning-machines-11570806023.
3. Brenden M. Lake, Tomer D. Ullman, Joshua B. Tenenbaum e Samuel J. Gershman, "Building Machines That Learn and Think Like People", *Behavioral and Brain Sciences*, 40, 2017, https://www.cambridge.org/core/journals/behavioral-and-brain-sciences/article/building-machines-that-learn-and-think-like-people/A9535B1D745A0377 E16C590E14B94993.

4. Paul R. Daugherty e H. James Wilson, *Humano + Máquina: Reinventando o Trabalho na Era da IA* (Rio de Janeiro: Alta Books, 2019).

5. Alison DeNisco Rayome, "Why Companies Plan to Double AI Projects in the Next Year", TechRepublic, 15 de julho de 2019, https://tek.io/2Y3heCK.

6. Bhaskar Ghosh, Adam Burden e James Wilson, "Full Value. Full Stop. How to Scale Innovation and Achieve Full Value with Future Systems", Accenture, 2019, https://www.accenture.com/us-en/insights/future-systems/future-ready-enterprise-systems.

7. Karen Hao, "We Analyzed 16,625 Papers to Figure Out Where AI Is Headed Next", *MIT Technology Review*, 25 de janeiro de 2019, https://www.technologyreview.com/2019/01/25/1436/we-analyzed-16625-papers-to-figure-out-where-ai-is-headed-next/.

8. Tristan Greene, "AI Fails to Recognize These Nature Images 98% of the Time", TNW, 18 de julho de 2019, https://thenextweb.com/artificial-intelligence/2019/07/18/ai-fails-to-recognize-these-nature-images-98-of-the-time/.

9. Carlos Zednick, "Solving the Black Box Problem: A Normative Framework for Explainable Artificial Intelligence", arXiv, 2020, https://arxiv.org/ftp/arxiv/papers/1903/1903.04361.pdf.

10. Gary Marcus e Ernest Davis, *Rebooting AI: Building Artificial Intelligence We Can Trust* (Nova York: Pantheon Books, 2019), 69.

11. Marcus e Davis, *Rebooting AI*, 162.

12. Brian Bergstein, "What AI Still Can't Do", *MIT Technology Review,* 19 de fevereiro de 2020, https://www.technologyreview.com/s/615189/what-ai-still-cant-do/.

13. Brenden M. Lake, Tomer D. Ullman, Joshua B. Tenenbaum e Samuel J. Gershman, "Building Machines That Learn and Think Like People", arXiv, 1º de abril de 2016, https://arxiv.org/abs/1604.00289.

14. "Covariant Launches from Stealth to Bring Universal AI to Robots", Covariant, 29 de janeiro de 2020, https://www.prnewswire.com/news-releases/covariant-launches-from-stealth-to-bring-universal-ai-to-robots-300995185.html.

15. Karen Hao, "AI-Powered Robot Warehouse Pickers Are Now Ready to Go to Work", *MIT Technology Review*, 29 de janeiro de 2020, https://www.technologyreview.com/s/615109/ai-powered-robot-warehouse-pickers-are-now-ready-to-go-to-work/.

16. Evan Ackerman, "Covariant Uses Simple Robot and Gigantic Neural Net to Automate Warehouse Picking", *IEEE Spectrum*, 29 de janeiro de 2020, https://spectrum.ieee.org/automaton/robotics/industrial-robots/covariant-ai-gigantic-neural-network-to-automate-warehouse-picking.

17. Daniela Hernandez e Parmy Olson, "Smarter Delivery Hinges on Smarter Robots", *Wall Street Journal*, 29 de janeiro de 2020, https://www.wsj.com/articles/smarter-delivery-hinges-on-smarter-robots-11580288408.

18. Hernandez e Olson, “Smarter Delivery Hinges on Smarter Robots”.

19. Jared Council, “At Zappos, Algorithms Teach Themselves”, *Wall Street Journal*, 8 de julho de 2019, https://www.wsj.com/articles/at-zappos-algorithms-teach-themselves-11562578200.

20. Hilary Milnes, “How Zappos Used AI to Rebuild its Search Engine”, *Modern Retail*, 2 de agosto de 2019, https://www.modernretail.co/retailers/how-zappos-used-ai-to-rebuild-its-search-engine/.

21. Cade Metz, “Machine Learning Invades the Real World on Internet Balloons”, *Wired*, 17 de fevereiro de 2017, https://www.wired.com/2017/02/machine-learning-drifting-real-world-internet-balloons/.

22. Tony Quested, “Great Decision as Secondmind Blooms from PROWLER.io”, *BusinessWeekly*, 29 de setembro de 2020, https://www.businessweekly.co.uk/news/hi-tech/great-decision-secondmind-blooms-prowlerio.

23. Cade Metz, “AI Is about to Learn More Like Humans — with a Little Uncertainty”, *Wired*, 3 de fevereiro de 2017, https://www.wired.com/2017/02/ai-learn-like-humans-little-uncertainty/.

24. Rahul K. Das *et al.*, “Bayesian Machine Learning on CALGB/SWOG 80405 (Alliance) and PEAK Data Identifies Heterogeneous Landscape of Clinical Predictors of Overall Survival (OS) in Different Populations of Metastatic Colorectal Cancer (mCRC)”, GNS Healthcare, 4 de julho de 2019, https://info.gnshealthcare.com/hubfs/Publications_2019/ESMO_GI_Final_Poster_Printed_PD_20.pdf.

25. “GNS Healthcare Chosen to Present Discovery of New Clinical Predictors of Overall Survival in Metastatic Colorectal Cancer at ESMO 2019 in Collaboration with the Alliance for Clinical Trials in Oncology”, GNS Healthcare, 2 de julho de 2019, https://www.gnshealthcare.com/discovery-of-new-clinical-predictors-of-overall-survival/.

26. Maryam Mohsin, “10 YouTube Stats Every Marketer Should Know in 2021”, Oberlo, 25 de janeiro de 2021, https://www.oberlo.com/blog/youtube-statistics.

27. Ji Lin, Chuang Gan e Song Han, “TSM: Temporal Shift Module for Efficient Video Understanding”, arXiv, 22 de agosto de 2019, https://arxiv.org/pdf/1811.08383.pdf.

28. Karen Hao, “Powerful Computer Vision Algorithms Are Now Small Enough to Run on Your Phone”, *MIT Technology Review*, 11 de outubro de 2019, https://www.technology review.com/f/614551/ai-computer-vision-algorithms-on-your-phone-mit-ibm/.

29. Chelsea Gohd, “It’s Really Hard to Give AI ‘Common Sense’”, Futurism, 11 de março de 2018, https://futurism.com/teaching-ai-common-sense.

30. H. James Wilson, Paul R. Daugherty e Chase Davenport, “The Future of AI Will Be about Less Data, Not More”, *Harvard Business Review*, 14 de janeiro de2019, https://hbr.org/2019/01/the-future-of-ai-will-be-about-less-data-not-more.

31. Gary Marcus, "AI's Hardest Problem? Developing Common Sense", LinkedIn, 4 de outubro de 2019, https://www.linkedin.com/pulse/ais-hardest-problem-developing-common-sense-gary-marcus/.

32. "Distracted Driving", National Highway Traffic Safety Administration, sem data, https://www.nhtsa.gov/risky-driving/distracted-driving.

33. "Drowsy Driving: Asleep at the Wheel", Centers for Disease Control and Prevention, 7 de novembro de 2019, https://www.cdc.gov/features/dsdrowsydriving/index.html.

34. "Road Rage Statistics Filled with Surprising Facts", https://drivingschool.net/road-rage-statistics-filled-surprising-facts/.

35. Elizabeth Bramson-Boudreaum, "When Our Devices Can Read Our Emotions: Affectiva's Gabi Zijderveld", *MIT Technology Review*, 28 de fevereiro de 2019, https://www.technologyreview.com/2019/02/28/136839/when-our-devices-can-read-our-emotions-affectivas-gabi-zijderveld/.

36. Bramson-Boudreaum, "When Our Devices Can Read Our Emotions".

37. Rana el Kaliouby, "Emotionally Aware Technology Could Help Us Beat Zoom Fatigue", *Fast Company*, 15 de junho de 2020, https://www.fastcompany.com/90515714/emotionally-aware-technology-could-help-us-beat-zoom-fatigue.

38. Rana el Kaliouby, "Emotionally Aware Technology Could Help Us Beat Zoom Fatigue".

39. Neil C. Rabinowitz, Frank Perbet, H. Francis Song, Chiyuan Zhang, S. M. Ali Eslami e Matthew Botvinick, "Machine Theory of Mind", arXiv, 12 de março de 2018, https://arxiv.org/abs/1802.07740.

40. Matthew Hutson, "Artificial Intelligence Has Learned to Probe the Minds of Other Computers", *Science*, 27 de julho de 2018, https://www.sciencemag.org/news/2018/07/computer-programs-can-learn-what-other-programs-are-thinking.

41. Christian Blum, Alan F. T. Winfield e Verena V. Hafner, "Simulation-Based Internal Models for Safer Robots", *Computational Intelligence in Robotics*, 11 de janeiro de 2018, https://www.frontiersin.org/articles/10.3389/frobt.2017.00074/full.

42. Shelly Fan, "Thinking Like a Human: What It Means to Give Al a Theory of Mind", SingularityHub, 19 de setembro de 2018, https://singularityhub.com/2018/09/19/thinking-like-a-human-what-it-means-to-give-ai-a-theory-of-mind/.

Capítulo 2

1. "IoT Growth Demands Rethink of Long-Term Storage Strategies, Says IDC", IDC, 27 de julho de 2020, https://www.idc.com/getdoc.jsp?containerId=prAP46737220.

2. Stefan Seltz-Axmacher, "The End of Starsky Robotics", Medium, 19 de março de 2020, https://medium.com/starsky-robotics-blog/the-end-of-starsky-robotics-acb8a6a8a5f5.

3. Gary Marcus e Ernest Davis, *Rebooting AI: Building Artificial Intelligence We Can Trust* (Nova York: Pantheon Books, 2019), 56.

4. "How Big Data Analysis Helped Increase Walmart's Sales Turnover?" ProjectPro, 4 de julho de 2021, https://www.dezyre.com/article/how-big-data-analysis-helped -increase -walmarts-sales-turnover/109.

5. Jacquelyn Bulao, "How Much Data Is Created Every Day in 2021?" Techjury, 18 de maio de 2021, https://techjury.net/blog/how-much-data-is-created-every-day/#gref.

6. Alex Woodie, "Deep Learning Has Hit a Wall, Intel's Rao Says", Datanami, 13 de novembro de 2019, https://www.datanami.com/2019/11/13/deep-learning-has-hit-a-wall-intels-rao-says/.

7. Dhruv Mahajan, Ross Girshick, Vignesh Ramanathan, Manohar Paluri e Laurens Van Der Maaten, "Advancing State-of-the--Art Image Recognition with Deep Learning on Hashtags", Facebook, 2 de maio de 2018, https://ai.facebook.com/blog/advancing-state-of-the-art-image-recognition-with-deep-learning-on-hashtags/.

8. Roy Schwartz, Jesse Dodge, Noah A. Smith e Oren Etzioni, "Green AI", arXiv, 13 de agosto de 2019, https://arxiv.org/abs/1907.10597.

9. Emma Strubell, Ananya Ganesh e Andrew McCallum, "Energy and Policy Considerations for Deep Learning in NLP", arXiv, 5 de junho de 2019, https://www.technologyreview.com/s/613630/training-a-single-ai-model-can-emit-as-much-carbon-as-five-cars-in-their-lifetimes/.

10. "COVID-19 Consumer Data Protection Act of 2020", Congress.gov, https://www.congress.gov/bill/116th-congress/senate-bill/3663.

11. Bradley Arsenault, "Why Small Data Is the Future of AI", Towards Data Science, 7 de agosto de 2018, https://towardsdatascience.com/why-small-data-is-the-future-of-ai-cb7d705b7f0a.

12. Christopher Mims, "How AI Is Taking Over Our Gadgets", *Wall Street Journal*, 26 de junho de 2021, https://www.wsj.com/articles/how-ai-is-taking-over-our-gadgets-11624680004?page=1.

13. David J. Harris e Tom Croonenborghs, "Bayesian Product Ranking at Wayfair", Wayfair, 20 de janeiro de 2020, https://tech.wayfair.com/data-science/2020/01/bayesian-product-ranking-at-wayfair/.

14. Swami Sivasubramanian, vice-presidente de IA e de aprendizado de máquina na AWS, AWS Machine Learning Summit, discurso de abertura, 2 de junho de 2021, https://www.youtube.com/watch?v=dRcA_2Xw2FU.

15. "Amazon Rekognition Custom Labels", AWS, https://aws.amazon.com/rekognition/custom-labels-features/; "Building Your Own Brand Detection and Visibility Using Amazon SageMaker Ground Truth and Amazon Rekognition Custom Labels — Part 1: End-to-End Solution", AWS Machine Learning Blog, 25 de janeiro de 2021, https://aws.amazon.com/blogs/machine-learning/

part-1-end-to-end-solution-building-your-own-brand-detection-and-visibility-using-amazon-sagemaker-ground-truth-and-amazon-rekognition-custom-labels/.

16. Tom Simonite, "These Industrial Robots Get More Adept with Every Task", *Wired*, 10 de março de 2020, https://www.wired.com/story/these-industrial-robots-adept-every-task/.

17. "How Case Mason Deployed Vicarious Robots to Pack over 500,000 Sephora PLAY! Kits", estudo de caso Vicarious vs. Case Mason, sem data, https://f.hubspotusercontent30.net/hubfs/8180830/Case%20Studies/Vicarious%20x%20Case%20Mason%20Case%20Study.pdf.

18. "Replace Pick-to-Light Systems with Smart Robots Powered by NeuroscienceInspired AI", Vicarious blog, março de 2021, https://www.vicarious.com/posts/replace-pick-to-light-systems-with-smart-robots-powered-by-neuroscience-inspired-ai/.

19. "Attacking Machine Learning with Adversarial Examples", OpenAI, 24 de fevereiro de 2017, https://openai.com/blog/adversarial-example-research/.

20. Tony Peng, "Vicarious.ai Is Teaching Robots to See the World Like Humans", Synced Review, 10 de novembro de 2017, https://medium.com/syncedreview/rvicarious-ai-is-teaching-robots-to-see-the-world-like-humans-8f0464202e5.

21. Simonite, "These Industrial Robots Get More Adept with Every Task".

22. Daniel P. Sawyer, Miguel Lazaro-Gredilla e Dileep George, "A Model of Fast Concept Inference with Object-Factorized Cognitive Programs", arXiv: 2002.04021, https://arxiv.org/pdf/2002.04021.pdf.

23. D. George, W. Lehrach, K. Kansky, M. Lázaro-Gredilla, C. Laan, B. Marthi, X. Lou, Z. Meng, Y. Liu, H. Wang et al., "A Generative Vision Model That Trains with High Data Efficiency and Breaks Text-Based CAPTCHAs", *Science*, 27 de outubro de 2017, https://media.theobjective.com/2017/10/science.aag-CAPCHA.pdf; Ivan Y. Tyukin, Alexander N. Gorban, Muhammad H. Alkhudaydi e Qinghua Zhou, "Demystification of Few-Shot and One-Shot Learning", arXiv, 29 de maio de 2021 https://arxiv.org/pdf/2104.12174.pdf; Jun Shu, Zongben Xu e Deyu Meng, "Small Sample Learning in Big Data Era", arXiv, 22 de agosto de 2018, https://arxiv.org/pdf/1808.04572.pdf.

24. Oriol Vinyals, Charles Blundell, Timothy Lillicrap, Koray Kavukcuoglu e Daan Wierstra, "Matching Networks for One Shot Learning", arXiv, 29 de dezembro de 2017, https://arxiv.org/pdf/1606.04080.pdf.

25. Egor Zakharov, Aliaksandra Shysheya, Egor Burkov e Victor Lempitsky, "Few--Shot Adversarial Learning of Realistic Neural Talking Head Models", arXiv, 25 de setembro de 2019, arXiv:1905.08233v2.

26. Zakharov *et al.*, "Few-Shot Adversarial Learning of Realistic Neural Talking Head Models".

27. Egor Zakharov, Aliaksandra Shysheya, Egor Burkov e Victor Lempitsky, "Personal Statement", https://www.youtube.com/watch?v=p1b5aiTrGzY.

28. Elizabeth Payne, "Ottawa Hospital Team Pioneers Virtual Reality to Treat Parkinson's Patients", *Kingston Whig-Standard*, 19 de março de 2019, https://www.thewhig.com/news/local-news/ottawa-hospital-team-pioneers-virtual-reality-to-treat-parkinsons-patients/wcm/24914de3-697f-4964-b106-db0877dc0730?fb_comment_id=2004219489677092_2174866382612401.

29. Mandy Erickson, "Virtual Reality System Helps Surgeons, Reassures Patients", (Centro Médico da Universidade Stanford), Medical X Press, 12 de julho de 2017, https://med.stanford.edu/news/all-news/2017/07/virtual-reality-system-helps-surgeons-reassures-patients.html.

30. Paul Daugherty, Bhaskar Ghosh, Annette Rippert, Ramnath Venkataraman e H. James Wilson, "Make the Leap, Take the Lead: Tech Strategies for Innovation and Growth", Accenture, abril de 2021 https://www.accenture.com/us-en/insights/technology/scaling-enterprise-digital-transformation.

Capítulo 3

1. Jon Pareles, Caryn Ganz e Giovanni Russonello, "The Playlist: Anderson.Paak's Soulful Strut, and 12 More New Songs", *New York Times*, 15 de março de 2019, https://www.nytimes.com/2019/03/15/arts/music/playlist-anderson-paak-sean-paul-j-balvin.html.

2. Emily Mackay, "Holly Herndon: Making Music with Her AI Child Spawn", BBC, 11 de maio de 2019, https://www.bbc.com/culture/article/20190511-holly-herndon-making-music-with-her-ai-child-spawn.

3. Katie Hawthorne, "Holly Herndon: The Musician Who Birthed an AI Baby", *Guardian*, 2 de maio de 2019, https://www.theguardian.com/music/2019/may/02/holly-herndon-on-her-musical-baby-spawn-i-wanted-to-find-a-new-sound.

4. Jared Newman, "'Machine Teaching' Is a Thing, and Microsoft Wants to Own It", *Fast Company*, 23 de abril de 2019, https://www.fastcompany.com/90338498/machine-teaching-is-a-thing-and-microsoft-wants-to-own-it.

5. Dina Bass, "Microsoft Wants to Teach Drones, Robots and Drills How to Think", *Bloomberg News*, 4 de novembro de 2019, https://www.bloomberg.com/news/articles/2019-11-04/microsoft-wants-to-teach-drones-robots-and-drills-how-to-think.

6. Jennifer Langston, "Machine Teaching: How People's Expertise Makes AI Even More Powerful", Microsoft, 23 de abril de 2019, https://blogs.microsoft.com/ai/machine-teaching/.

7. Os exemplos que se seguem são retirados de Bass, "Microsoft Wants to Teach Drones, Robots and Drills How to Think".

8. Zachary Kew-Denniss, "Google's Latest AI Experiment Wants You to Lip-Sync a Song to Help It Learn How We Speak". Android Police, 24 de setembro de 2020, https://www.androidpolice.com/2020/09/24/

googles-latest-ai-experiment-wants-you-to-lip-sync-a-song-to-help-it-learn-how-we-speak/.

9. "Volkmar Sterzing and Steffen Udluft Rank among the First Inventors of Data--Efficient AI Applications in the World", Siemens, sem data, https://assets.new.siemens.com/siemens/assets/api/uuid:9e0034a9-229a-4e24-a1cf-e0eae8f23117/inventor-2017-sterzing-udluft-e.pdf.

10. H. James Wilson e Paul R. Daugherty, "Small Data Can Play a Big Role in AI", *Harvard Business Review,* 17 de fevereiro de 2020, https://hbr.org/2020/02/small-data-can-play-a-big-role-in-ai.

11. Fred Morstatter, Aram Galstyan, Gleb Satyukov, Daniel Benjamin, Andres Abeliuk, Mehrnoosh Mirtaheri, KSM Tozammel Hossain, Pedro Szekely, Emilio Ferrara, Akira Matsui et al., "SAGE: A Hybrid Geopolitical Event Forecasting System", *Proceedings of the Twenty-Eighth International Joint Conference on Artificial Intelligence* (IJCAI-19), 2019, pp. 6557–6559, https://www.ijcai.org/Proceedings/2019/0955.pdf.

12. Philip E. Tetlock, *Expert Political Judgment: How Good Is It? How Can We Know?* (Princeton, NJ: Princeton University Press, 2017).

13. James Surowiecki, *The Wisdom of Crowds: Why the Many Are Smarter Than the Few and How Collective Wisdom Shapes Business, Economies, Societies and Nations* (Nova York: Doubleday, maio de 2004).

14. Gregg Willcox, Louis Rosenberg e Hans Schumann, "Sales Forecasting, Polls vs Swarms", Unanimous AI, 2019, https://11s1ty2quyfy2qbmao3bwxzc-wpengine.netdna-ssl.com/wp-content/uploads/2019/11/Sales-Forecasting-Polls-vs-Swarms-Future-Technology-Conference-2019.pdf.

15. Megan Scudellari, "AI-Human 'Hive Mind' Diagnoses Pneumonia", *IEEE Spectrum*, 13 de setembro de 2018, https://spectrum.ieee.org/the-human-os/biomedical/diagnostics/ai-human-hive-mind-diagnoses-pneumonia.

16. Hans Schumann, Louis Rosenberg, Niccolo Pescetelli e Gregg Willcox, "Human Swarms Amplify Accuracy in Financial Predictions", Ubiquitous Computing, Electronics & Mobile Communication Conference (UEMCON), IEEE Annual, Nova York, outubro de 2017, https://11s1ty2quyfy2qbmao3bwxzc-wpengine.netdna-ssl.com/wp-content/uploads/2019/09/Forecasting-Financial-Markets-by-Swarm-IEEE-HCC-2019.pdf.

17. Josh Penn-Pierson, "Zendesk", Lilt, sem data, https://support.lilt.com/hc/en-us/articles/360053368573-Zendesk.

18. Hao Jiang, Aakash Sabharwal, Adam Henderson, Diane Hu e Liangjie Hong, "Understanding the Role of Style in E-commerce Shopping", Association for Computing Machinery KDD (Knowledge Discovery and Data Mining) Conference, Anchorage, agosto de 2019, https://dl.acm.org/doi/pdf/10.1145/3292500.3330760.

19. Harry McCracken, "How Etsy Taught Style to an Algorithm", *Fast Company*, 11 de julho de 2019, https://www.fastcompany.com/90374429/

how-etsy-taught-style-to-an-algorithm. A descrição de como a Etsy ensinou estilo ao seu sistema se baseia bastante neste artigo.

20. McCracken, "How Etsy Taught Style to an Algorithm".

21. Alan Murray e David Meyer, Fortune CEO Daily newsletter, 20 de abril de 2021, https://fortune.com/2021/04/20/etsy-ceo-josh-silverman-pandemic-was-our-dunkirk-moment-ceo-daily/.

22. Murray eMeyer, Fortune CEO Daily newsletter.

23. Jeffrey Dastin, "Gap Rushes in More Robots to Warehouses to Solve Virus Disruption". Reuters, 21 de maio de 2020, https://www.reuters.com/article/us-health-coronavirus-gap-automation-foc/gap-rushes-in-more-robots-to-warehouses-to-solve-virus-disruption-idUSKBN22X14Y.

24. "Hybrid Intelligence Is the Future of Supply Chain Management", 12 de abril de 2019, https://www.borndigital.com/2019/04/12/hybrid-intelligence-is-the-future-of-supply-chain-management.

25. "Surgical Tool Annotation for Workflow Analysis", estudo de caso da Quadrant e da Siemens, sem data, https://cataracts.grand-challenge.org/home/.

Capítulo 4

1. "L.L.Bean: Modernizing the IT Architecture at a 105-Year-Old Retailer", Google, sem data, https://cloud.google.com/customers/l-l-bean.

2. Emma Sopadjieva, Utpal M. Dholakia e Beth Benjamin, "A Study of 46,000 Shoppers Shows That Omnichannel Retailing Works", *Harvard Business Review*, 3 de janeiro de 2017, https://hbr.org/2017/01/a-study-of-46000-shoppers-shows-that-omnichannel-retailing-works.

3. Andre Israel, Brett Goode, Jason Mark e Edwin Van der Ouderaa, "Digital Decoupling: A Maturing Concept in Digital Disruption", Accenture, 27 de março de 2019, https://bankingblog.accenture.com/digital-decoupling-maturing-concept-digital-disruption.

4. Bhaskar Ghosh, Adam Burden e James Wilson, "Full Value. Full Stop. How to Scale Innovation and Achieve Full Value with Future Systems", Accenture, 2019, https://www.accenture.com/us-en/insights/future-systems/future-ready-enterprise-systems.

5. Adam Burden, Edwin Van der Ouderaa, Ramnath Venkataraman, Tomas Nyström e Prashant P. Shukla, "Technical Debt Might Be Hindering Your Digital Transformation", *Sloan Management Review*, 19 de junho de 2018, https://sloanreview.mit.edu/article/technical-debt-might-be-hindering-your-digital-transformation/.

6. "Smiths Group Unites Data from Five Global Divisions and Hundreds of Apps with Azure Data Lake Storage", Microsoft, 10 de março de 2020, https://customers.microsoft.com/en-GB/story/769823-smiths-group-manufacturing-azure.

7. "Smiths Group Unites Data from Five Global Divisions and Hundreds of Apps with Azure Data Lake Storage".

8. Werner Vogels, "Modern Applications at AWS", All Things Distributed Weblog, 28 de agosto de 2019, https://www.allthingsdistributed.com/2019/08/modern-applications-at-aws.html.

9. Einas Haddad, "Service-Oriented Architecture: Scaling the Uber Engineering Codebase as We Grow", Uber Engineering, 8 de setembro de 2015, https://eng.uber.com/service-oriented-architecture/.

10. Haddad, "Service-Oriented Architecture: Scaling the Uber Engineering Codebase as We Grow".

11. Haddad, "Service-Oriented Architecture".

12. Adam Gluck, "Introducing Domain-Oriented Microservice Architecture", Uber Engineering, 23 de julho de 2020, https://eng.uber.com/microservice-architecture/.

13. "Ever–ready for Every Opportunity". Accenture, 2021, https://www.accenture.com/_acnmedia/Thought-Leadership-Assets/PDF-5/Accenture-Unleashing-Competitiveness-on-the-Cloud-Continuum-Executive-Summary.pdf.

14. Will Knight, "Meet the Chinese Finance Giant That's Secretly an AI Company". *MIT Technology Review,* 16 de junho de 2017, https://www.technologyreview.com/s/608103/ant-financial-chinas-giant-of-mobile-payments-is-rethinking-finance-with-ai/.

15. Kevin McLaughlin, "After Strategy Reboot JPMorgan Going Deeper in the Cloud", The Information, 7 de maio de 2019, https://www.theinformation.com/articles/after-strategy-reboot-jpmorgan-going-deeper-in-cloud.

16. Jacob Devlin, Ming-Wei Chang, Kenton Lee e Kristina Toutanova, "BERT: Pre--training of Deep Bidirectional Transformers for Language Understanding", arXiv, 24 de maio de 2018, https://arxiv.org/pdf/1810.04805.pdf.

17. Will Douglas Heaven, "OpenAI's New Language Generator GPT-3 Is Shockingly Good — and Completely Mindless", *MIT Technology Review*, 20 de julho de 2020, https://www.technologyreview.com/2020/07/20/1005454/openai-machine-learning-language-generator-gpt-3-nlp/.

18. Steve Lohr, "The Internet Eats Up Less Energy Than You Might Think", *New York Times*, 24 de junho de 2021, https://www.nytimes.com/2021/06/24/technology/computer-energy-use-study.html.

19. "AI Gives Ukrainian Internet Taxi Start-up Real Competitive Edge", Microsoft, 19 de abril de 2018, https://customers.microsoft.com/en-gb/story/uklon-transportation-powerbi-azure-machine-learning-ukraine.

20. Van Baker, "Technology Insight for Cloud AI Developer Services", 1º de outubro de 2019, Gartner, https://www.gartner.com/en/documents/3969932/technology-insight-for-cloud-ai-developer-services.

21. "Edge Artificial Intelligence Chips Market Size, Share & Trends Analysis Report by Processor (CPU, GPU, ASIC), Device Type (Consumer, Enterprise Devices), Function (Training, Inference), by Region, and Segment Forecasts, 2020–2027", Grand View Research, maio de 2020, https://www.grandviewresearch.com/industry-analysis/edge-artificial-intelligence-chips-market.

22. "Geotechnical Company Generates Environmental Insights Faster and More Reliably with Edge Computing", Microsoft, F17 de fevereiro de 2020, https://customers.microsoft.com/en-gb/story/772599-fugro-professional-services-azure-sql-database-edge.

23. "Geotechnical Company Generates Environmental Insights Faster and More Reliably with Edge Computing".

24. "Geotechnical Company Generates Environmental Insights Faster and More Reliably with Edge Computing".

25. "Oil and Gas Experts Use Machine Learning to Deploy Predictive Analytics at the Edge" Microsoft, 25 de setembro de 2017, https://customers.microsoft.com/en-gb/story/schneider-electric-process-mfg-resources-azure-machine-learning.

26. "Oil and Gas Experts Use Machine Learning to Deploy Predictive Analytics at the Edge".

27. Omar Abbosh e Larry Downes, "5G's Potential, and Why Businesses Should Start Preparing for It", *Harvard Business Review*, 5 de março de 2019, https://hbr.org/2019/03/5gs-potential-and-why-businesses-should-start-preparing-for-it.

28. Catherine Sbeglia, "Verizon to Offer 5G Network Edge Computing with AWS Wavelength", *RCRWirelessNews*, 4 de dezembro de 2019, https://www.rcrwireless.com/20191204/5g/verizon-5g-network-edge-computing-with-aws-wavelength.

29. Brendan McMahan e Daniel Ramage, "Federated Learning: Collaborative Machine Learning without Centralized Training Data", Google, 6 de abril de 2017, https://ai.googleblog.com/2017/04/federated-learning-collaborative.html.

30. Talha Burki, "Pharma Blockchains AI for Drug Development", *Lancet*, 5 de junho de 2019, https://www.thelancet.com/journals/lancet/article/PIIS0140-6736(19)31401-1/fulltext.

31. Jared Council, "Bayer Looks to Emerging Technique to Overcome AI Data Challenges", *Wall Street Journal*, 27 de janeiro de 2020, https://www.wsj.com/articles/bayer-looks-to-emerging-technique-to-overcome-ai-data-challenges.

32. Duska Anastasijevic, "Mayo Clinic Launches Its First Platform Initiative", Mayo Clinic, 14 de janeiro de 2020, https://newsnetwork.mayoclinic.org/discussion/mayo-clinic-launches-its-first-platform-initiative/.

33. Anastasijevic, "Mayo Clinic Launches Its First Platform Initiative".

34. Khari Johnson, "Nvidia Launches Clara Guardian to Power Smart Hospitals with Surveillance, Sensors, and Edge AI", Venture Beat, 14 de maio de 2020, https://venturebeat.com/2020/05/14/nvidia-launches-clara-guardian-to-power-smart-hospitals-with-surveillance-sensors-and-edge-ai/.
35. "Nvidia Clara Guardian", Nvidia, 2021, https://www.nvidia.com/en-us/clara/smart-hospitals/; Arya Goswami, "Ouva's Hospital Intelligence Platform Uses NVIDIA Clara Guardian Framework to Monitor Patients in a Contact Free Environment", MarkTechPost, 17 de setembro de 2020, https://www.marktechpost.com/2020/09/17/ouvas-hospital-intelligence-platform-uses-nvidia-clara-guardian-framework-to-monitor-patients-in-a-contact-free-environment/; "Diycam Brings AI to the Edge of Healthcare with NVIDIA Clara Guardian", *Times of India*, 27 de maio de 2020, https://timesofindia.indiatimes.com/business/india-business/diycam-bringsai-to-the-edge-of-healthcare-with-nvidia-clara-guardian/articleshow/76035783.cms.
36. Johnson, "Nvidia Launches Clara Guardian to Power Smart Hospitals with Surveillance, Sensors, and Edge AI".
37. Ghosh *et al.*, "Full Value. Full Stop".

Capítulo 5

1. "How Starbucks Is Using COVID-19 Crisis to Differentiate the Brand", WARC, 8 de março de 2020, https://www.warc.com/newsandopinion/news/how-starbucks-is-using-covid-19-crisis-to-differentiate-the-brand/43929.
2. Chris Walton, "3 Ways Starbucks Will Emerge from COVID-19 Stronger Than Before", *Forbes*, 3 de abril de 2020, https://www.forbes.com/sites/christopherwalton/2020/04/03/3-ways-starbucks-will-emerge-from-covid-19-stronger-than-before/?sh=60ac5f3d 1844.
3. James Vincent, "Welcome to the Automated Warehouse of the Future", The Verge, 8 de maio de 2018, https://www.theverge.com/2018/5/8/17331250/automated-warehouses-jobs-ocado-andover-amazon; "See Inside Ocado's Warehouse Where Robots Pick Groceries", BT, 31 de maio de 2018, https://home.bt.com/tech-gadgets/tech-news/see-the-ocado-robots-whizz-around-their-automated-supermarket-warehouse-11364269826882.
4. Max Smolaks, "Robots and Software: How Ocado Is Creating New Business Models", DCD, 29 de agosto de 2018, https://www.datacenterdynamics.com/en/analysis/robots-and-software-how-ocado-creating-new-business-models/.
5. Michael Moore, "How Ocado and AWS Are Teaming Up to Keep Your Shopping Fresh", ITProPortal, 29 de junho de 2017, https://www.itproportal.com/features/how-ocado-and-aws-are-teaming-up-to-keep-your-shopping-fresh/.
6. "The Art of the Pivot: How Enterprises Do It in the Cloud", Amazon, 2019, https://pages.awscloud.com/rs/112-TZM-766/images/AWS_The_Art_of_the_Pivot_2019.pdf.

7. Moore, "How Ocado and AWS Are Teaming Up to Keep Your Shopping Fresh".
8. "Our Strategy", Ocado Group, https://www.ocadogroup.com/about-us/our-strategy#ip-anchor-4162.
9. Simon Read, "Ocado Says Switch to Online Shopping Is Permanent", BBC.com, 14 de julho de 2020, https://www.bbc.com/news/business-53402767.
10. Vincent, "Welcome to the Automated Warehouse of the Future".
11. Elon Musk, "The Secret Tesla Motors Master Plan (Just between You and Me)", Tesla, 2 de agosto de 2006, https://www.tesla.com/es_ES/blog/secret-tesla-motors-master-plan-just-between-you-and-me.
12. Bernard Marr, "The Amazing Ways Tesla Is Using Artificial Intelligence and Big Data", BernardMarr.com, acesso em 4 de outubro de 2020, https://bernardmarr.com/the-amazing-ways-tesla-is-using-artificial-intelligence-and-big-data/.
13. Nathan Furr e Jeff Dyer, "Lessons from Tesla's Approach to Innovation", *Harvard Business Review*, 12 de fevereiro de 2020, https://hbr.org/2020/02/lessons-from-teslas-approach-to-innovation.
14. Ry Crist, "Samsung's Bixby Will Soon ID the Foods in Your Family Hub Fridge", CNET, 10 de janeiro de 2019, https://www.cnet.com/news/samsungs-bixby-will-soon-id-the-foods-in-your-family-hub-fridge/.
15. "DEWA Power Plants, Dubai", Signify Holding, 2019, https://www.assets.signify.com/is/content/PhilipsLighting/Assets/signify/global/20191211-dewa-case-study.pdf.
16. "Philips Lighting Underlines Leadership in Lighting for the Internet of Things with New IoT Platform", Signify, 19 de março de 2018, https://www.signify.com/global/our-company/news/press-release-archive/2018/20180319-philips-lighting-underlines-leadership-in-lighting-for-the-internet-of-things-with-new-iot-platform.
17. Shai Wininger, "Lemonade Launch Metrics Exposed", Lemonade, 22 de novembro de 2016, https://www.lemonade.com/blog/lemonade-launch-metrics-exposed/.
18. "Lemonade Shareholder Letter, Q2 2020", https://s24.q4cdn.com/139015699/files/doc_downloads/2020/08/Shareholder-Letter-Q2-2020-(1).pdf.
19. Daniel Schreiber, "Lemonade Sets New World Record", Lemonade, 5 de janeiro de 2017, https://stories.lemonade.com/lemonade-sets-new-world-record-706ef8674110.
20. "Lemonade Shareholder Letter, Q2 2020".
21. Dan Ariely, "Social Impact in 100 Days: Transparency Chronicles Part 4, Insurance as a Social Good", Lemonade, 31 de janeiro de 2017, https://www.lemonade.com/blog/lemonade-social-impact-100-days/.
22. Daniel Schreiber, "Precision Underwriting", Lemonade, 3 de abril de 2018, https://www.lemonade.com/blog/precision-underwriting/.

23. José María Álvarez-Pallete, "The New Telefónica", Telefónica, 27 de novembro de 2019, https://www.telefonica.com/ext/the-new-telefonica/letter-ceo-alvarez-pallete.pdf.

24. Álvarez-Pallete, "The New Telefónica".

25. "ElevenPaths Has Achieved Amazon Web Services (AWS) Security Competency Status". Telefónica, 26 de maio de 2020, https://www.telefonica.com/en/web/press-office/-/elevenpaths-achieves-amazon-web-services-aws-security-competence-status.

26. "Telefónica Tech Reinforces Its Cybersecurity Consulting Capabilities with the Acquisition of Govertis", Telefónica, 25 de agosto de 2020, https://www.telefonica.com/en/web /press-office/-/telefonica-tech-reinforces-its-cybersecurity-consulting-capabilities-with-the-acquisition-of-govertis.

27. "Telefónica Tech Fosters the Training of Cybersecurity Professionals with the Acquisition of iHackLabs", Telefónica, 7 de setembro de 2020, https://www.telefonica.com/en/web/press-office/-/telefonica-tech-fosters-the-training-of-cybersecurity-professionals-with-the-acquisition-of-ihacklabs.

28. "Telefónica Introduces Telefónica Tech Ventures, Its Investment Vehicle Specialized in Cybersecurity", Telefónica, 22 de outubro de 2020, https://www.telefonica.com/en/web/press-office/-/telefonica-introduces-telefonica-tech-ventures-its-investment-vehicle-specialized-in-cybersecurity.

29. Daisuke Tanaka, "Re-Energizing Small Molecule Drug Discovery by Centaur Chemist", apresentação na Embaixada Britânica, Tóquio, 25 de julho de 2018, https://www.ebi.ac.uk/sites/ebi.ac.uk/files/groups/industry_office/industry-events/japan-2018-event/British%20Embassy%20conference_ Japan_ Daisuke%20Tanaka.pdf.

30. Joanne Kotz, "In Silico Drug Design", Science-Business eXchange, 24 de janeiro de 2013, https://link.springer.com/article/10.1038/scibx.2013.50.

31. "Europe's Largest Initiative Launches to Accelerate Therapy Development for COVID-19 and Future Coronavirus Threats", BioSpace, 18 de agosto de 2020, https://www.biospace.com/article/releases/europe-s-largest-initiative-launches-to-accelerate-therapy-development-for-covid-19-and-future-coronavirus-threats/.

32. "More than 23 Million People in the WHO European Region Fall Ill from Unsafe Food Every Year", Organização Mundial de Saúde, 12 de março de 2015, https://www.euro.who.int/en/health-topics/disease-prevention/food-safety/news/news/2015/12/more-than-23-million-people-in-the-who-european-region-fall-ill-from-unsafe-food-every-year#:~:text=New%20report%20on%20the%20burden%20of%20foodborne%20diseases&text=Each%20year%2C%20as%20many%20as,the%20age%20of%205%20years.

33. "LumoVision: Saving Lives and Improving Livelihoods with Revolutionary Data-Driven Maize Sorting Technology", Bühler, sem data, https://digital.buhlergroup.com/lumovision/.

34. "Bühler LumoVision: Saving Lives and Improving Livelihoods with Revolutionary Data-Driven Grain Sorting Technology", *Milling and Grain*, 23 de abril de 2018, https://millingandgrain.com/entrada/buhler-lumovision--saving-lives-and-improving-livelihoods-with-revolutionary-data-driven-grain-sorting-technology-18263/.

35. "LumoVision: Saving Lives and Improving Livelihoods with Revolutionary Data-Driven Maize Sorting Technology".

36. Sharon LaFraniere, Katie Thomas, Noah Weiland, David Gelles, Sheryl Gay Stolberg e Denise Grady, "Politics, Science and the Remarkable Race for a Coronavirus Vaccine", *New York Times*, 21 de novembro de 2020, https://www.nytimes.com/2020/11/21/us/politics/coronavirus-vaccine.html?login=smartlock&auth=login-smartlock.

37. LaFraniere *et al.*, "Politics, Science and the Remarkable Race for a Coronavirus Vaccine".

38. Joe Palco, "Moderna's COVID-19 Vaccine Shines in Clinical Trial", *NPR Morning Edition*, 16 de novembro de 2020, https://www.npr.org/sections/health-shots/2020/11/16/935239294/modernas-covid-19-vaccine-shines-in-clinical-trial.

39. "How Building a Digital Biotech Is Mission-Critical to Moderna", Moderna, sem data, https://www.modernatx.com/sites/default/files/Moderna_Digital_WhitePaper_Final.pdf. O relato que se segue das operações da Moderna foi retirado, em grande parte, desse documento.

Parte Dois

1. Bhaskar Ghosh, Adam Burden e James Wilson, "Full Value. Full Stop: How to Scale Innovation and Achieve Full Value with Future Systems", Accenture, 2019, https://www.accenture.com/us-en/insights/future-systems/future-ready-enterprise-systems.

2. Frank Gens, Meredith Whalen, Deepak Mohan, Philip Carnelley, Larry Carvalho, Gary Chen, Ruthbea Yesner, Arnal Dayaratna, Frank Della Rosa, James Wester *et al.*, "IDC FutureScape: Worldwide IT Industry 2020 Predictions", IDC, 28 de outubro de 1919, https://www.idc.com/getdoc.jsp?containerId=US45599219.

3. Aaron Tan, "Getting Threat Intelligence Right", TechTarget, 30 de maio de 2017, https://www.computerweekly.com/feature/Getting-threat-intelligence-right.

Capítulo 6

1. Claudia Nemat, "Resilience: A Success Factor for Deutsche Telekom", Deutsche Telekom, 16 de julho de 2020, https://www.telekom.com/en/company/management-unplugged/details/resilience-a-success-factor-for-deutsche-telekom-604006.
2. Julie Sweet e Ellyn Shook, "The Hidden Value of Culture Makers", Accenture, 2020, https://www.accenture.com/ie-en/about/inclusion-diversity/_acnmedia/Thought-Leadership-Assets/PDF-3/Accenture-Getting-To-Equal-2020-Research-Report-IE.pdf.
3. Correspondência dos autores com a empresa, outubro de 2021.
4. "Why LexisNexis Is 'in Awe' of Automation Hub and Task Capture", UiPath, 2020, https://www.uipath.com/resources/automation-case-studies/lexisnexis-risk-solutions-rpa.
5. Roberto Torres, "Low Code Helped Put Out COVID-19 Fires: How Can Leaders Sustain Momentum?", CIO Dive, 18 de junho de 2020, https://www.ciodive.com/news/low-code-implementation-coronavirus-2020/580024/.
6. Jeff Barr, "Introducing Amazon Honeycode — Build Web & Mobile Apps without Writing Code", AWS, 24 de junho de 2020, https://aws.amazon.com/blogs/aws/introducing-amazon-honeycode-build-web-mobile-apps-without-writing-code/.
7. Stephanie Condon, "Salesforce Rolls Out New Low-Code Features for Lightning App Builder", ZDNet, 7 de maio de 2020, https://www.zdnet.com/article/salesforce-rolls-out-new-low-code-features-for-lightning-app-builder/.
8. "Add an App to Microsoft Teams, Microsoft Power Apps", 15 de setembro de 2020, https://docs.microsoft.com/en-us/powerapps/user/open-app-embedded-in-teams.
9. John Moore, "RPA Journey: Schneider Electric's Global Plan Taps Blue Prism, UiPath", TechTarget, 19 de agosto de 2019, https://searchcio.techtarget.com/feature/RPA-journey-Schneider-Electrics-global-plan-taps-Blue-Prism-UiPath.
10. "DevOps tech: Empowering Teams to Choose Tools", Google Cloud, 16 de novembro de 2020, https://cloud.google.com/solutions/devops/devops-tech-teams-empowered-to-choose-tools.
11. "Statistics", National Girls Collaborative Project, 2021, https://ngcproject.org/statistics.
12. Pierre Nanterme e Bruno Sanguinetti, "It's Learning: Just Not as We Know It", Accenture, sem data, https://www.accenture.com/_acnmedia/Thought-Leadership-Assets/PDF/Accenture-Education-and-Technology-Skills-Research.pdf.
13. Paul R. Daugherty, H. James Wilson e Rumman Chowdhury, "Using Artificial Intelligence to Promote Diversity", *Sloan Management Review*, 21 de novembro de 2018, https://sloanreview.mit.edu/article/using-artificial-intelligence-to-promote-diversity/.

14. Kimberly A. Houser, "Can AI Solve the Diversity Problem in the Tech Industry? Mitigating Noise and Bias in Employment Decision-Making", *Stanford Technology Law Review*, terceiro trimestre de 2019, https://law.stanford.edu/wp-content/uploads/2019/08/Houser_20190830_test.pdf.

15. "Future Skills Pilot Report", Fórum Econômico Mundial, Unilever, Walmart, SkyHive e Accenture, 2021, https://www.accenture.com/_acnmedia/PDF-149/Accenture-Future-Skills-Case-Study.pdf.

16. "The STEM Gap: Women and Girls in Science, Technology, Engineering and Math", AAUW, sem data, https://www.aauw.org/resources/research/the-stem-gap/.

17. Amy Edmondson, "Psychological Safety and Learning Behavior in Work Teams", *Administrative Science Quarterly*, vol. 44, n. 2, junho de 1999, https://www.jstor.org/stable /2666999?seq=1#page_scan_tab_contents.

18. Charles Duhigg, "What Google Learned from Its Quest to Build the Perfect Team", *New York Times Magazine*, 25 de fevereiro de 2016, https://www.nytimes.com/2016/02/28/magazine/what-google-learned-from-its-quest-to-build-the-perfect-team.html?smid=pl-share.

19. "The Missing Element in Nearly Every Learning Strategy", Gartner Research, 22 de setembro de 2020, https://www.gartner.com/en/documents/3990788/the-missing-element-in-nearly-every-learning-strategy; Andy Young, Edwin Van der Ouderaa, Monica Juneja e Diana Barea, "Fearless: How Safety and Trust Can Help Financial Services Thrive Even During Disruption and Transformational Change", Accenture, 2019, https://www.criticaleye.com/inspiring/insights-servfile.cfm?id=5657; Paul J. Zak, "The Neuroscience of Trust", *Harvard Business Review*, janeiro–fevereiro de 2017, https://hbr.org/2017/01/the-neuroscience-of-trust.

20. Bhaskar Ghosh, Adam Burden e James Wilson, "Full Value. Full Stop. How to Scale Innovation and Achieve Full Value with Future Systems", Accenture, 2019, https://www.accenture.com/us-en/insights/future-systems/future-ready-enterprise-systems.

21. Paul Daugherty, Bhaskar Ghosh, Annette Rippert, Ramnath Venkataraman e H. James Wilson, "Make the Leap, Take the Lead", Accenture, 28 de abril de 2021, https://www.accenture.com/us-en/insights/technology/scaling-enterprise-digital-transformation.

22. Yaarit Silverstone, Sarah Bartel e Philippe Chauffard, "Modern Cloud Champions", Accenture, 13 de agosto de 2021, https://www.accenture.com/us-en/insights/consulting/cloud-workforce.

23. "IOOF Gives Developers a New Lease on Life with OutSystems", OutSystems, sem data, https://www.outsystems.com/case-studies/it-modernization-wealth-management/.

24. "AWS Announces the DeepRacer League (DRL)", Amazon Web Services, 29 de novembro de 2018, https://press.aboutamazon.com/news-releases/news-release-details/aws-announces-deepracer-league-drl.

25. Sara Castellanos, "Ready, Set, Algorithms! Teams Learn AI by Racing Cars", *Wall Street Journal*, 1º de outubro de 2019, https://www.wsj.com/articles/ready-set-algorithms-teams-learn-ai-by-racing-cars-11569922202.

26. "Morningstar Launches Global AWS DeepRacer Corporate Competition to Accelerate Application of Machine Learning", Morningstar, 30 de maio de 2019, https://newsroom.morningstar.com/newsroom/news-archive/press-release-details/2019/Morningstar-Launches-Global-AWS-DeepRacer-Corporate-Competition-to-Accelerate-Application-of-Machine-Learning/default.aspx.

27. Peter High, "How Capital One Became a Leading Digital Bank", *Forbes*, 12 de dezembro de 2016, https://www.forbes.com/sites/peterhigh/2016/12/12/how-capital-one-became-a-leading-digital-bank/#6d99271315ee.

28. "Capital One Financial Corporation", Agreatplacetowork, 2020, https://www.greatplacetowork.com/certified-company/1000049.

29. Santo Milasi, Ignacio González-Vázquez e Enrique Fernández-Macías, "Telework in the EU before and after the COVID-19: Where We Were, Where We Head To", European Commission, 2020, https://ec.europa.eu/jrc/sites/jrcsh/files/jrc120945_policy_brief_-_covid_and_telework_final.pdf.

30. Nicholas Bloom, "How Working from Home Works Out", Stanford: Institute for Economic Policy Research, junho de 2020, https://siepr.stanford.edu/research/publications/how-working-home-works-out.

31. Lynda Gratton, "How to Do Hybrid Right", *Harvard Business Review*, maio–junho de 2021, https://hbr.org/2021/05/how-to-do-hybrid-right.

32. Matthew Haag, "Remote Work Is Here to Stay: Manhattan May Never Be the Same", *New York Times*, 29 de março de 2021, https://www.nytimes.com/2021/03/29/nyregion/remote-work-coronavirus-pandemic.html?action=click&module=Top%20Stories&pgtype=Homepage.

33. "National Landlord Survey", KayoCloud, março de 2021, https://kayocloud.com/KayoCloud_LandlordReport_March2021.pdf.

34. Kristin Stoller, "Never Want to Go Back to the Office? Here's Where You Should Work", *Forbes*, 31 de janeiro de 2021, https://www.forbes.com/sites/kristinstoller/2021/01/31/never-want-to-go-back-to-the-office-heres-where-you-should-work/?sh=8958bdb67127.

35. Victoria Gill, "Robotic Scientists Will 'Speed Up Discovery'", BBC News, 6 de julho de 2020, https://www.bbc.com/news/science-environment-53029854.

36. "Fujitsu Embarks towards 'New Normal', Redefining Working Styles for Its Japan Offices", Fujitsu Limited, 6 de julho de 2020, https://www.fujitsu.com/global/about/resources/news/press-releases/2020/0706-01.html.

37. Alan Kohll, "New Study Shows Correlation between Employee Engagement and the Long-Lost Lunch Break", *Forbes*, 29 de maio de 2018, https://www.forbes.com/sites/alankohll/2018/05/29/new-study-shows-correlation-between-employee-engagement-and-the-long-lost-lunch-break/

38. "Humana Uses Microsoft Viva Insights to Help Balance the Workplace Experience", Microsoft, 30 de abril de 2021, https://customers.microsoft.com/en-ca/story/136615336 8901617436-humana-healthcare-microsoft-365-viva-insights.

39. Shannon Bond, "Facebook Expects Half Its Employees to Work Remotely Permanently", NPR, 21 de maio de 2020, https://www.npr.org/sections/coronavirus-live-updates/2020/05/21/860382831/facebook-expects-half-its-employees-to-work-remotely-forever.

40. Adam D'Angelo, "Remote First at Quora", The Quora Blog, 25 de junho de 2020, https://www.quora.com/q/quora/Remote-First-at-Quora.

41. Mike Robuck, "Verizon Takes Covid WFH Lessons into Next Stage of Hiring 950 New Employees", Fierce Telecom, 4 de setembro de 2020, https://www.fiercetelecom.com/telecom/verizon-takes-covid-wfh-home-lessons-into-next-stage-hiring-950-new-employees.

42. Elizabeth Dwoskin, "Americans Might Never Come Back to the Office, and Twitter Is Leading the Charge", *Washington Post*, 1º de outubro de 2020, https://www.washingtonpost.com/technology/2020/10/01/twitter-work-from-home/.

43. Christie Smith, Yaarit Silverstone, Nicholas Whittall, David Shaw e Kent McMillan, "The Future of Work: A Hybrid Work Model", Accenture, 30 de abril de 2021, https://www.accenture.com/us-en/insights/consulting/future-work.

Capítulo 7

1. Jerry M. Evensky, "Adam Smith's Essentials: On Trust, Faith, and Free Markets", *Journal of the History of Economic Thought*, vol. 33, n. 2, junho de 2011.

2. Susan T. Fiske, Amy J. C. Cuddy, Peter Glick e Jun Xu, "A Model of (Often Mixed) Stereotype Content: Competence and Warmth Respectively Follow from Perceived Status and Competition", *Journal of Personality and Social Psychology*, vol. 82, n. 6, 2002, 878–902, https://cos.gatech.edu/facultyres/Diversity_Studies/Fiske_StereotypeContent.pdf.

3. Chris Malone e Susan T. Fiske, *The Human Brand: How We Relate to People, Products, and Companies*, Jossey-Bass, 2013, 28.

4. Shoshana Zuboff, *The Age of Surveillance Capitalism: The Fight for a Human Future at the New Frontier of Power*, Public Affairs, 2019.

5. Schumpeter, "Getting a Handle on a Scandal", *Economist*, 18 de março de 2018, https://www.economist.com/business/2018/03/28/getting-a-handle-on-a-scandal.

6. Julie Sweet e Paul Daugherty, "Foreword", Accenture Technology Vision 2021, https://www.accenture.com/us-en/insights/technology/_acnmedia/Thought-Leadership-Assets/PDF-3/Accenture-Tech-Vision-2021-Full-Report.pdf.

7. Allan Dafoe, Yoram Bachrach, Gillian Hadfield, Eric Horvitz, Kate Larson e Thore Graepel, "Cooperative AI: Machines Must Learn to Find Common

Ground", *Nature*, vol. 593, 6 de maio de 2021, https://www.nature.com/articles/d41586-021-01170-0.

8. Dafoe *et al.*, "Cooperative AI: Machines Must Learn to Find Common Ground".
9. Paul R. Daugherty e H. James Wilson, *Humano + Máquina: Reinventando o Trabalho na Era da IA* (Rio de Janeiro: Alta Books, 2019). O fenômeno da "aversão a algoritmo" foi descrito por Berkeley J. Dietvorst, Joseph P. Simmons e Cade Massey, "Algorithm Aversion: People Erroneously Avoid Algorithms after Seeing Them Err", *Journal of Experimental Psychology: General*, 16 de julho de 2014, https://papers.ssrn.com/sol3/papers.cfm?abstract_id=2466040.
10. J. M. Logg, J. A. Minson e D. A. Moore, "Algorithm Appreciation: People Prefer Algorithmic to Human Judgment", *Organizational Behavior and Human Decision Processes*, Vol. 151, 2019, 90–103.
11. Jared Council, "Alexa Has a New Skill: Asking When It Doesn't Know", *Wall Street Journal*, 11 de dezembro de 2020, https://www.wsj.com/articles/alexa-has-a-new-skill-asking-when-it-doesnt-know-11607732175.
12. The Husain Experience, Museum of Art and Photography (MAP), Bangalore, India, https://map-india.org/the-ai-husain-experience/.
13. Will Knight, "A New Artificial Intelligence Makes Mistakes — on Purpose", *Wired*, 13 de fevereiro de 2021, https://www.wired.com/story/new-artificial-intelligence-mistakes-purpose-chess/.
14. R. Rideaux e A. E. Welchman, "Exploring and Explaining Properties of Motion Processing in Biological Brains Using a Neural Network", *Journal of Vision*, vol. 21, n. 11, fevereiro de 2021, https://www.biorxiv.org/content/10.1101/2020.09.03.281030v1.full.
15. Bobby Allyn, "'The Computer Got It Wrong': How Facial Recognition Led to False Arrest of Black Man", NPR, 24 de junho de 2020, https://www.npr.org/2020/06/24/882683463/the-computer-got-it-wrong-how-facial-recognition-led-to-a-false-arrest-in-michig.
16. Joy Buolamwini e Timnit Gebru, "Gender Shades: Intersectional Accuracy Disparities in Commercial Gender Classification", *Proceedings of Machine Learning Research*, vol. 81, 2018, 1–15, http://proceedings.mlr.press/v81/buolamwini18a/buolamwini18a.pdf.
17. Benjamin Wilson, Judy Hoffman e Jamie Morgenstern, "Predictive Inequity in Object Detection", arXiv, 21 de fevereiro de 2019, https://arxiv.org/abs/1902.11097.
18. Ben Dickson, "Artificial Intelligence Has a Bias Problem, and It's Our Fault", *PCMag*, 14 de junho de 2018, https://www.pcmag.com/news/artificial-intelligence-has-a-bias-problem-and-its-our-fault.
19. Matthew Hutson, "The Language Machines", *Nature*, vol. 591, 4 de março de 2021, https://www.nature.com/articles/d41586-021-00530-0.

20. Jay Greene, "Microsoft Won't Sell Police Its Facial-Recognition Technology, Following Similar Moves by Amazon and IBM", *Washington Post*, 11 de junho de 2020, https://www.washingtonpost.com/technology/2020/06/11/microsoft-facial-recognition/.

21. Sarah Todd, "People Are Terrible Judges of Talent: Can Algorithms Do Better?", *Quartz*, 19 de novembro de 2019, https://qz.com/work/1742847/pymetrics-ceo-frida-polli-on-the-ai-solution-to-hiring-bias/.

22. Todd, "People Are Terrible Judges of Talent: Can Algorithms Do Better?".

23. Sara Castellanos, "Tech Giants Launch New AI Tools as Worries Mount about Explainability", *Wall Street Journal*, 26 de setembro de 2018, https://www.wsj.com/articles/tech-giants-launch-new-ai-tools-as-worries-mount-about-explainability-1537975652?tesla=y.

24. Neil Vigdor, "Apple Card Investigated after Gender Discrimination Complaints", *New York Times*, 10 de novembro de 2019, https://www.nytimes.com/2019/11/10/business/Apple-credit-card-investigation.html.

25. Mariusz Bojarski, Philip Yeres, Anna Choromanaska, Krzysztof Choromanski, Bernhard Firner, Lawrence Jackel e Urs Muller, "Explaining How a Deep Neural Network Trained with End-to-End Learning Steers a Car", arXiv, 25 de abril de 2017, https://arxiv.org/pdf/1704.07911.pdf.

26. Will Knight, "Nvidia Lets You Peer Inside the Black Box of Its Self-Driving AI", *MIT Technology Review*, 3 de maio de 2017, https://www.technologyreview.com/2017/05/03/105964/nvidia-lets-you-peer-inside-the-black-box-of-its-self-driving-ai/.

27. Danny Shapiro, "Reading an AI Car's Mind: How NVIDIA's Neural Net Makes Decisions", NVIDIA, 27 de abril de 2017, https://blogs.nvidia.com/blog/2017/04/27/how-nvidias-neural-net-makes-decisions/.

28. Castellanos, "Tech Giants Launch New AI Tools as Worries Mount about Explainability".

29. Ben Dickson, "Inside DARPA's Effort to Create Explainable Artificial Intelligence", TechTalks, 10 de janeiro de 2019, https://bdtechtalks.com/2019/01/10/darpa-xai-explainable-artificial-intelligence/.

30. Dickson, "Inside DARPA's Effort to Create Explainable Artificial Intelligence".

31. "Apple CEO Tim Cook: 'Privacy Is a Fundamental Human Right'", *All Things Considered*, NPR, 1º de outubro de 2015, https://www.npr.org/sections/alltechconsidered/2015/10/01/445026470/apple-ceo-tim-cook-privacy-is-a-fundamental-human-right.

32. Michael Grothaus, "Forget the New iPhones: Apple's Best Product Is Now Privacy", *Fast Company*, 13 de setembro de 2018, https://www.fastcompany.com/90236195/forget-the-new-iphones-apples-best-product-is-now-privacy.

33. Michael Grothaus, "Use These 11 Critical iPhone Privacy and Security Settings Right Now", *Fast Company*, 18 de

fevereiro de 2020, https://www.fastcompany.com/90254589/use-these-11-critical-iphone-privacy-and-security-settings-right-now.

34. "Differential Privacy", Apple, sem data, https://www.apple.com/privacy/docs/Differential_Privacy_Overview.pdf, acesso em 7 de dezembro de 2020.

35. Gerrit De Vynck, "Sonos Launched a Speaker That Won't Record Your Conversations", *Bloomberg News*, 5 de setembro de 2019, https://www.bloomberg.com/news/articles/2019-09-05/anti-alexa-this-sonos-speaker-won-t-record-your-conversations.

36. Baobao Zhang e Allan Dafoe. "Artificial Intelligence: American Attitudes and Trends", Center for the Governance of AI, Future of Humanity Institute, Universidade de Oxford, 2019, https://governanceai.github.io/US-Public-Opinion-Report-Jan-2019/us_public_opinion_report_ jan_2019.pdf.

37. Richard Stengel, "The Untold Story of the Sony Hack: How North Korea's Battle with Seth Rogen and George Clooney Foreshadowed Russian Election Meddling In 2016", *Vanity Fair*, 6 de outubro de 2019, https://www.vanityfair.com/news/2019/10/the-untold-story-of-the-sony-hack.

38. David E. Sanger e Nicole Perlroth, "FireEye, a Top Cybersecurity Firm, Says It Was Hacked by a Nation-State", *New York Times*, 8 de dezembro de 2020, https://www.nytimes.com/2020/12/08/technology/fireeye-hacked-russians.html.

39. Alex Schiffer, "How a Fish Tank Helped Hack a Casino", *Washington Post*, 21 de julho de 2017, https://www.washingtonpost.com/news/innovations/wp/2017/07/21/how-a-fish-tank-helped-hack-a-casino/.

40. "Internet Growth Statistics", Internet World Stats, https://www.internetworldstats.com/emarketing.htm.

41. H. Tankovska, "Internet of Things — Active Connections Worldwide 2015–2025", Statista, 1º de setembro de 2020, https://www.statista.com/statistics/1101442/iot-number-of-connected-devices-worldwide/.

42. Andy Greenberg, "The Untold Story of NotPetya, the Most Devastating Cyberattack in History", *Wired*, 22 de agosto de 2018, https://www.wired.com/story/notpetya-cyberattack-ukraine-russia-code-crashed-the-world/.

43. Danny Palmer, "This Is How Much the WannaCry Ransomware Attack Cost the NHS", ZDNet, 12 de outubro de 2018, https://www.zdnet.com/article/this-is-how-much-the-wannacry-ransomware-attack-cost-the-nhs/.

44. Scott Ikeda, "New Security Report Breaks Down Increase in Cyber Attacks Due to Remote Work; Lack of Training, Overwhelmed IT Departments Are the Main Issues", *CPO Magazine*, 16 de outubro de 2020, https://www.cpomagazine.com/cyber-security/new-security-report-breaks-down-increase-in-cyber-attacks-due-to-remote-work-lack-of-training-overwhelmed-it-departments-are-the-main-issues/.

45. Aaron Tan, "Getting Threat Intelligence Right", TechTarget, 30 de maio de 2017, https://www.computerweekly.com/feature/Getting-threat-intelligence-right.

46. Aaron Tan, "Why Predictive Threat Intelligence Is Key", TechTarget, 7 de setembro de 2020, https://www.computerweekly.com/news/252488666/Why-predictive-threat-intelligence-is-key.

47. "Cyber Security Market Size, Share & Trends Analysis Report by Component, by Security Type, by Solution, by Service, by Deployment, by Organization, by Application, by Region, and Segment Forecasts, 2020–2027", Grand View Research, junho de 2020, https://www.grandviewresearch.com/industry-analysis/cyber-security-market.

Capítulo 8

1. Liz Stinson, "A Coffee Cup Designed to Let Astronauts Sip Espresso in Space", *Wired*, 27 de janeiro de 2015, https://www.wired.com/2015/01/coffee-cup-designed-let-astronauts-sip-espresso-space/.

2. Baiju Shah, Lisa De Bonis, Flaviano Faleiro e Nevine El-Warraky, "Growth: It Comes Down to Experience", Accenture, 2020, https://www.accenture.com/_acnmedia/Thought-Leadership-Assets/PDF-3/Accenture-Interactive-Business-of-Experience-Full-Report.pdf#zoom=50.

3. Shah *et al.*, "Growth: It Comes Down to Experience".

4. Shah *et al.*, "Growth: It Comes Down to Experience".

5. Shiho Takezawa, "Car Crashes in World's Oldest Nation Spur Changes by Automakers", Bloomberg, 18 de janeiro de 2021, https://www.bloomberg.com/news/articles/2021-01-18/automakers-redesign-cars-for-millions-of-aging-drivers-in-japan.

6. *See*, trailer oficial, lançado em 10 de setembro de 2019, na Apple TV+, https://www.youtube.com/watch?v=03RAKJipMeM.

7. Katie Deighton, "Evinced, a Web Accessibility Startup, Raises $17 Million", *Wall Street Journal*, 3 de fevereiro de 2021, https://www.wsj.com/articles/evinced-a-web-accessibility-startup-raises-17-million-11612353609.

8. Manuel Matuzovic, "Building the Most Inaccessible Site Possible with a Perfect Lighthouse Score", Matuzo.at, 31 de maio de 2019, https://www.matuzo.at/blog/building-the-most-inaccessible-site-possible-with-a-perfect-lighthouse-score/.

9. Marcy Sutton, "Evinced Is Pushing the Limits of Automated Accessibility Testing", Marcy Sutton.com, 1º de fevereiro de 2021, https://marcysutton.com/evinced-automated-accessibility-testing.

10. Katie Deighton, "Evinced, a Web Accessibility Startup, Raises $17 Million", *Wall Street Journal*, 3 de fevereiro de 2021, https://www.wsj.com/articles/evinced-a-web-accessibility-startup-raises-17-million-11612353609.

11. Shah *et al.*, "Growth: It Comes Down to Experience".

12. Shah *et al.*, "Growth: It Comes Down to Experience".

13. Tom Huddleston Jr., "How 'Animal Crossing' and the Coronavirus Pandemic Made the Nintendo Switch Fly Off Shelves", CNBC, 2 de junho de 2020, https://www.cnbc.com/2020/06/02/nintendo-switch-animal-crossing-and-coronavirus-led-to-record-sales.html.

14. Jordan Valinsky, "Peloton Sales Surge 172% as Pandemic Bolsters Home Fitness Industry", CNN Business, 11 de setembro de 2020, https://www.cnn.com/2020/09/11/business/peloton-stock-earnings/index.html.

15. Jono Bacon, "The Five Ways Peloton Weave Community and Content Beautifully", *Forbes*, 6 de dezembro de 2018, https://www.forbes.com/sites/jonobacon/2018/12/06/the-five-ways-peloton-weave-community-and-content-beautifully/?sh=445203576b59.

16. Ann-Marie Alcántara, "Fitness Platform Obé Rolls Out Workout Parties for Remote Friends", *Wall Street Journal*, 3 de dezembro de 2020, https://www.wsj.com/articles/fitness-platform-obe-rolls-out-workout-parties-for-remote-friends-11607034060.

17. "Peloton Breaks Out Checkbook for AI, Hardware Acquisitions", PYMNTS.com, 22 de março de 2021, https://www.pymnts.com/news/partnerships-acquisitions/2021/peloton-artificial-intelligence-hardware-acquisitions/.

18. Paul Daugherty, Marc Carrel-Billiard e Michael Biltz "We, the Post-Digital People", Accenture, 2020, p. 39, https://www.accenture.com/_acnmedia/Thought-Leadership-Assets/PDF-2/Accenture-Technology-Vision-2020-Full-Report.pdf.

19. Tess Stenzel, "Men's Wearhouse Opens a Newly Designed Modern Retail Experience", *Fashion United*, 4 de fevereiro de 2021, https://fashionunited.com/news/fashion/men-s-wearhouse-opens-a-newly-designed-modern-retail-experience/2021020437897.

20. Daugherty *et al.*, "We, the Post-Digital People".

21. Adrienne Mayor, *Gods and Robots: Myths, Machines, and Ancient Dreams of Technology* (Princeton University Press, 2018), 151.

22. Katie Deighton, "Volvo Aims to Ease the Queasiness of Riding in Self-Driving Vehicles", *Wall Street Journal*, 10 de fevereiro de 2021, https://www.wsj.com/articles/volvo-aims-to-ease-the-queasiness-of-riding-in-self-driving-vehicles-11612970951.

23. Azeem Azhar, "TikTok's Atmospheric Growth; Kim Stanley Robinson on Climate & China's Area 51 ++ #330", Exponential View, 11 de julho de 2021, https://www.exponentialview.co/ev-330/.

24. Cheryl Winokur Munk, "Consumers Like Chatbots to Be Smart — but Not Too Smart", *Wall Street Journal*, 21 de maio de 2021, https://www.wsj.com/articles/chatbot-consumers-smart-11621535198?mod=djemCXO.

25. Remus Noronha "'Artificial': LifeScore's Tom Gruber Hints at Possibility of Music 'Adapting to Human Signals'", Media Entertainment Arts WorldWide, 29 de maio

de 2020, https://meaww.com/artificial-remote-intelligence-tom-gruber-lifescore-siri-twitch-adaptive-music-exclusive-interview.

26. Cade Metz, "Can A.I. Grade Your Next Test?" *New York Times*, 20 de julho de 2021, https://www.nytimes.com/2021/07/20/technology/ai-education-neural-networks.html.

27. Metz, "Can A.I. Grade Your Next Test?".

28. Shravan Goli, "Announcing New Products, Tools, and Features to Support Learners, Educators, and Institutions with Their Rapidly Evolving Teaching and Learning Needs", Coursera, 19 de abril de 2021, https://blog.coursera.org/announcing-new-products-tools-and-features-to-support-learners-educators-and-institutions-with-their-rapidly-evolving-teaching-and-learning-needs/.

29. Kamal Rawal, "Artificial Intelligence in 'Artificial' Meat Burger — Precision Foods", LinkedIn, 14 de junho de 2014, https://www.linkedin.com/pulse/artificial-intelligence-meat-burger-precision-foods-kamal-rawal.

30. Nathalie Olof-Ors, "AI Beefs Up Veggie Burgers as Market Booms", Phys Org, 14 de julho de 2021, https://phys.org/news/2021-07-ai-beefs-veggie-burgers-booms.html.

31. "Impossible Burger Has 89% Smaller Carbon Footprint than Beef", Vanderbilt University, 29 de março de 2019, https://www.vanderbilt.edu/sustainability/2019/03/impossible-burger-has-89-smaller-carbon-footprint-than-beef/.

32. Rachel Barton, Jürgen Morath, Kevin Quiring e Bill Theofilou, "Generation P(urpose): From Fidelity to Future Value", Accenture, 2021, https://www.accenture.com/_acnmedia/PDF-117/Accenture-Generation-P-urpose-PoV.pdf#zoom%3D40.

33. Ann-Marie Alcántara, "Google Maps to Add a Greenest Route to Its Driving Directions", *Wall Street Journal*, 23 de abril de 2021, https://www.wsj.com/articles/google-maps-to-add-a-greenest-route-to-its-driving-directions-11619197255.

34. Jack Morse, "Twitter Tests 'Humanization Prompts' in Effort to Reduce Toxic Replies", Mashable, 17 de dezembro de 2020, https://mashable.com/article/twitter-humanization-prompts.

35. Cheryl Winokur Munk, "Imagine a Nutrition Label — for Cybersecurity", *Wall Street Journal*, 8 de dezembro de 2020, https://www.wsj.com/articles/imagine-a-nutrition-labelfor-cybersecurity-11607436000.

36. Suzanne Kapner e Paul Ziobro, "Amazon, Walmart Tell Consumers to Skip Returns of Unwanted Items", *Wall Street Journal*, 10 de janeiro de 2021, https://www.wsj.com/articles/amazon-walmart-tell-consumers-to-skip-returns-of-unwanted-items-11610274600.

37. "Loneliness and Social Isolation Linked to Serious Health Conditions", Centers for Disease Control and Prevention, 29 de abril de 2021, https://www.cdc.gov/aging/publications/features/lonely-older-adults.html.

38. Mathias Rosenzweig, "Boyfriends for Rent, Robots, Camming: How the Business of Loneliness Is Booming", *Guardian*, 1º de novembro de 2020, https://www.theguardian.com/society/2020/nov/01/loneliness-business-booming-pandemic.

39. Larry Dignan, "Accenture Interactive, Stockholm Exergi Aim to Combat Elderly Loneliness with AI", ZDNet, 30 de abril de 2019, https://www.zdnet.com/article/accenture-interactive-stockholm-exergi-aim-to-combat-elderly-loneliness-with-ai/.

40. "Making Stockholm Warm with Compassion and Purpose", Accenture, sem data, https://www.accenture.com/us-en/case-studies/interactive/memory-lane-conversational-ai-solution.

Capítulo 9

1. Karen Hao, "Training a Single AI Model Can Emit as Much Carbon as Five Cars in Their Lifetimes", *MIT Technology Review*, 5 de junho de 2019, https://www.technologyreview.com/2019/06/06/239031/training-a-single-ai-model-can-emit-as-much-carbon-as-five-cars-in-their-lifetimes/.

2. Sara Castellanos, "Climate Researchers Enlist Big Cloud Providers for Big Data Challenges", *Wall Street Journal,* 25 de novembro de 2020, https://www.wsj.com/articles/climate-researchers-enlist-big-cloud-providers-for-big-data-challenges-11606300202.

3. Castellanos, "Climate Researchers Enlist Big Cloud Providers for Big Data Challenges".

4. Sarah Murray, "Finance Chiefs Face Pressure to Get to Grips with Sustainability", *Financial Times*, 14 de dezembro de 2020, https://www.ft.com/content/65d1eb06-188a-41cc-ba28-94ff1581c2de.

5. "Porsche, Audi and Volkswagen Use Artificial Intelligence to Minimize Sustainability Risks", Porsche, 3 de março de 2021, https://newsroom.porsche.com/en/2021/sustainability/porsche-audi-volkswagen-pilot-project-artificial-intelligence-minimisation-sustainability-risks-supply-chain-23801.html.

6. "Cascading Commitments: Driving Ambitious Action through Supply Chain Engagement", CDP Supply Chain Report 2018/19, https://6fefcbb86e61af1b2fc4-c70d8ead 6ced550b4d987d7c03fcdd1d.ssl.cf3.rackcdn.com/cms/reports/documents/000/004/072/original/CDP_Supply _Chain_Report_2019.pdf?1550490556.

7. "Protecting Communities from Disease", World Mosquito Program, sem data, https://www.worldmosquitoprogram.org/.

8. "Machine Learning Helps Communities Fight Disease Globally", Microsoft, sem data, https://www.microsoft.com/en-us/ai/ai-for-earth-world-mosquito-program.

9. "Drive Faster Restoration for Environment and Community at Scale", Dendra Systems, sem data, https://www.dendra.io/solutions.

10. "Progress Toward a Deforestation-Free Cocoa Supply Chain", Mars.com, sem data, https://www.mars.com/news-and-stories/articles/achieving-deforestation-free-cocoa-supply-chain.

11. Rens Masselink, "From Millions of Satellite Images to Your Deforestation Alert — 3 Most Frequent Questions", Satelligence, sem data, https://satelligence.com/news/2020/1/30/from-millions-of-satellite-images-to-your-deforestation-alert-answering-the-3-most-frequent-questions.

12. Anna Gross, "High-Tech Tools Shine a Light on Sustainable Farming", *Financial Times*, 23 de setembro de 2020, https://www.ft.com/content/2b437c7f-cd38-48af-a263-bca08e281040.

13. "Transforming Our World: The 2030 Agenda for Sustainable Development", ONU, 25 de setembro de 2015, https://sdgs.un.org/2030agenda.

14. "Virtual Singapore", Governo de Singapura, 20 de fevereiro de 2021, https://www.nrf.gov.sg/programmes/virtual-singapore.

15. Florence Verzelen, Peter Lacy e Nigel Stacy, "Designing Disruption: The Critical Role of Virtual Twins in Accelerating Sustainability", Accenture, 2021, https://www.3ds.com/sites/default/files/2021-01/dassault-systemes-and-accenture-virtual-twin-and-sustainability.pdf.

16. Verzelen *et al.*, "Designing Disruption".

17. Verzelen *et al.*, "Designing Disruption".

18. UNEP, "Energy Efficiency for Buildings", sem data, https://www.euenergycentre.org/images/unep%20info%20sheet%20-%20ee%20buildings.pdf.

19. Raymond Deplazes, "Autodesk Collaborates with Volkswagen Group on Generative Design in Electric Showcase Vehicle", Autodesk, 8 de julho de 2019, https://adsknews.autodesk.com/news/autodesk-volkswagen-generative-design-electric-showcase-vehicle.

20. Ryan P. Smith, "What If Humans and Artificial Intelligence Teamed Up to Build Better Communities?" *Smithsonian Magazine*, 21 de abril de 2021, https://www.smithsonianmag.com/smithsonian-institution/what-if-humans-and-artificial-intelligence-teamed-build-better-communities-180977541/.

21. Smith, "What If Humans and Artificial Intelligence Teamed Up to Build Better Communities?".

22. "Ambient Air Pollution", Organização Mundial da Saúde, sem data, https://www.who.int/teams/environment-climate-change-and-health/air-quality-and-health/ambient-air-pollution.

23. Ziyi Luo, Xinyi Yang, Yingxue Wang, Weidi Liu, Siliang Liu, Yuankun Zhu, Zihan Huang, Hong Zhang, Shuming Dou, Jie Xu et al., "A Survey of Artificial Intelligence Techniques Applied in Energy Storage Materials R&D", Frontiers in Energy Research, 3 de julho de 2020, https://www.frontiersin.org/articles/10.3389/fenrg.2020.00116/full.

24. Suzanne Oliver, "Electric-Car Batteries Get a Boost from Artificial Intelligence", *Wall Street Journal*, 3 de novembro de 2020, https://www.wsj.com/articles/electric-car-batteries-get-a-boost-from-artificial-intelligence-11604422792#:~:text=Working%20toward%20 faster%2Dcharging%2C%20 safer,materials%20and%20the%20testing%20process.

25. Young-hye Na, "Free of Heavy Metals, New Battery Design Could Alleviate Environmental Concerns", IBM, 18 de dezembro de 2019, https://www.ibm.com/blogs/research/2019/12/heavy-metal-free-battery/.

26. Anders Quitzau, "IBM Research Is Reshaping the Scene of Sustainable Batteries", IBM, 13 de abril de 2021, https://www.ibm.com/blogs/nordic-msp/ibm-research-reshaping-scene-of-sustainable-batteries/.

27. Matthew Vollrath, "New Machine Learning Method from Stanford, with Toyota Researchers, Could Supercharge Battery Development for Electric Vehicles", Universidade Stanford, 19 de fevereiro de 2020, https://news.stanford.edu/press-releases/2020/02/19/machine-learninging-electric-car/.

28. Oliver, "Electric-Car Batteries Get a Boost from Artificial Intelligence".

29. Daniel Oberhaus, "AI Is Throwing Battery Development into Overdrive", *Wired*, 12 de outubro de 2020, https://www.wired.com/story/ai-is-throwing-battery-development-into-overdrive/.

30. "New Data Stations Project Creates Architecture, Marketplace for Sharing Data", Universidade de Chicago, 18 de setembro de 2020, https://www.cs.uchicago.edu/news/article/data-stations/.

31. Dieter Holger, "Best Companies at Managing Environmental Risk", *Wall Street Journal*, 13 de outubro de 2020, https://www.wsj.com/articles/best-companies-at-managing-environmental-risk-11602597898.

32. Mikako Yokoyama, "AI Provides Spark of Hope for Japan's Steelmakers", Mainichi Japan, 4 de abril de 2019, https://mainichi.jp/english/articles/20190404/p2a/00m/0bu/016000c.

33. Karl Decena, "Japan's JFE Holdings Eyes 20% Emissions Cut for Steel Unit by FY'30 — Reuters", https://www.spglobal.com/marketintelligence/en/news-insights/latest -news-headlines/japan-s-jfe-holdings-eyes-20-emissions-cut-for-steel-unit-by-fy-30-8211-reuters-60364059.

34. Carl Bowen, "dotData Launches dotData Stream — Containerized AI Model for Real-Time Prediction", dotData, 7 de julho de 2020, https://dotdata.com/dotdata-launches-dotdata-stream-containerized-ai-model-for-real-time-prediction/.

35. "The Impact of Textile Production and Waste on the Environment (Infográfico)", parlamento Europeu, 3 de março de 2021, https://www.europarl.europa.eu/news/en/headlines/society/20201208STO93327/the-impact-of-textile-production-and-waste-on-the-environment-infographic. As estatísticas que se seguem foram retiradas desse documento.

36. Abigail Beall, “Why Clothes Are So Hard to Recycle”, BBC, 12 de julho de 2020, https://www.bbc.com/future/article/20200710-why-clothes-are-so-hard-to-recycle.

37. Nick Martin, “Google’s New Pilot Aiming to Measure the Environmental Impact of the Fashion Industry”, Google, 15 de maio de 2019, https://cloud.google.com/blog/topics/inside-google-cloud/googles-new-pilot-aiming-to-measure-the-environmental-impact-of-the-fashion-industry.

38. Victor Gosselin, “How Can Zara Maintain Its Leadership in Fast Fashion Thanks to Artificial Intelligence?” Heuritech, 15 de dezembro de 2020, https://www.heuritech.com/blog/company-analysis/zara-leadership-artificial-intelligence/.

39. Brooke Roberts-Islam, “‘Zara Meets Netflix’ — The Fashion House Where AI Removes Designers and Overstock”, *Forbes*, 1º de janeiro de 2021, https://www.forbes.com/sites/brookerobertsislam/2021/01/27/zara-meets-netflix-the-fashion-house-where-ai-replaces-designers-eliminating-overstock/?sh=719acb8633ed.

40. Roberts-Islam, “‘Zara Meets Netflix’”.

41. “Fashion Forecasting: Arti Zeighami on Implementing AI at H&M Group”, Sloan Management Review podcast, 10 de novembro de 2020, https://sloanreview.mit.edu/audio/fashion-forecasting-arti-zeighami-on-implementing-ai-at-hm-group/.

42. “Fashion Forecasting: Arti Zeighami on Implementing AI at H&M Group”.

43. Roberto Torres, “H&M Wants to Democratize AI with Reusable Components”, CIO Dive, 6 de outubro de 2020, https://www.ciodive.com/news/HM-data-science-machine-learning/586516/.

44. David Meyer, “H&M Made Its Former Sustainability Chief Its CEO. Now It Wants to Help Other Fashion Houses Become Sustainable — for a Fee”, *Fortune*, 4 de março de 2020, https://fortune.com/2020/03/04/hennes-mauritz-sustainability-treadler-supply-chain/.

45. Roy Schwartz, Jesse Dodge, Noah A. Smith e Oren Etzioni, “Green AI”, arXiv, julho de 2019, https://arxiv.org/pdf/1907.10597.pdf.

46. Lotfi Belkhir e Ahmed Elmeligi, “Assessing ICT Global Emissions Footprint: Trends to 2040 and Recommendations”, *Journal of Cleaner Production*, Vol. 177, 10 de março de 2018, pp. 448–463, https://www.doi:10.1016/j.jclepro.2017.12.239.

47. Lee Gomes, “Neuromorphic Chips Are Destined for Deep Learning — or Obscurity Researchers”, IEEE Spectrum, 29 de maio de 2017, https://spectrum.ieee.org/semiconductors/design/neuromorphic-chips-are-destined-for-deep-learningor-obscurity.

48. Em 2019, pesquisadores da Universidade Estadual de Iowa e o Xilinx Research Labs conduziram um experimento para comparar a eficiência energética de CPUs, GPUs e FPGAs para kernels de imagens (ou seja, pequenas matrizes usadas para aplicar efeitos como os do Photoshop, como desfoque, alto-relevo e nitidez). Seus resultados mostraram que ao longo de uma variedade de kernels — de simples a complexos —, as GPUs e as FPGAs tiveram mais eficiência energética do que

as CPUs. Murad Qasaimeh, Kristof Denolf, Jack Lo, Kees A. Vissers, Joseph Zambreno e Phillip H. Jones, "Comparing Energy Efficiency of CPU, GPU and FPGA Implementations for Vision Kernels", Universidade Estadual de Iowa, 2019, https://lib.dr.iastate.edu/cgi/viewcontent.cgi?article=1219&context=ece_pubs.

49. "Field Programmable Gate Array (FPGA) Market — Growth, Trends, And Forecast (2019–2024)", Industry Research, 1º de maio de 2019, https://www.industryresearch.co/field-programmable-gate-array-fpga-market-14245063.

50. *The Economist*, "The Cost of Training Machines Is Becoming a Problem", 11 de junho de 2020, https://www.economist.com/technology-quarterly/2020/06/11/the-cost-of-training-machines-is-becoming-a-problem.

51. George Leopold, "Microsoft Azure Adds Graphcore's IPU", HPCWire, 15 de novembro de 2019, https://www.hpcwire.com/2019/11/15/microsoft-azure-adds-graphcores-ipu/.

52. Graphcore, https://www.graphcore.ai/.

53. Peter Lacy, Paul Daugherty, Kishore Durg e Pavel Ponomarev, "The Green behind the Cloud", Accenture, 22 de setembro de 2020, https://www.accenture.com/us-en/insights/strategy/green-behind-cloud?c=acn_glb_sustainabilitymediarelations_11307639&n=mrl_0920.

54. "Reducing Carbon by Moving to AWS", Amazon, 26 de novembro de 2019, https://www.aboutamazon.com/news/sustainability/reducing-carbon-by-moving-to-aws.

55. "Sustainability: Thinking Big", Amazon, setembro de 2019, https://sustainability.aboutamazon.com/pdfBuilderDownload?name=sustainability-thinking-big-december-2019.

56. Noelle Walsh, "Microsoft Sustainability Calculator Helps Enterprises Analyze the Carbon Emissions of Their IT Infrastructure", Microsoft, 16 de janeiro de 2020, https://azure.microsoft.com/en-us/blog/microsoft-sustainability-calculator-helps-enterprises-analyze-the-carbon-emissions-of-their-it-infrastructure/.

57. Lacy et al., "The Green behind the Cloud".

58. Painel Intergovernamental sobre a Mudança Climática, "Climate Change 2021: The Physical Science Basis", ONU, 7 de agosto de 2021, https://www.ipcc.ch/report/ar6/wg1/downloads/report/IPCC_AR6_WGI_Full_Report.pdf.

59. Lacy *et al.*, "The Green behind the Cloud".

Conclusão

1. Bill Taylor, "What Breaking the 4-Minute Mile Taught Us about the Limits of Conventional Thinking", *Harvard Business Review*, 9 de março de 2018, https://hbr.org/2018/03/what-breaking-the-4-minute-mile-taught-us-about-the-limits-of-conventional-thinking.

ÍNDICE

Símbolos

A

B

C

D

E

F

G

H

I

AGRADECIMENTOS

Começamos a discutir o conjunto inicial de ideias que acabou se tornando o livro *Radicalmente Humana* no fim de 2018. Na época, estávamos viajando e palestrando extensivamente para empresas globais e públicos da área tecnológica sobre nosso livro anterior, *Humano + Máquina: Reinventando o Trabalho na Era da IA*. Esse livro teve um argumento diferente sobre a IA daqueles que pessoas haviam se acostumado a ouvir: ele enfatizava a colaboração, em vez da competição entre humanos e sistemas de IA. Gostaríamos de começar agradecendo aos executivos empresariais, empreendedores e outros especialistas em tecnologia que abraçaram e amplificaram nossa interpretação inédita e mais positiva sobre a IA e a colocaram em prática. De modo similar, gostaríamos de agradecer aos muitos economistas e pesquisadores que testaram, validaram e acrescentaram nuances à nossa tese de que a colaboração entre humanos e máquinas é uma realidade que cria valor nas organizações contemporâneas e na sociedade como um todo.

Nosso senso de urgência para *Radicalmente Humana* cresceu a partir dessas raízes. *Humano + Máquina* foi validado por evidências do mundo real. Avanços de tecnologias novas e exponenciais trouxeram promessas, mas também despertaram novas perguntas e preocupações. A pandemia global reescreveu as regras. E a experiência e o potencial humanos estiveram, mais uma vez, na linha de frente. O objetivo de nossa pesquisa e deste livro é oferecer um guia para o sucesso nesse ambiente que muda rapidamente.

Gostaríamos de agradecer às muitas pessoas (geralmente complementadas por máquinas inteligentes) que contribuíram de modo significativo com este livro. Bruce Tucker esteve conosco desde o começo do projeto e é um dos melhores colaboradores editoriais e mentes criativas que já encontramos em nossas carreiras. Foi um prazer trabalhar com uma pessoa com tanto insight e elegância profissional.

Diversas pessoas incríveis contribuíram com os programas globais de pesquisa que sustentam este livro. Gostaríamos de agradecer a Bhaskar Ghosh e Francis Hintermann, que conduziram esses programas e orientaram os participantes em momentos cruciais. Ramnath Venkataraman, Adam Burden, Annette Rippert, Karen Bobear, Paul Barbagallo, Justin Herzig, Regina Maruca e Prashant Shukla influenciaram profundamente nosso pensamento sobre a evolução da tecnologia. Karthik Narain, Surya Mukherjee, Amy Sagues, Kate Greene, Shalabh Kumar-Singh, Doug Chandler, Gargi Chakrabarty, Dave Light e Thijs Deblaere informaram profundamente nossas seções sobre computação na nuvem. Kelly Monahan, Leila Yosef e Gabriela Burlacu colaboraram de perto com Christie Smith para avançar nosso pensamento sobre o talento e o potencial humanos. Christie colaborou de modo incrível e levou para outro nível nossas discussões sobre talento. Obrigado também a Ellyn Shook por inspirar muitas ideias na intersecção entre humanos e tecnologia.

Gostaríamos de destacar alguns dos visionários e dos pioneiros que moldaram nosso pensamento à medida que desenvolvíamos este livro. Embora a lista seja longa, mencionaremos Douglas Hofstadter, Kai-Fu Lee, Albert Borgmann, Hubert Dreyfus, Daniela Rus, Tom Malone, Ken Goldberg, Rodney Brooks, Julie Shah, Fei-Fei Li, Gary Marcus, Geoff Hinton, Erik Brynjolfsson, C. K. Prahalad, Shoshanna Zuboff, Evan Selinger, Douglas Engelbart, Kathy Baxter, Brad Smith e Andrew Ng.

Muito obrigado a todos os especialistas em tecnologia, estratégia e IA que nos ajudaram em momentos cruciais para oferecer comentários úteis e pesquisas relevantes, especialmente Shail Jain, Sanjay Podder, Praveen Tanguturi, Ram Ramalingam, Marc Carrel-Billiard, Andy Fano, Michael Biltz e Edy Liongosari. Mark Goodman e Paul Nunes ofereceram revisões fantásticas de pares e observações práticas dos primeiros rascunhos. Também gostaríamos de agradecer aos muitos cientistas de pesquisa com quem colaboramos no MIT e na Initiative on the Digital Economy (IDE), também do MIT.

Estendemos um agradecimento especial a Julie Sweet, CEO da Accenture, por nos apoiar a escrever este livro. Julie concebeu um propósito corporativo centrado em tecnologia e na genialidade humana, juntamente com um foco em entregar valor em 360° a todos os stakeholders, que foi inspirador, relevante e de muito impacto para o *Radicalmente Humana*.

Diversos colegas lideraram análises de estudos de caso, revisaram capítulos ou facilitaram a comunicação com empresas globais e dentro da equipe de pesquisa e desenvolvimento do nosso livro. Chase Davenport trabalhou conosco no desenvolvimento de alguns de nossos primeiros estudos de caso e interveio em momentos importantes ao longo do projeto. Mickey Butts trouxe seu olhar perspicaz a seções fundamentais do livro e nos ajudou a melhorar nossos gráficos. Ed Maney, Michelle Woodward e Swati Sah lideraram o processo de contato, validação e revisão de dezenas e dezenas de exemplos de caso de empresas que estão espalhados em todo o manuscrito. Obrigado a Jen Sullivan, que nos ajudou a manter o *momentum*.

Foi um prazer trabalhar novamente com Jeff Kehoe e a equipe da Harvard Business Review Press. Aguardamos ansiosamente nossa colaboração contínua com HBR, Jill Totenberg e Carolyn Monaco à medida que levarmos este livro ao mercado.

Nossa gratidão também se estende aos muitos clientes pioneiros que confiaram na Accenture para guiá-los em seus empreendimentos radicalmente humanos. Graças a vocês, tivemos o privilégio não apenas de pesquisar as ideias para este livro, mas também de aplicar os princípios em ação e de observar os resultados.

Por fim, a título pessoal, gostaríamos de agradecer às nossas famílias e aos nossos amigos por seu apoio.

Paul: um agradecimento profundo e especial à minha esposa, Beth, por sua paciência ao longo das incontáveis horas, noites e fins de semana passados neste projeto e, mais importante, pelos muitos debates e discussões que elevaram o nível de minhas ambições radicalmente humanas.

Jim: gostaria de expressar meus mais sinceros agradecimentos a Susan, Benjamin e Brooke Wilson, que me deram muito encorajamento e apoio. Também gostaria de agradecer a três amigos que acrescentaram muitas doses saudáveis de leveza e de conexão humana durante os últimos dezoito meses: Bill Coleman; Don Salvucci, da Salesforce; e Alan Federman, da empresa de robótica Canvas Construction.

— Paul Daugherty e Jim Wilson

SOBRE OS AUTORES

PAUL R. DAUGHERTY é a principal autoridade no que diz respeito a como as inovações estão moldando o futuro das empresas e da sociedade. Em seu papel como diretor-executivo e de tecnologia do Grupo Accenture, Daugherty lidera todos os aspectos tecnológicos da empresa. Ele estabelece a estratégia e direciona a pesquisa e o desenvolvimento, os investimentos e os relacionamentos no ecossistema. Como fundador da empresa na nuvem, da inteligência artificial (IA), do blockchain e de outras tecnologias emergentes da Accenture, Daugherty aconselha os principais líderes de empresas e de tecnologias do mundo sobre como aplicar a tecnologia para reimaginar e reinventar os futuros de suas organizações.

Daugherty é coautor do best-seller *Humano + Máquina: Reinventando o Trabalho na Era da IA*, um manual gerencial sobre o negócio da IA. Ele palestra e escreve com frequência sobre o futuro da inovação tecnológica e suas implicações para as empresas e a sociedade e aparece regularmente em diversas mídias, incluindo Bloomberg Television, Fox Business e CNBC. Ele recebeu o Prêmio FASPE de Liderança Ética por seu trabalho na aplicação de princípios éticos ao desenvolvimento e ao uso da inteligência artificial e de outras tecnologias inovadoras do século XXI.

Daugherty é um defensor apaixonado da igualdade de gêneros no ambiente profissional e também patrocina iniciativas de inclusão e de diversidade relacionadas ao estudo da ciência, da tecnologia, da engenharia e da matemática. Ele faz parte do conselho de administração da Girls Who Code e foi reconhecido como "Homem Honorável" pelo Instituto pela Liderança Feminina e recebeu o "Prêmio Homens que Entendem" por apoiar a diversidade no ambiente de trabalho e o avanço de mulheres, especialmente em tecnologia e outras áreas de exatas. Ele também patrocina a parceria da Accenture com a Code.org, que se concentra em levar educação de ciência da computação para alunos do mundo todo. Paul participa do conselho de administração da Avanade, do Museu da História do Computador e do programa de Ciência da Computação e Engenharia da Universidade de Michigan. Ele vive em Maplewood, Nova Jersey, com sua esposa.

H. JAMES (JIM) WILSON é diretor-geral de TI e pesquisa empresarial na Accenture, onde lidera programas de pesquisa sobre o impacto da tecnologia no trabalho, na inovação e no desempenho empresarial. É coautor de *Humano + Máquina* e autor ou coautor de diversos livros sobre o impacto da tecnologia no trabalho e na sociedade, incluindo, mais recentemente, *HBR's 10 Must Reads on AI, Analytics, and the New Machine Age*; *How AI Is Transforming the Organization;* e *Artificial Intelligence: The Insights You Need from HBR.*

Artigos por ele assinados aparecem com frequência na *Harvard Business Review* e na *MIT Sloan Management Review*. Seus textos entraram para a lista *Thinkers50* e foram destacados em inúmeras publicações, incluindo *New Yorker*, *Economist*, *Financial Times* e *Wall Street Journal*.

Wilson é palestrante principal e com frequência apresenta painéis, tendo sido reconhecido pela Codex como um dos cinquenta principais inovadores do mundo. Ele é apaixonado por educação e é professor convidado sobre IA e outras tecnologias emergentes em universidades como MIT, NYU e UCLA. É um ávido mountain biker e triatleta e vive na área da Baía de São Francisco com sua família.

Este livro foi impresso nas oficinas gráficas da Editora Vozes Ltda.,
Rua Frei Luís, 100 – Petrópolis, RJ.